폐업 직전 사장님들은 왜 엑스브레인만 찾을까?

엑스브레인 쇼핑몰 성공법

| 엑스브레인 지음 |

진서원

엑스브레인
쇼핑몰 성공법

초판 1쇄 발행 2019년 3월 18일
초판 3쇄 발행 2021년 12월 27일

지은이 • 엑스브레인
발행인 • 강혜진
발행처 • 진서원
등록 • 제 2012-000384호 2012년 12월 4일
주소 • (03938) 서울시 마포구 월드컵로36길 18 삼라마이다스 1105호
대표전화 • (02) 3143-6353 / **팩스** • (02) 3143-6354
홈페이지 • www.jinswon.co.kr | **이메일** • service@jinswon.co.kr

편집진행 • 성경아 | **기획편집부** • 한주원, 최고은 | **표지 및 내지 디자인** • 디박스
일러스트 • 남은비 | **마케팅** • 강성우

ISBN 979-11-86647-71-4 15320
진서원 도서번호 18005
값 14,000원

Thanks  to

No.1 쇼핑몰 창업 카페 '엑스브레인 홈페이지 & 쇼핑몰'
회원 여러분께 감사드립니다!

나름대로 열심히 인터넷에서 검색도 하고,
포토샵도 배워서 쇼핑몰을 시작했지만
쉽지 않다고 이야기하는 분들을 많이 보았습니다.
요즘 이슈가 되고 있는 인스타그램 마케팅, 유튜브 마케팅…
'SNS 마케팅을 하면 잘되지 않을까?' 하는 마음에 이것저것 해봤지만,
결론은 생각처럼 풀리지 않는 현실.
도대체 무엇이 문제일까요?
나의 열심이 의심될 때 우선 멈춰서 올바른 방향을 찾아보세요.
이 책은 그 올바른 방향을 이야기하기 위한 것입니다.
지금까지 많은 분을 만나고 그분들이 발전하는 모습을 보았습니다.
이미 성공한 분들을 축하하고,
또한 더 많은 분들의 희망을 응원합니다.

이 책을 쓰게 된 동기는 2가지였습니다.
항상 바쁘다 보니 책을 쓰겠다는 생각을 해본 적이 없는데,
우연히 알게 된 진서원출판사 강혜진 대표님의 설득과
초등학생인 두 아들의 성화에 힘입어 책을 내게 되었습니다.
책을 쓰게 해주신 강혜진 대표님,
책을 꼭 쓰라고 응원해준 사랑하는 두 아들(김현재, 김현우),
책을 쓰는 내내 야근이 더 많아졌음에도 불평 한 번 하지 않은 아내에게
진심으로 감사의 마음을 전합니다.
책이 나오기까지 응원해주신 카페 회원 모두에게 감사드립니다.

너무 정보가 많아서 무용한 인터넷,
우선순위 판단이 어려운 시대

오프라인 창업이든 온라인 창업이든 인터넷에는 아주 많은 정보가 있습니다. 이 정보들을 잘 활용하면 도움이 되지만, 가끔 넘치는 정보들로 어떤 것이 중요하고 어떤 것이 중요하지 않은지, 또는 현재 어떤 것에 중점을 둬야 하는지를 판단하기 어려울 때가 있습니다.

인스타그램 마케팅, 유튜브 마케팅…
SNS 마케팅을 잘하면 매출이 늘어날까요?

누군가 인스타그램으로 여성의류를 팔아 대박이 났다는 이야기도 들리고, 누군가는 유튜브로 1달에 몇천만원씩 벌고 있다는 이야기도 들립니다. 맞습니다. 정말 누군가는 유튜브로, 인스타그램으로 돈을 벌기도 합니다. 하지만 이것은 누구나 할 수 있는 방식이 아니고, 또한 누구나 꼭 해야 하는 방식도 아닙니다. 그런데도 쇼핑몰을 창업하려는 많은 분들이 기본적이면서 필수적인 부분은 신경쓰지 않고 SNS 마케팅 방법에만 열을 올리고 있습니다.

쇼핑몰도 장사! 기본기는 의외로 심플합니다

음식점을 시작했는데, 기본이라고 할 수 있는 메뉴, 서비스, 맛 등은 신경쓰지 않고 무작정 홍보에만 열을 올린다고 그 집이 잘

될 수는 없을 것입니다. 쇼핑몰도 마찬가지입니다. 인스타그램이 어떻고, 유튜브가 어떻고, 스마트스토어가 어떻고 이야기를 하지만, 쇼핑몰의 기본은 아이템이고 소비자를 설득하는 것입니다.

자기 중심이 없다면
절대 성공하지 못하는 게 장사!

"어떤 아이템을 해야 할지 몰라서 쇼핑몰을 시작하지 못하고 있어요." "자본금이 적어서 지금 운영하고 있는 쇼핑몰이 잘 굴러가지 않아요." 저에게 찾아오는 분들은 이런 고민을 토로합니다. 하지만 저는 아이템을 정하지 못해서 쇼핑몰을 시작하지 못한 게 아니라 아이템을 정하는 방법을 모르기 때문에 시작하지 못한 것이라고 생각합니다. 돈이 없어서, 자본금이 적어서 운영을 못하는 게 아니라 단지 어떻게 해야 할지 모르기 때문에 못하는 것이라고 생각합니다. 자신만의 생각, 방향, 중심이 먼저입니다. 이게 없어서 많은 쇼핑몰이 실패합니다.

쇼핑몰을 시작하려는 분에게!
'상품'과 '설득'만 놓치지 마세요

쇼핑몰을 준비하고 있는 분들이라면, 또는 지금 현재 쇼핑몰을 운영하는 분들이라면, 쇼핑몰의 기본인 상품과 설득을 어떻게 담아내야 하는지 알아야 합니다. 이 책은 모든 정보를 끌어 담지는 않았습니다. 꼭 알아야 하는 내용만 담으려고 노력했습니다. 쇼핑몰을 처음 시작하는 분이라면 꼭 알아야 하는 우선순위 위주로 정리했습니다. 실무적인 부분도 거추장스러운 것은 다 걷어냈습니다. 아이템에 관한 부분, 상세페이지 만드는 부분, 상위노출 하는 법. 이렇게 쇼핑몰에 꼭 필요한 요소만 담으려고 했습니다.

차근차근 공부해서 원하는 것을 이뤄보세요. 이 책에 나온 내용만 제대로 알아도 여러분은 반드시 성공할 수 있습니다. 저는 이미 그런 분들을 많이 봤으니까요.

Why?

폐업 직전
사장님들은 왜?

·········· 액스브레인만 찾을까? ··········

나? 쇼핑몰의 신!

왕초보
김사장님

강아지 간식 쇼핑몰,
2년 만에
연매출
30억원 달성!

▼

준비마당 01장

대기업 출신
이사장님

대기업 퇴사 후
3,000만원으로 시작한
여성의류 쇼핑몰이
현재 연매출 60억원!

▼

준비마당 02장

의류 디자이너
안사장님

의류 디자이너
경력을 살려
아동복으로
연매출 10억원 달성!

▼

둘째마당 21장

정산 현황　　　　　정산내역 ▸

오늘 정산내역(원료)	**1,197,665** 원
정산예정 내역	**1,328,332** 원

오늘 정산내역
약 120만원!

OK!

기사회생!
매출급등!

사장님들의 성공사례가 그 이유!

How to

SNS 전문가
윤소장님

워킹맘
강사장님

상위노출?
키워드 검색?
SNS 마케팅?

SNS 팔로워는 많지만
나오지 않던 매출,
지금은
연매출 12억원!

자동차용품을 팔고
있지만 하락한 매출,
마케팅 전략 수정으로
연매출 12억원 달성!

▼

셋째마당 24장

▼

셋째마당 31장

정답은
아이템
선정!

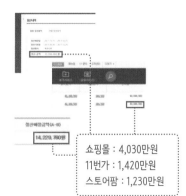

쇼핑몰 : 4,030만원
11번가 : 1,420만원
스토어팜 : 1,230만원

엑스브레인 사단의 성공 비밀은?

아이템 선정!

아이템을 잘 선정하려면?
① 경쟁사 분석
② 기획력
③ 마케팅

① 경쟁사 분석

- 객관적인 시각 확보
- 경쟁사 장단점
- 차별화 지점 구상
- 주력상품 · 가격
- 상세페이지 · 메뉴 · 메인화면
- 광고 · 프로모션

↓

책 전체

② 기획력

- 상세페이지
- 메뉴
- 메인화면
- 사진 촬영
- 제품명
- 로그분석

↓

둘째마당

③ 마케팅

- 4P : Product, Price, Place, Promotion
- 프로모션
- 온라인 마케팅
- 상위노출
- 블로그 마케팅
- 인스타그램 · 페이스북
- 광고

↓

셋째마당

SOS

더 많은 정보가 필요하다면?

책을 읽다가, 혹은 읽은 후에 궁금한 점이나 쇼핑몰·오픈마켓 팁 등을 누구보다 빠르게 알고 싶다면 '엑스브레인의 홈페이지 & 쇼핑몰 연구소' 카페(cafe.naver.com/ktcfob 또는 www.xbrain.co.kr)에 접속해보세요. 꾸준히 올라오는 팁과 회원 간 공유하는 정보들을 통해 성공에 한 걸음 더 가까워질 수 있습니다. 만약 카페에 있는 정보만으로는 궁금증 해결이 어렵다면 엑스브레인의 메일 'ntkim74@naver.com'로 문의해보세요! 친절한 답변을 받아볼 수 있습니다.

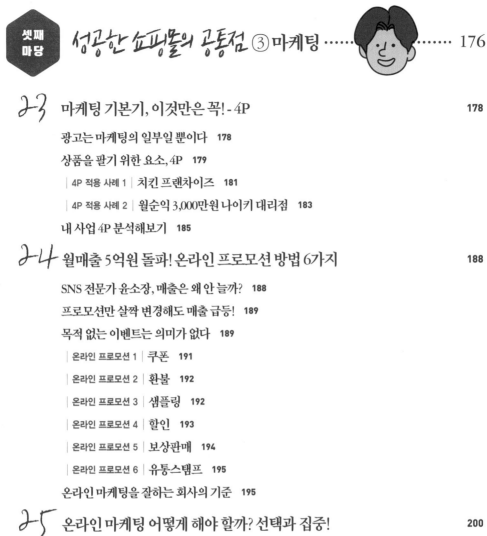

tip

차례 (가나다순)

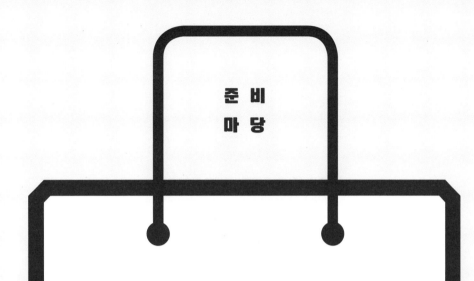

준 비
마 당

성공한
쇼핑몰의 비밀을
공개합니다

엑스브레인 쇼핑몰 성공법

왕초보가 해냈다!
오픈 후 72일,
월매출 3,842만원!

월급만으로 부자 되기 힘들다며 퇴사를 결심한 김군

대학 졸업 후 L그룹에 입사해 잘 다니다가 3년 만에 아무런 미련 없이 회사를 그만둔 김군. 김군이 퇴사를 결심한 것은 아무리 열심히 일해도 월급만으로는 부자가 되기 어렵다고 판단했기 때문입니다. 회사를 나오자마자 시작한 사업으로 그럭저럭 돈을 벌게 되었지만, 계속 할 수 있는 안정적인 일은 아니었어요. 그래서 조금 덜 벌더라도 안정적인 수입이 나올 수 있는 쇼핑몰을 하겠다며 저를 찾아왔습니다.

김군 : 온라인 쇼핑몰에 대해 하나도 모르는데, 제가 할 수 있을까요?

엑스브레인 : 왕초보도 마케팅 전략만 제대로 세우면 오래 한 사람들을 제치고 성공하는 사례가 많습니다.

김군 : 그렇다면 저도 가능성이 있겠네요. 그런데 저는 쇼핑몰 경험도 없지만, 포토샵도 모르고 상품을 어디서 구하는지도 전혀 몰라요.

엑스브레인 : …….

김군 : 하지만 뭐든 배울 준비가 되어 있습니다. 겸허한 마음으로 모든 조언을 받아들일 자세가 되어 있어요.

엑스브레인 : 맞습니다, 그런 자세가 가장 중요합니다.

포토샵도 모르는 왕초보,
강아지 간식용품으로 연매출 30억 달성!

성실하게, 그리고 겸손하게 쇼핑몰의 기초부터 차근차근 배운 김군. 결론부터 말하면 불과 2달 만에 월매출 3,842만원을 만들어내는 기염을 토했습니다.

그렇다면 김군이 판매한 아이템은 무엇이었을까요? 김군은 마침 집에서 강아지를 키우고 있었고, 강아지를 너무 좋아해 반려견용품을 팔고 싶었습니다. 그래서 결정한 아이템이 강아지 간식이었습니다. 물론 반려견산업과 연관된 업무 경험은 전혀 없었습니다. 그럼에도 2년이 지난 지금 김군의 모습은 연매출 30억원에 직원만 10명이 넘는 쇼핑몰 사장님입니다.

김군이 성공한 이유 중 하나는 해당 아이템에 대한 객관적인 시각을 확보한 것입니다. 강아지 간식을 살 때 소비자는 '원재료가 좋은 간식'을 원한다는 사실을 찾아냈으며, 합당한 제품을 판매해 성공했습니다.

경력과 매출은 관계없다?

그러면 여기서 질문 하나. 쇼핑몰 3년차 경력자와 이제 막 쇼핑몰을 준비하는 왕초보가 똑같은 상품을 똑같은 가격에 판다고 하면, 1년 뒤 누가 더 잘 팔까요?

잘 모르겠다면 대입시험을 떠올려봅시다. 고 3 학생과 삼수생을 비교하면 삼수생이 월등합니다. 고 3 학생이 삼수생에게 질문을 하면 삼수생은 척척박사입니다. 그런데 삼수생이 반드시 더 좋은 대학에 갈까요? 꼭 그런 건 아닌 듯합니다. 왜 그럴까요? 공부 양이 중요하다면 당연히 삼수생이 좋은 대학을 가야 할 것입니다. 하지만 중요한 건 '정확한 방법으로 공부했는가'입니다. 잘못된 방법으로 공부했다면 시간을 아무리 투자한다 해도 발전이 없을 것입니다.

쇼핑몰도 마찬가지입니다. 3년 경력자도, 이제 막 시작한 사람도 '제대로 방향을 잡고 진행했는지'에 따라 성공이 갈리게 됩니다. 3년 정도 쇼핑몰 경력을 가진 분들은 광고부터 바이럴 마케팅◆, 어디 가면 물건을 싸게 살 수 있는지 등등 모르는 것 없이 귀신처럼 잘 압니다.

그런데 왜 초심자보다 못 팔까요? 물어보면 저마다 이유가 있습니다. 만약 가격 때문에 잘 팔지 못했다고 생각한다면 가격경쟁에서 이기든지, 그렇게 하지 못하겠으면 하루라도 빨리 정리를 해야겠지요. 단순히 시간이 지난다고 해서 가격경쟁에서 이길 수 있는 것은 아니니까요.

쇼핑몰 경력이 있는지 없는지는 중요하지 않습니다. 시작할 때 정확한 방향을 잡고 시작한다면 왕초보도 얼마든지 성공할 수 있습니다.

◆ 바이럴 마케팅(Viral Marketing) : 네티즌들이 이메일이나 다른 전파 가능한 매체를 통해 자발적으로 어떤 기업이나 제품을 홍보할 수 있도록 제작해 널리 퍼뜨리는 마케팅 기법으로, 입소문 마케팅이라고도 한다.

월급쟁이가 직장에서 창업 준비하는 법

직장생활과 사업은 큰 차이가 하나 있습니다. 사업을 할 때는 남이 다 해주던 일까지 내가 직접 해야 한다는 것이지요. 자본이 있다면 큰 문제는 없습니다. 필요한 직원을 모두 채용하면 되니까요. 하지만 소자본으로 혼자 창업한다면 A부터 ZZ까지 결국 본인이 다 챙겨야 합니다.

회사에서 모든 업무를 경험해본 사람이 과연 얼마나 될까요? 쇼핑몰에서 MD◆로 오랫동안 근무했다고 하더라도 쇼핑몰이나 상세페이지를 기획해서 만들어본 경험은 드물 것입니다. 광고나 마케팅 경험도 마찬가지고요. 결과적으로 내 사업을 하고 싶다고 무작정 회사를 그만두기보다는, 회사를 다니는 동안 사전 연습을 해보고 그만두는 게 어떨까 합니다.

① 잘 파는 방법을 배우자

똑같은 현대자동차 영업사원이라도 어떤 사람은 1년에 300대 넘게 파는 판매왕이지만 어떤 사람은 판매가 너무 부진해서 회사를 그만둘까 고민합니다. 한 회사에 다녀도 어떤 사람은 잘 파는 방법을 배우지만 어떤 사람은 그렇지 못한 셈이지요. 일터든 어디든 자신이 서 있는 곳에서 잘 파는 방법을 배우고 난 다음에 자기 사업을 시작하는 것이 정답입니다.

② 아이템을 보는 안목을 키우자

똑같은 노력을 한다고 하더라도 상품에 따라 판매량과 판매금액, 수익률이 달라집니다. 그러니 이왕이면 나와 잘 맞는 아이템은 무엇인지, 어떤 상품이 잘 팔리는지 등을 공부해서 안목을 키워야 합니다.

③ 홍보 방법을 배우자

아무리 좋은 상품이라도 소비자가 보지 못한다면 판매하기 힘듭니다. 광고를 하려면 어떻게 해야 하는지, 광고가 아닌 입소문(바이럴)으로 상품을 팔려면 어떻게 해야 하는지, 각각의 매체에 상위노출해서 판매하려면 어떻게 해야 하는지 등을 기본적으로 알고 시작해야 돈과 시간을 낭비하지 않습니다.

물론 이 모든 것을 직장에서 경험하기는 힘들 것입니다. 그래도 하나쯤은 연관이 있을 것입니다. 쇼핑몰을 할 예정이라면 위 항목들은 반드시 공부하고 시작하라고 말씀드리고 싶습니다.

◆   MD(Merchandiser, 머천다이저) : 상품(Merchandise)에 사람을 의미하는 어미 -er을 붙여 만든 단어. 상품화 계획, 구입, 가공, 상품 진열, 판매 등에 결정권을 가진 자 혹은 책임자

3,000만원으로
연매출 60억!
시작은 경쟁사 분석부터!

회사 다니기 싫다! 쇼핑몰이나 차릴까?

꽤 오래전 이야기입니다. 대학 다니던 때 친구가 찾아왔습니다. 대기업에서 열심히 일하는 줄만 알았는데 직장생활이 싫어서 그만두고 싶다더군요. 쇼핑몰 하나 차리고 싶은데 어떻게 하면 잘할 수 있는지 물어봅니다. 대박은 아니더라도 월급쟁이만큼만 벌 수 있으면 좋겠다고 하고요. 속으로 '월급쟁이만큼? 쉽지 않을 텐데……' 생각했지만 진심을 다해 친구의 고민을 해결해주고 싶었습니다. 상황을 정확하게 알아야 조언을 해줄 수 있기에 몇 가지 질문을 했습니다.

○ **얼마** 가지고 시작하려고 하니?
○ 생각해본 **아이템**이 있어?
○ 네가 생각한 아이템의 **경쟁사 상황**은 파악해봤어?
○ 쇼핑몰 구축하고 나서 너만의 **운영 방법**은 생각해봤어?

친구의 대답은 다음과 같았습니다.

"자금은 최대 3,000만원까지 가능하고, 6개월 정도는 월급 안 가져가도 먹고살 수 있어. 아이템? 별로 생각해보지 않았는데, 지금 내가 제일 많이 보는 건 여성의류야. 아내를 보니까 수시로 온라인으로 옷을 사더라고. 그래서 아내랑 같이 여성의류 쇼핑몰을 해볼까 해. 경쟁사? 생각 안 해봤는데, 동대문 가서 잘 팔리는 상품들 가져다가 팔면 되지 않을까? 다른 사람들도 다 그렇게 시작한다고 하더라고. 그리고 쇼핑몰을 어떻게 만들고 운영할지는 생각해보지 않았지만, 일단 만들고 나서 광고하면 어느 정도는 팔리지 않을까? 내 생각이 잘못된 거야?"

묻지마 창업, 절대 No!

저는 친구에게 이런 이야기를 해주었습니다.

"네가 말한 아이템은 생각보다 경쟁이 치열해. 그냥 쇼핑몰 만들고 광고 조금 한다고 해서 성공할 수 있는 시장이 아니야. 물론 광고를 하면 어느 정도 팔리겠지만, 실제로 손에 쥐는 돈은 얼마 안될 거야. 정확한 마케팅 전략을 갖고 들어가지 않으면 쉽지 않지."

친구 : 그렇게 치열한 시장이면 아이템을 바꿔야 하는 걸까?

엑스브레인 : 치열하지 않은 아이템을 찾는 것도 쉽지는 않을 거야. 설사 블루오션을 찾았다 하더라도 어떻게 팔아야 하는지 정확하게 알지 못하면 조금 되는 듯하다가 경쟁자가 들어올 테고, 결국 강자에게 시장을 빼앗기게 될 거거든.

친구 : 그럼 어떻게 해야 돼?

엑스브레인 : 우선 경쟁사를 찾아서 분석을 시작해보자. 경쟁사들은 어떤 상품을 어떻게 팔고 있는지를 알아야 너의 사업계획과 방향성을 정할 수 있어.

적을 알면 나를 안다! 경쟁사 분석의 힘

친구는 어떻게 되었을까요? 쇼핑몰 창업이 생각보다 쉽지 않다는 것을 알고 처음엔 맥이 풀렸지만 절차탁마해서 제대로 준비하기 시작했습니다. 제일 처음 시작한 건 경쟁사 분석이었습니다. 경쟁사의 장단점을 제대로 파악해야 그 아이템에서 자신만의 차별화된 지점을 구성할 수 있을 테니까요.

친구는 처음 생각한 아이템대로 여성의류 쇼핑몰을 창업했고, 스타일이 남다른 옷들로 구색을 맞춰서 불과 3년도 지나지 않아 연매출 60억원을 달성했습니다.

만약 친구가 경쟁사 분석을 하지 않고 남들과 비슷한 쇼핑몰로 시작했다면 과연 성공할 수 있었을까요? 경쟁사 분석은 아주 기본 중의 기본인데, 이런 것을 생각하지 않고 시작하는 분들이 많습니다. 시작하기 전에 꼭 경쟁사 분석부터 하세요.

출처 : 에바주니

경쟁사 분석은 4P로 충분합니다. 4P란 Product(제품), Price(가격), Place(유통), Promotion(프로모션)입니다. 경쟁사 분석은 제품, 가격, 유통, 프로모션◆의 틈을 파고들기 위한 것입니다.

예를 들어 여성의류를 팔겠다고 마음먹었습니다. 인터넷에 검색하면 여성의류를 파는 경쟁업체들이 나오겠지요. A사이트는 여성스러운 스타일, B사이트는 캐주얼한 스타일 등

◆ 프로모션(Promotion) : 사전적 의미는 밀어붙이다(Push-forward). 광고, 홍보, PR을 포괄하는 개념으로, 마케팅에서 구매를 일으키기 위한 다양한 촉진활동(인센티브, 시사회, 경품 증정, 할인 등)을 말한다.

사이트마다 특징이 있습니다. 그것을 분석한 후에 "그러면 나는 스포티한 여성의류를 팔아야겠다."는 결론을 내릴 수 있습니다. 경쟁사 분석을 한 쇼핑몰은 시장의 틈을 파고들어 고객의 마음을 훔칠 수 있습니다. 경쟁사 분석에 관한 자세한 내용은 〈둘째마당〉을 보세요.

개인사업자 56%는 월소득 100만원 미만?

자영업 쇼크를 우려한 한 방송에서 '개인사업자의 56%는 월소득 100만원 미만'이라는 내용이 나온 적이 있습니다. 개인사업자, 자영업자의 소득이 이렇게 적은 이유는 무엇일까요? 저는 포화시장에 제대로 준비하지 않고 일단 시작하면 어떻게 되겠지 하는 안이한 태도 때문이라고 생각합니다.

출처 : MBC

현재 한국은 모든 산업이 포화시장

1990년대까지는 누구나 준비 없이 장사를 시작해도 어느 정도 먹고살았습니다. 치킨집이 많지 않다 보니 창업만 해도 돈을 벌었습니다. 구멍가게를 차려도 주변에 가게가 많지 않아서 안된다 안된다 해도 먹고살 만큼은 벌었습니다. 하지만 이제는 너무 많은 사람들이 치킨집과 커피숍과 편의점을 하고 있습니다. 쇼핑몰도 마찬가지입니다. 대한민국 전체가 포화시장인 셈입니다.

불황이라서, 경제가 안 좋아서…… 이는 모두에게 닥친 시련입니다. 여기서 살아남으려면 결국 경쟁사 분석을 한 후에 자신만의 정확한 마케팅 전략을 세우는 게 성공의 가장 쉬운 방법이라고 말하고 싶습니다.

창업을 꿈꾸는 당신에게 퇴사 전 던지는 질문 4가지

3,000만원으로 시작해 연매출 60억원을 달성한 친구의 사례에서 이야기했듯이, 회사를 박차고 쇼핑몰을 창업하려는 월급쟁이에게 제가 제일 먼저 물어보는 질문이 4개 있습니다. 만약 창업을 준비하고 있다면 이 4가지 질문을 자신에게 던져보고 퇴사 여부를 결정해야 합니다.

질문 1 | 얼마를 가지고 시작하나?

사람마다 가진 자본금이 다릅니다. 어떤 사람은 100~200만원으로 시작하고, 어떤 사람은 몇 억부터 시작합니다. 물론 자본금 액수에 따라 성공이 좌우되는 것은 아닙니다. 단지 자본금 액수에 따라 시작할 수 있는 상품이 달라질 뿐입니다.

자본금이 적은 경우를 살펴볼까요? 단가가 높은 상품은 몇 개만 보유해도 금방 자본이 부족해집니다. 의류 쇼핑몰의 경우 겨울철에 시작하면 패딩, 코트 등 가격이 비싼 상품을 구비해야 합니다. 여름철 상품보다 단가가 비싸다 보니 소자본 창업가라면 유동성 위기에 처할 수 있습니다.

만약 소자본으로 의류 쇼핑몰을 하려면 어떻게 해야 할까요? 이왕이면 겨울보다는 여름철에 시작하는 것이 훨씬 유리할 것입니다. 여름철 옷은 일반적으로 가을이나 겨울철 옷보다는 저렴한 것이 많기 때문이죠.

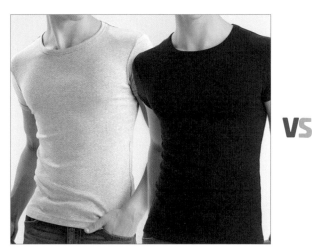 

소자본 쇼핑몰은 단가가 낮은 여름 옷부터 시작해야 부담이 적다 　　　겨울 옷은 단가가 비싸 부담이 크다

질문 2 | 어떤 아이템을 판매할지 결정했나?

이미 오프라인에 사업체를 가지고 있는 분이라면 온라인 쇼핑몰 판매 아이템 선정이 어렵지 않습니다. 간판업체를 운영하고 있다면 온라인에서도 간판 제작 쇼핑몰을 만들면 되니까요. 하지만 일반 사무직으로 근무하던 분들이라면 가장 걱정인 게 아이템 선정입니다. 아무리 생각해도 좋은 아이템이 잘 나오지 않습니다. 그러다 보니 제가 제일 많이 받는 질문 중 하나가 "어떤 아이템을 선정해야 대박은 아니더라도 최소한 기본은 할 수 있는가?" 입니다.

그래서 쇼핑몰 관련한 책과 각종 커뮤니티에 가보면 이런 이야기가 주종을 이룹니다.

Q : 왕초보는 어떤 판매 아이템을 선택해야 하나요?

A : 자신의 장점을 살릴 수 있는 아이템을 선택하세요.

과연 그럴까요?

- 만약 내가 의류회사의 디자이너로 일했다면?
- 만약 내가 쇼핑몰 모델로 일했다면? } 성공 확률이 높을까?
- 만약 내가 의류회사의 MD로 일했다면?

이런 분들이야말로 의류시장의 흐름이나 유행을 빠르게 파악할 수 있어서 쇼핑몰로 성공하기 쉬울 거라고들 생각합니다. 하지만 제가 경험한 바로는, 쇼핑몰 창업에서 해당 업종에 근무해본 분들이나 완전히 무관한 일을 하던 분들이나 성공한 경우에서는 별로 차이가 없었습니다.

왜 이런 결과가 나왔을까요? 연관 업무 경험자는 대부분 상황과 조건이 달라졌음을 인지하지 못하고 다니던 회사에서 일하던 방식대로 쇼핑몰을 창업합니다. 기존 회사에서 잘 팔리던 상품을 선택하고 기존 회사에서 팔던 방식으로 팔기 때문에 대다수는 실패하지요.

그러면 어떤 판매 아이템을 고르고 어떻게 팔아야 성공할 수 있을까요? 제가 겪은 수많은 성공사례는 창업자가 객관적인 시각을 확보했느냐 아니냐에 달려 있었습니다. 본인이 과거에 어떤 일을 경험했는지보다 해당 아이템에 대한 객관적인 시각을 확보하는 것이 중요하다는 것! 꼭 기억하세요.

질문 3 | 경쟁사 상황은 파악했나?

많은 사람들이 착각하는 것 중 하나가 '시작하기만 하면 어떻게든 되겠지' 하는 마음가짐입니다. 하지만 이렇게 해서 성공하는 경우는 드뭅니다. 왜냐하면 현재 한국의 모든 산업은 포화시장 상태이기 때문입니다.

지금처럼 경쟁이 치열한 상황에서 경쟁사를 분석하지 않고 창업하면 80~90%는 망합니다. 예를 들어 동네에 치킨집을 차린다고 합시다. 그 동네 치킨집은 어떤 곳들이 있으며,

각각 어떤 종류의 치킨을 팔고 있고, 맛은 어떤지, 서비스는 어떻게 하고 있는지, 가격은 얼마인지 등을 전부 따져서 내가 차리고자 하는 치킨집의 맛과 메뉴, 서비스 등을 결정해야 합니다.

그런데 현실은 어떤가요? 대부분 경쟁사 분석은 뒤로한 채 우선 창업부터 하고는 후회합니다. 너무 치열해서 쉽지 않고, 이래서 안되고 저래서 안되고, 하소연이 이어지지요.

온라인도 마찬가지입니다. 지금 경쟁사들이 어떻게 하고 있는지 생각하지 않고 무턱대고 시작하면 백전백패입니다. 제 친구는 경쟁사 분석에 돌입해 다른 쇼핑몰은 어떤 옷을 팔고 있고 주력상품은 무엇인지, 가격대는 어느 정도이며 광고는 어떻게 하고 있는지, 프로모션은 어떻게 하고 있는지 조사했습니다. 그리고 자신만의 차별화된 방식을 찾아냈고 결국 성공했습니다.

질문 4 | 쇼핑몰 제작 후 어떻게 차별화해서 운영할지 생각했나?

쇼핑몰 창업에 실패한 사람들을 보면 운영을 너무 쉽게 생각했다는 공통점이 있습니다. 아이템을 정하고, 쇼핑몰과 상세페이지를 만들고 나면 모든 것을 다 했다고 생각합니다. 그리고는 막상 시작하고 나서야, 언제 상품이 팔리나 하루 종일 걱정하는 것을 보았습니다.

아이템 하나 정하고, 상세페이지 하나 만들었다고 해서 상품이 저절로 팔리지 않습니다. 처음부터 내 쇼핑몰을 아는 사람은 아무도 없습니다. 어떻게 해야 쇼핑몰의 이름을 알리고 찾아오게 할지, 또한 구매까지 이르게 하려면 어떤 일들을 해야 하는지를 모른다면 성공하기 힘듭니다.

쇼핑몰이 아니라 오픈마켓*에서 시작하더라도 마찬가지입니다. 그 많은 상품들 중에서 내 상품을 보게(= 상위노출) 하려면 어떻게 해야 하는지, 어떻게 해야 더 많은 상품이 팔릴지 생각하지 않으면 안됩니다.

◆ 오픈마켓(Open Market) : 판매자와 구매자에게 모두 열려 있는 인터넷 중개몰(온라인 장터). 대표적인 오픈마켓으로 G마켓, 옥션, 인터파크 등이 있다.

결론을 말씀드리면! 창업 전 4가지 질문을 자신에게 해보고 시작하세요. 이 모든 걸 유기적으로 고려해서 시작해야지만 실패하지 않습니다.

▼ 쇼핑몰 창업 전 4가지 키워드

① 자본금　　② 아이템　　③ 경쟁사 분석　　④ 운영방안

쇼핑몰 창업 전 4가지 키워드를 꼭 기억하고 스스로 질문을 던져보세요. 준비가 제대로 되어 있다면 지금 당장 창업해도 좋습니다. 하지만 아직 준비가 되어 있지 않다면 지금 서 있는 곳에서부터 차근차근 준비하세요.

1등의 전략을 따라하다가 실패한 사례

경쟁사를 분석하다가 자신의 쇼핑몰 전략을 '1등 따라하기'로 정하는 분이 많습니다. 반에서 1등 하는 방법은 전교 1등을 목표로 하는 것이란 말이 있습니다. 안타깝지만 이렇게 시작하면 대다수는 망합니다. 내 쇼핑몰은 1등 회사가 아니기 때문이지요. 서로 처한 위치와 상황이 다른데 1등 쇼핑몰과 비슷하게 구축한다면 100% 망합니다. 다음 사례를 살펴볼까요?

① 코카콜라 vs 펩시콜라 ⋯⋯⋯⋯⋯⋯⋯⋯⋯⋯⋯⋯⋯⋯⋯⋯⋯⋯⋯⋯⋯⋯⋯⋯⋯⋯⋯⋯

펩시콜라는 코카콜라를 이기기 위해 코카콜라보다 훨씬 많은 마케팅 비용을 썼지만 결국은 이기지 못했습니다.

② 동원참치 vs 사조참치

사조참치가 마케팅 비용이 없어서 동원참치를 이기지 못한 것이 아니라, 후발주자였음에도 불구하고 동원참치와 똑같은 전략을 썼기 때문에 만년 2등을 하고 있는 상황입니다.

③ 오리온 초코파이 vs 롯데 초코파이

오리온보다 자본력이 더 좋은 롯데. 한때 롯데 초코파이의 시장점유율을 높이기 위해서 롯데마트에서는 오리온 초코파이를 거의 팔지 않았습니다. 그럼에도 지금은 오리온 초코파이만 살아남았습니다. 롯데가 오리온보다 자본이 적어서, 또는 유통채널이 미비해서 실패했을까요? 실패한 가장 큰 이유는 1등이 하는 것을 그대로 따라했기 때문입니다.

경쟁사 분석을 통해 차별화된 전략으로 포지셔닝◆하는 것이 필요한데, 대부분 똑같이 하다가 결국 실패합니다. 홈페이지, 쇼핑몰도 마찬가지입니다. 정확하게 포지셔닝하지 않고 1등을 그대로 모방한 홈페이지나 쇼핑몰은 성공하기 힘들다는 것, 꼭 기억해두세요.

◆　포지셔닝(Positioning) : 소비자의 마음속에 자사 제품이나 기업을 표적시장, 경쟁기업과 관련해 가장 유리한 위치에 있도록 노력하는 과정

지금 당장
5가지만 실천해도
성공한다!

어떻게 준비해야 성공할 수 있을까?

왕초보도 정확히 마케팅 방향을 잡고 제대로 준비하면 성공할 수 있다고 했습니다. 그런데 간혹 준비만 하다가 시작조차 못하는 분을 봅니다. 준비도 적당한 게 좋습니다. 너무 많은 준비는 과유불급, 시간낭비일 뿐이지요. 그렇다면 뭘 어떻게 준비해야 할까요? 우선 지금 당장 실천할 수 있는 5가지 방법부터 알려드리겠습니다.

성공법칙 1 | 쇼핑몰 구매 경험은 많을수록 좋다

상품을 파는데 온라인인지 오프라인인지는 중요하지 않습니다. 상품을 판매하는 것 자체가 능력이고 기술이니까요. 그래도 쇼핑몰을 한다면 최소한 인터넷 이용 능력은 구비해야 할 것입니다. 저를 찾아오는 분 중 쇼핑몰에서 물건 구매를 단 한 번도 해본 적이 없는 분도 종종 있습니다. 식당을 하려는데 단 한 번도 식당에서 음식을 먹어본 적이 없다면 과연 식당을 잘 운영할 수 있을까요? 온라인 쇼핑몰을 창업하려고 한다면 꼭 온라인에서 이것저것 많이 구매해보기를 권합니다.

옥션   G마켓   11번가

성공법칙 2 | 쇼핑몰 관리 능력을 키우자

이 부분은 쇼핑몰을 만든 이후(또는 오픈마켓에 상세페이지를 등록한 이후)에 공부해야 하는 영역입니다. 그리 어려운 부분도 아니고요. 그래도 지금 이 이야기를 하는 것은, 아무리 직원이 일한다고 해도 사장이라면 전체적인 프로세스를 알아야 하기 때문입니다.

실제로 상품등록도 해보고, 고객이 주문한 상품을 택배사에 인계하는 단계까지 최소 몇 달 정도는 직접 경험해보는 것이 아주 중요합니다. 직원만 일을 시키게 되면 실제 업무 프로세스를 정확하게 파악할 수 없어서 오류를 범할 가능성이 높습니다. 쇼핑몰 시작하면 직원이 있더라도 몇 달 정도는 하나에서 열까지 직접 해보기를 권합니다.

성공법칙 3 | 사진 촬영 기본기는 익히자

스마트폰, 똑딱이 카메라만으로 사진을 찍어도 잘 파는 분들이 있고, 전문 포토그래퍼에게 부탁한 사진으로 잘 판매하는 분들도 많습니다. 그러니 사진 때문에 너무 걱정하지 않아도 됩니다. 그래도 시간이 된다면 사진 찍는 연습을 많이 해보세요. 판매할 상품군에 따라서 편차는 있지만 수시로 업데이트해야 하는 상품(예 의류 쇼핑몰)이라면 되도록 사진 촬영 능력을 키우기 바랍니다. 비용을 줄이는 가장 좋은 방법이니까요.

사진 촬영 능력을 배우라고 했더니 대학교 사진학과에서 배우듯이 꼼꼼히 배우는 분들이 있는데요. 그렇게 하는 것은 시간낭비입니다. 사진으로 취업할 것도 아니잖아요? 내가 의류를 판다면? 시계를 판다면? 의류나 시계 사진을 찍을 수 있는 정도만 익혀도 충분합니다. 물론 업데이트가 많지 않은 상품이라면 사진 촬영 공부는 안 해도 됩니다. 초기에 포토그래퍼를 잘 만나 세팅해 놓으면 그다지 바뀔 게 없으니까요.

성공법칙 4 | 포토샵 기본기는 익히자

포토샵 잘한다고 잘 파는 건 아니지만, 그래도 글자를 수정할 일이 있을 때 그 정도는 혼자서 할 줄 알아야 합니다. 대부분 10시간 정도 배우면 웬만한 건 다 할 수 있습니다. 포토샵도 모든 것을 배우기보다는 나에게 필요한 것만 배우는 게 시간을 절약하는 길입니다.

어려워 보이는 포토샵, 필요한 기능만 알아도 충분!

성공법칙 5 | 제품 선정하는 안목을 키우자

쇼핑몰에서 어떤 제품을 팔아야 쉽게 포지셔닝할 수 있는지를 알아야 합니다. 어떤 제품을 어디 가면 쉽게 구할 수 있는지 아는 것도 중요하지만, 더 중요한 건 어떤 제품을 어떻게 팔아야 잘 팔 수 있는지 생각하는 능력입니다.

위 5가지만 제대로 실천해도 쇼핑몰을 준비하는 데 큰 어려움은 없을 것입니다. 자기 한테 꼭 필요한 몇 가지를 정확하게 아는 것만으로도 쇼핑몰 성공은 멀지 않습니다.

 쇼핑몰 창업 준비 체크리스트

앞에서 창업 전 던져야 하는 질문 4가지를 이야기했습니다. 첫째는 자본금, 둘째는 아이템, 셋째는 경쟁사 분석, 넷째는 쇼핑몰 운영방안이었습니다. 여러분도 이 질문에 답해야 할 때가 되었습니다. 한번 적어볼까요?

창업 전 나에게 던지는 4가지 질문

1. [자본금] 얼마를 가지고 시작할 것인가?
_____

2. [아이템] 어떤 아이템을 팔 것인가?
_____

3. [경쟁사 분석] 경쟁사 상황은 어떠한가?
_____

4. [운영방안] 쇼핑몰 제작 후 어떻게 차별화해서 운영할 것인가?
_____

4가지 질문에 답했다면 어느 정도 사업 방향이 정해졌다는 뜻입니다. 그럼 이번에는 창업 전에 실천할 수 있는 5가지 일을 점검해볼까요?

▼ 창업 전 실천 체크리스트

구분	체크
쇼핑몰 구매 경험이 충분한가?	☐
쇼핑몰 관리 능력을 키우기 위해 노력하고 있는가?	☐
사진 촬영 기본기를 익히고 있는가?	☐
포토샵 기본기를 익히고 있는가?	☐
제품 선정 안목을 키우고 있는가?	☐

여기까지 충실히 실천하고 있다면 어느 정도 준비는 된 셈입니다. 하지만 이제 겨우 첫발일 뿐 창업 성공까지는 아직 갈 길이 많이 남았습니다. 그러나 겁먹지는 마세요. 시작이 반이란 말도 있으니까요.

마케팅 전략부터 세워야 성공한다

마케팅 전략을 세워야 마케팅 전술이 나온다

마케팅이란 무엇일까요? 쉽게 말하면 내 아이템을 잘 팔기 위한 모든 활동을 말합니다. 마케팅도 우선순위가 있습니다. 먼저 사업의 큰 방향을 설정(마케팅 전략)하고, 그에 맞는 세부 실행방안(마케팅 전술)을 세워야 합니다.

여기서 '**마케팅 전략**'은 어떤 쇼핑몰을 할지 생각하고(분야 선정), 그에 따른 경쟁사의 상황을 파악해서(경쟁사 분석), 내가 팔 물건을 어떻게 차별화할지(아이템 선정, 포지셔닝) 결정하는 것입니다.

'**마케팅 전술**'은 마케팅 전략에 따라 쇼핑몰 솔루션을 카페24를 쓸지, 메이크샵을 쓸지, 고도몰을 쓸지 선택하거나, 사진은 내가 찍을지 전문가에게 맡길지, 그리고 쇼핑몰과 상세페이지 제작은 어떻게 할지 등등을 결정하는 것입니다.

많은 분들이 마케팅 전략을 세우지 않고 마케팅 전술부터 고민하는 경우가 많습니다. 순서를 무시하고 진행하다가 잘 안되는 경우가 많습니다.

▼ 성공하는 쇼핑몰의 마케팅 순서

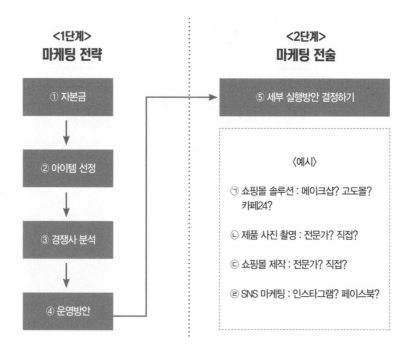

SNS 마케팅은 도구일 뿐, 진짜 마케팅을 공부하자

쇼핑몰을 준비하는 분들은 우선 블로그 마케팅, 인스타그램 마케팅, 바이럴 마케팅 등 SNS 마케팅 공부부터 시작합니다. 그런데 이런 것들은 사실 마케팅이 아니고 마케팅을 위한 도구입니다. 도구는 그때그때 인기에 따라 쓰임새가 달라지지요.

SNS 마케팅보다 중요한 건 마케팅 전략을 세우는 것입니다. 다음은 마케팅 전략을 세우는 방법을 순서별로 정리한 표입니다. 여러분의 마케팅 전략은 무엇인지 빈칸을 하나씩 채워보세요.

▼ 나의 마케팅 전략 세우기

구분	상세 내용	나의 마케팅 전략 세우기
자본금	얼마를 가지고 시작할 것인가?	
	아이템을 구매할 비용은?	
	쇼핑몰은 만든 후 운영 비용은?	
	사무실, 집기, 인건비 비용은?	
	비상금, 여유자금은?	
아이템 선정	내가 경험한 영역 또는 관심 있고 좋아하는 영역에서 아이템을 찾아보자 → 〈첫째마당〉 참고	
	나의 경험, 경력보다는 객관적인 시각으로 해당 아이템의 시장성을 판단해보자	
경쟁사 분석	내가 하려고 하는 영역의 경쟁사들은 어떤 상품을 어떻게 팔고 있는지 파악해보자	
운영방안	나는 어떻게 차별화해서 운영할지 전체적인 방향성을 고민하자	

참고로, 여러분과 같은 왕초보인 제 친구와 김군의 마케팅 전략 수립 과정을 공유합니다. 여러분이 마케팅 전략을 세우는 데 도움이 되길 바랍니다.

▼ **김군의 강아지 간식 쇼핑몰 마케팅 전략 엿보기(01장 사례)**

구분	상세 내용	김군의 마케팅 전략 세우기
자본금	얼마를 가지고 시작할 것인가?	700만원
	아이템을 구매할 비용은?	200만원
	쇼핑몰은 만든 후 운영 비용은?	마케팅 비용 : 150만원
	사무실, 집기, 인건비 비용은?	비용을 줄이기 위해 공동사무실에서 시작
	비상금, 여유자금은?	350만원
아이템 선정	내가 경험한 영역 또는 관심 있고 좋아하는 영역에서 아이템을 찾아보자	강아지를 키우고 있어서 반려견용품 판매를 해보려고 한다
	나의 경험, 경력보다는 객관적인 시각으로 해당 아이템의 시장성을 판단해보자	반려견산업에 종사한 것은 아니지만 강아지를 직접 키워서 소비자의 니즈를 정확하게 알고 있다
경쟁사 분석	내가 하려고 하는 영역의 경쟁사들은 어떤 상품을 어떻게 팔고 있는지 파악해보자	• A경쟁사는 용량이 많고 싸다는 것을 장점으로, 강아지 간식을 15,000원에 오픈마켓에서 판매 • B경쟁사는 동결건조를 강조해서 자사몰, 오픈마켓 등 다양한 채널에서 12,000~15,000원에 판매
운영방안	나는 어떻게 차별화해서 운영할지 전체적인 방향성을 고민하자	원재료가 좋은 강아지 간식으로 소비자들에게 어필

저는 이렇게 마케팅 전략을 세웠습니다!

▼ 친구의 의류 쇼핑몰 마케팅 전략 엿보기(02장 사례)

구분	상세 내용	친구의 마케팅 전략 세우기
자본금	얼마를 가지고 시작할 것인가?	3,000만원
	아이템을 구매할 비용은?	500만원
	쇼핑몰은 만든 후 운영 비용은?	광고·마케팅 비용 : 500만원
	사무실, 집기, 인건비 비용은?	• 카메라를 비롯한 집기류 : 300만원 • 모델, 스타일리스트 비용 : 200만원 • 비용을 줄이기 위해 공동사무실에서 시작
	비상금, 여유자금은?	1,500만원
아이템 선정	내가 경험한 영역 또는 관심 있고 좋아하는 영역에서 아이템을 찾아보자	아내가 자주 구매하는 여성의류 쇼핑몰을 해보려고 한다
	나의 경험, 경력보다는 객관적인 시각으로 해당 아이템의 시장성을 판단해보자	소비자 입장에서 아기를 키우는 워킹맘이 편하게 입을 수 있는 옷들을 판매하고 싶다
경쟁사 분석	내가 하려고 하는 영역의 경쟁사들은 어떤 상품을 어떻게 팔고 있는지 파악해보자	• A쇼핑몰은 4만원대의 여성스러움이 강조된 의류를 자사몰에서 판매 • B쇼핑몰은 2~3만원대의 스포티한 의류를 오픈마켓에서 판매
운영방안	나는 어떻게 차별화해서 운영할지 전체적인 방향성을 고민하자	워킹맘이 편하게 입을 수 있게 실용성과 세련미가 강조된 스타일을 중심으로 오픈마켓에서 시작해서 추후 자사몰까지 확장

여러분도 저처럼
마케팅 전략을
세워보세요!

쇼핑몰 준비하다 자금 사정이 어려워졌을 때는?

① 쇼핑몰 운영자금이 부족하다면 → 신용보증재단 ·····························

만약 쇼핑몰을 운영하다가 운영자금이 부족하다면 각 지역의 신용보증재단을 찾아가보세요. 사업자 주소지가 서울에 있다면 서울신용보증재단으로, 경기도에 있다면 경기신용보증재단으로 찾아가면 됩니다. 그리고 현재 쇼핑몰(혹은 오픈마켓)을 운영하고 있는데 운영자금이 없어서 물건을 사입하기 어렵다는 말을 하면, 매출을 증빙할 수 있는 서류들을 요청할 것입니다. 자세한 것은 지역이나 상황마다 약간씩 다르니 전화 또는 직접 찾아가서 문의하세요.

절차에 맞게 서류를 제출하면 작게는 1,000~2,000만원부터 많게는 1억원 가까운 돈을 지원해줍니다. 금리도 역시 집을 담보로 한 대출보다 훨씬 저렴하니 큰 부담이 없을 것입니다. 쇼핑몰이 어느 정도 궤도에 오르기 시작했는데 운영자금에 문제가 생겼다면 꼭 찾아가보세요.

서울신용보증재단 www.seoulshinbo.co.kr

② 창업 관련 정보가 필요하다면 → K-스타트업(창업넷) ·····················

상품을 도매처에서 구매해오고 공장에서 사입해서 파는 경우 제일 쉽게는 신용보증재단을 찾아가면 됩니다. 그런데 상황에 따라서 내가 공장을 운영하고 있고 그 공장에서 나온 것을 판매하고 있다면, 또는 새로운 아이디어를 기반으로 무언가 새로운 것을 하려고 한다면 이런 경우에는 신용보증재단 외에 지원을 받을 수 있는 방법이 굉장히 많습니다.

정부에서 지원해주는 자금은 크게 둘로 나누어집니다. 하나는 신용보증재단처럼 담보 없이 기관에서 신용을 보증해주고 저리에 대출해주는 지원자금입니다. 또 다른 하나는 사업비를 여러 항목으로 나누어 지원해주는 지원금인데, 보조금 형식으로 지원받다 보니 안 갚아도 되는 자금인 경우도 있습니다. 이런 정보를 모아놓은 곳이 중소벤처기업부에서 운영하는 K-스타트업(창업넷)입니다. 이곳의 정보만 잘 활용해도 사무실과 법인설립 비용을 많이 줄일 수 있습니다.

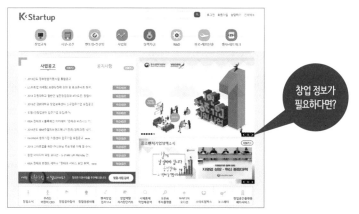

K-스타트업(창업넷) www.k-startup.go.kr

③ 특허출원을 지원하는 지역지식재산센터 ·····································

지역지식재산센터에서는 특허출원, 등록, 시장조사 등의 비용을 지원해주기도 하니 참고하세요.

지역지식재산센터 www2.ripc.org

쇼핑몰 창업이
부담스럽다면
오픈마켓이 대안!

오픈마켓이란? 판매자와 구매자가 모두 참여하는 큰 장터

홈페이지를 운영해서 물건을 파는 것보다 오픈마켓에서 물건을 파는 게 초보자에게는 부담이 없습니다. 여기서 잠깐 오픈마켓의 정의를 살펴볼까요?

오픈마켓이란 판매자와 구매자에게 모두 열려 있는 인터넷 중개몰을 말합니다. 네이버, 11번가, 옥션, G마켓 같은 큰 업체에서 장터 형태의 플랫폼을 만들어서 개인과 소규모 판매업체들이 자유롭게 상품을 거래할 수 있도록 한 것이지요. 물론 판매업체들은 오픈마켓에 수수료를 내야 합니다. 그래도 직접 쇼핑몰을 만들고 운영하는 비용보다는 비교적 저렴해서 쉽게 사업을 시작할 수 있습니다.

네이버

옥션

G마켓

11번가

쇼핑몰 경험이 없다면 나와 맞는 오픈마켓에서 시작하자

저는 쇼핑몰 경험이 없는 분에게는 오픈마켓부터 시작하길 권합니다. 오픈마켓도 G마켓, 옥션 등 모든 곳에서 다 하는 게 아니라, 자신에게 맞는 곳 하나 정도만 먼저 시작해서 안착하도록 하고, 그 이후에 차근차근 판매채널을 넓혀나가기를 추천합니다. 이렇게 해야 시간과 비용을 가장 적게 들일 수 있기 때문입니다.

오픈마켓? 쇼핑몰? 나에게 맞는 곳은 어디일까

쇼핑몰에서 시작할 것인지 오픈마켓에서 시작할 것인지 결정하지 못했다면 다음을 참고하세요. 오픈마켓과 쇼핑몰에 적합한 판매자를 구분한 것입니다. 여러분은 어떤 상황에 해당되는지 살펴보세요.

① 오픈마켓이 적합한 판매자

- 쇼핑몰(또는 IT, 웹) 경험이 전혀 없지만 온라인에서 상품을 판매해보고 싶은 사람
- 부업 정도로 가볍게 시작하려는 사람
- 상품 소싱 관련 업무를 많이 해보지 않은 사람

쇼핑몰 경험이 없는 사람이 쇼핑몰을 만들려고 하면 어떤 아이템을 판매할지를 떠나서 공부해야 할 것이 정말 많습니다. 쇼핑몰을 구축하기 위해서는 도메인도 구매해야 하고, 쇼핑몰 솔루션도 정해야 하고, 이에 따른 디자인 작업, PG♦사 선정도 해야 하는 등 많은 제

♦ PG(Payment Gateway) : 지불결제사업자. 신용카드사와 중소 쇼핑몰 대신 가맹점 계약을 체결하는 것을 대행해주는 업체

반 작업들이 필요합니다.

　그런데 **오픈마켓에서만 판매한다고 하면, 상세페이지(상품페이지)만 제작하면 손쉽게 팔 수 있기 때문에 준비과정이 다소 간단**합니다. 그렇다고 오픈마켓에서만 계속 판매하라는 말은 아닙니다. 오픈마켓에서 조금이나마 연습을 해보고 그다음에 본격적으로 자신의 쇼핑몰을 시작하는 것이 좋다는 뜻입니다.

② 쇼핑몰이 적합한 판매자

- 오픈마켓(G마켓, 옥션, 11번가 등)에서 판매해본 사람
- 쇼핑몰과 관련한 회사를 다닌 사람
- 비주류 아이템을 가지고 있는 사람
- 상품 매입을 어느 정도 해본 사람
- 장기적인 계획이 있는 사람

　쇼핑몰을 시작하려면 아무래도 쇼핑몰에 대한 경험이 있는 것이 조금 더 유리합니다. 물론 제대로 된 경험이 아니라면 오히려 독이 될 수도 있겠지만요. 또한 오픈마켓과는 다소 차별화되는 고가의 상품이라면 오픈마켓보다 쇼핑몰이 더 적합합니다. 아무래도 고가의 상품은 제품 경쟁력과 소비자를 설득하는 방법이 중요하기 때문입니다.

③ 오픈마켓과 쇼핑몰 동시 운영이 적합한 판매자

　둘 다 하는 것은 절대 나쁘지 않습니다. 단지 어설프게 시작하면 오히려 관리하는 데 더 많은 시간과 비용이 들어갈 수 있습니다. 대다수 분들은 쇼핑몰과 오픈마켓 두 군데 모두 같은 상품을 가지고 판매하려고 생각합니다. 거기다 상세페이지도 전부 있으니 두 군데를 같이 해도 무방하다고 생각하죠.

하지만 오픈마켓과 쇼핑몰은 광고하는 방법부터 운영방식에 이르기까지 다소 차이가 있습니다. 경험이 있는 분들이라면 모르겠지만 초보라면 신경써야 하는 것들이 많다 보니 **처음에는 하나에만 집중해서 잘하는 것이 중요**합니다. 물론 어느 정도 익숙해졌다면, 또는 인원이 여유롭다면 둘 다 운영하는 것을 적극적으로 추천합니다.

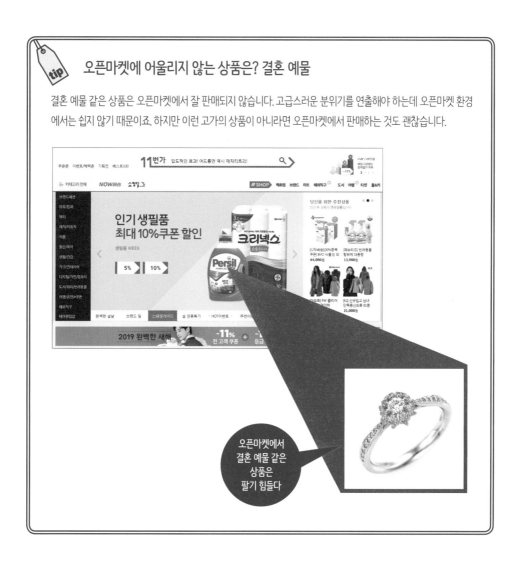

오픈마켓에 어울리지 않는 상품은? 결혼 예물

결혼 예물 같은 상품은 오픈마켓에서 잘 판매되지 않습니다. 고급스러운 분위기를 연출해야 하는데 오픈마켓 환경에서는 쉽지 않기 때문이죠. 하지만 이런 고가의 상품이 아니라면 오픈마켓에서 판매하는 것도 괜찮습니다.

오픈마켓에서 결혼 예물 같은 상품은 팔기 힘들다

천차만별 쇼핑몰, 최소 제작 비용은?

쇼핑몰 제작 비용 얼마가 적당할까?

쇼핑몰 제작 비용은 얼마나 될까요? 이 역시 제가 많이 받는 질문 중 하나입니다. 제가 여러분들에게 질문해보겠습니다.

"자동차 1대에 얼마 정도 하나요?"

"아파트 1채에 얼마 정도 하나요?"

어떤 자동차인지, 어떤 아파트인지에 따라서 가격이 달라지겠죠?

쇼핑몰도 마찬가지입니다. 어떤 쇼핑몰을 어떤 방식으로 만드는지에 따라서 가격은 천차만별입니다. 돈을 많이 들여서 쇼핑몰을 구축하는 경우도 많습니다. 내부 ERP◆와 연동해서 쇼핑몰을 구축하다 보니 많게는 10억원을 지출하는 사례도 보았습니다. 또는 기존의

◆　ERP(Enterprise Resource Planning) : 전사적자원관리. 기업 내 생산, 물류, 재무, 회계, 영업, 구매, 재고 등 경영활동 프로세스들을 통합적으로 연계해 관리해주며, 기업에서 발생하는 정보들을 서로 공유하고 새로운 정보의 생성과 빠른 의사결정을 도와주는 시스템

쇼핑몰과 전혀 다른 기능을 넣기 위해서 몇 억을 더 주고 리뉴얼하는 사례도 보았습니다. 그리고 쇼핑몰 제작업체에 속아서 과도하게 많은 돈을 준 사례도 보았습니다.

하지만 처음 시작하는 분이라면 약간의 비용으로도 얼마든지 쇼핑몰을 만들 수 있습니다. 다음은 쇼핑몰을 만드는 데 필요한 최소의 비용입니다.

쇼핑몰 만드는 데 필요한 최소 비용

쇼핑몰을 만들려면 총 5가지 항목의 비용이 들어갑니다. 모두 다 지출할 수도 있고, 선택적으로 지출할 수도 있습니다. 항목별로 자세히 살펴볼까요?

▼ 쇼핑몰 제작 예상 비용

항목	비용	
① 도메인	약 2만원/년	
② 쇼핑몰 솔루션	약 5만원/월	
③ 지불결제대행 서비스	가입비 20만원(무료 추천)	총 60~70만원
④ 쇼핑몰 디자인(커스터마이징)	약 20만원/회	
⑤ 상세페이지 디자인	약 30만원/회	

① 도메인

도메인 비용은 연 2만원 정도로, 어디에서 해도 똑같습니다. 그냥 저렴한 데서 하면 됩

후이즈 whois.co.kr

가비아 www.gabia.com

아이네임즈 www.inames.co.kr

니다. 참고로, 도메인 구입을 많이 하는 곳은 후이즈, 가비아, 아이네임즈입니다. 혹은 쇼핑몰 솔루션 회사(카페24 등)에서 도메인을 등록해도 됩니다.

② 쇼핑몰 솔루션

쇼핑몰을 유형화해서 제공하는 서비스입니다. 가장 많이 쓰는 솔루션은 메이크샵, 고도몰, 카페24입니다.

메이크샵 www.makeshop.co.kr　　고도몰 www.godo.co.kr　　카페24 www.cafe24.com

▼ 쇼핑몰 솔루션 지불 방법별 구분

구분	쇼핑몰 솔루션	비용
월 단위로 지불	메이크샵	55,000원
	고도몰	33,000원
한번에 지불	고도몰 독립형*	550,000원(호스팅 비용은 매월 지불)
무료 제공	카페24	없음

* 고도몰 독립형은 2019년 초에 폐지

쇼핑몰 솔루션은 크게 **임대형**과 **독립형**으로 구분할 수 있습니다. 임대형은 매월 일정 금액의 돈을 내고 사용하고, 독립형은 딱 한 번만 돈을 내면 평생 사용할 수 있습니다.

독립형으로는 고도몰에서 출시한 '고도몰 독립형'이 있었습니다. 한 번 비용을 내고 나면 평생 호스팅 비용을 제외하고는 들어가는 것이 없고, 내 상황에 맞추어 커스터마이징이 가능하다는 장점이 있었는데, 고도몰의 정책적인 이유로 2019년에 폐지되었습니다.

임대형으로 제일 많이 이용하는 곳은 메이크샵과 고도몰입니다. 한꺼번에 많은 비용을 내는 것이 아니라 실제 사용기간 동안만 돈을 낸다는 장점이 있어서 일반적으로 제일 많이 사용합니다.

하지만 저는 **초보자에게 부담 없이 시작하라는 뜻에서 가장 저렴한 카페24에서 하는 것을 많이 추천**합니다. 혹시 무료라서 걱정이 되나요? 연매출 100억원 이상 나오는 곳들 중에서도 많은 곳들이 카페24를 이용하고 있습니다.

쇼핑몰 솔루션이 안 좋아서 못 파는 게 아니라 마케팅 전략과 기획력이 없어서 못 파는 것인데, 안타깝게도 많은 분들이 기획에 시간을 쓰기보다는 쓸데없이 쇼핑몰 솔루션 결정하는 데 더 많은 시간을 쓰더군요. 결론은, 카페24를 써도 전혀 상관없다는 말입니다.

③ 지불결제대행 서비스 – PG

PG는 신용카드사와 중소 쇼핑몰 대신 가맹점 계약을 체결하는 것을 대행해주는 업체로, PG사는 신용카드 결제와 지불을 대행한 뒤 쇼핑몰에서 수수료를 받습니다.

쉽게 이야기하면, 대다수 온라인 쇼핑몰에서는 카드결제를 할 수 있습니다. 이렇게 쇼핑몰에서 카드결제를 할 수 있게 해주는 서비스가 PG 서비스입니다. 그래서 PG를 사용하기 위해서는 PG사와 계약을 해야 합니다.

국내에는 KG이니시스, KCP, KSNET, AlltheGate 등 여러 업체가 있지만 서비스의 차이는 거의 없습니다. 쇼핑몰 솔루션을 정하고 쇼핑몰을 구축할 때 어떤 PG사를 선택할지 결정하면 됩니다. 쇼핑몰 솔루션 회사에서 진행하는 프로모션(예 메이크샵과 KG이니시스가 진행하는 PG 무료 이벤트 등)을 보고 제일 저렴한 업체를 선택하면 됩니다. 참고로, 프로모션이 없을 때는 약 20만원의 가입 비용이 발생합니다.

④ 쇼핑몰 디자인

쇼핑몰 솔루션을 계약했다 하더라도 본인의 상황에 맞게 쇼핑몰 디자인과 구성을 변경해야 합니다. 여기서 돈을 많이 쓰는 분도 있는데, 제 생각에는 20~50만원 정도면 충분하지 않을까 합니다. 〈마무리마당〉에 자세하게 써놨지만 이용하고자 하는 솔루션, 예를 들어 카페24를 사용해서 쇼핑몰을 만든다고 하면 카페24 디자인센터(d.cafe24.com)에 들어가서 자기한테 제일 적합한 디자인을 고르면 됩니다. 그리고 자신의 상황에 맞추어서 직접 수정 또는 수정 요청을 하면 일반적으로 20~50만원 정도면 본인이 원하는 쇼핑몰을 만들 수 있습니다.

카페24 디자인센터에서 쇼핑몰 디자인을 고를 수 있다

예를 들어 위 사이트를 그대로 복제해서 사진만 바꾸고 내 상품을 등록해서 사용한다면 165,000원 정도의 비용이 듭니다. 이 사이트를 내 상황에 맞게 하나하나 바꾸어서 사용하기를 원한다면 235,000원 정도의 비용이 듭니다.

⑤ 상세페이지 디자인

이상까지 비용을 지출했다면 쇼핑몰 뼈대는 다 만들어졌다고 해도 과언이 아닙니다. 하지만 결국 상품을 등록해야 완성이 되었다고 할 수 있습니다. 최종 단계인 상품등록 부분을 디자인하는 것이 바로 상세페이지 디자인입니다.

상세페이지를 저렴하게 만들려면 크몽 사이트에서 상세페이지를 검색해서 디자이너의 포트폴리오를 보고 선택하면 됩니다. 비용은 20만원이 조금 넘습니다.

상세페이지 디자인 비용은 업체별로 다릅니다. 기본적으로는 디자인의 수준과 상세페

크몽 kmong.com

상세페이지는
길이에 따라 다르지만
20~50만원이
적정선!

크몽에서 작업하는 업체의 상세페이지
시안

이지 길이에 따라서 달라집니다. 길이가 길수록 비용이 많이 듭니다. 일반적인 상세페이지라면 대략 20만원 정도라고 보면 됩니다.

간혹 상세페이지 수준이 질적으로 떨어진다며 불평하는 경우를 봅니다. 물론 디자이너의 실력이 없어서 그럴 수도 있지만, 그보다는 상세페이지 기획을 잘못한 경우가 많습니다. 그런데 많은 분들이 비싼 업체에 가면 잘해줄 거라고 생각합니다. 기획이 잘못되면 아무리 잘 만든 상세페이지라도 매출을 높이기가 쉽지 않다는 것, 꼭 기억하세요.

쇼핑몰 따로 안 만들고 월순익 2,000만원?

이상으로 쇼핑몰 제작 비용을 말씀드렸습니다. 저를 찾아오는 분들 중에는 매출이 아주 많은 분도 있고, 소자본으로 이제 막 시작하려고 하는 분도 있습니다. 저는 소자본으로 시작하는 분들께는 가능하면 오픈마켓부터 하라고 권합니다. 쇼핑몰이 아무리 비용이 적게 든다고 하더라도 이것저것 들어가야 하는 비용이 많기 때문이죠.

그래서 소자본으로 시작하는 분들은 대부분 상세페이지만 만들어서 오픈마켓에 등록하고 온라인 판매를 시작합니다. 이렇게 시작해서 연매출 100억원을 만든 분도 있고, 순익 기준으로 1달에 1,000~2,000만원 정도는 어렵지 않게 버는 분도 많습니다. 따라서 굳이 처음부터 쇼핑몰을 하려고 하지 않아도 됩니다. 어디서 시작하는지보다는 얼마나 매출을 높이고 얼마나 수익을 높일 수 있는지가 더 중요하기 때문입니다.

 소자본 쇼핑몰 제작 방법 3가지

쇼핑몰 또는 상세페이지를 제작하려면 크게 3가지 방법이 있습니다.

① 스스로 제작
② 프리랜서를 통해 제작
③ 업체에 의뢰해 제작

각각의 장단점은 다음과 같습니다.

▼ 쇼핑몰, 상세페이지 제작 방법에 따른 장단점

구분	장점	단점
① 스스로 제작	• 비용 최대 절약이 가능하다 • 마케팅 전략과 전술을 제대로 적용 가능하다	디자인 실력이 부족할 경우 프로페셔널해 보이지 않는다
② 프리랜서를 통해 제작	업체를 이용하는 것보다 비용은 저렴하다	• 개인별 실력이 천지 차이다 • 저작권 침해 이미지가 없는지 재확인이 필요하다 • 쇼핑몰 수정이나 기타 문제가 생겼을 때 대처가 쉽지 않다 (PSD 파일 등 원본 소스 잘 받아놓기)
③ 업체에 의뢰해 제작	• 프리랜서보다 디자인 수준이 높은 경우가 많다(기획력은 별개) • 프리랜서보다 저작권 침해 등 문제가 생길 소지가 별로 없다	비용이 가장 비싸다

결과적으로 어떤 방법을 선택할지는 쇼핑몰을 만들려고 하는 당사자의 몫입니다. 하지만 디자인업체 선정보다 더 중요한 것은 기획력입니다. 잘 팔리는 쇼핑몰은 디자인도 중요하지만, 그 이상으로 중요한 것이 기획력이니까요.

디자이너가 다 해준다고? 착각이다! ···

쇼핑몰, 상세페이지, 홈페이지를 제작할 때 제작회사(웹에이전시) 또는 디자이너에게 의뢰하면 알아서 다 해줄 거라고 생각하는 분들이 많습니다. 하지만 정말 그럴까요? 만약 치킨집을 차린다면 인테리어업체는 어떻게 하는지 생각해봅시다. 이 동네는 회사원이 많으니 주문 배달하는 분위기 대신 호프집 분위기로 인테리어해야 한다고 조언을 해줄까요? 조언을 해줘봤자 일만 오래 걸리고 불필요한 논쟁이 생길 수 있다고 생각해 대부분 조언하지 않을 것입니다.

홈페이지, 쇼핑몰, 상세페이지 제작 역시 마찬가지입니다. 고객이 원하는 대로 해줄 뿐, 이렇게 하면 물건이 잘 팔리지 않으니 저렇게 해야 한다고 굳이 말하지 않습니다. 제작회사 또는 디자이너는 그 상품을 잘 알지도 못하고 알고 싶어하지도 않습니다. 웹에이전시나 디자이너는 고객이 원하는 대로만 제작해준다는 것, 꼭 기억하세요.

성공한 쇼핑몰의 공통점 3가지
- 아이템, 기획력, 마케팅

쇼핑몰에서 성공하려면 마케팅 전략을 세우고 그에 맞는 마케팅 전술이 실행되어야 합니다. 여러 과정을 거쳐야 하지만, 성공한 쇼핑몰의 공통점은 다음 3가지로 요약됩니다.

성공한 쇼핑몰의 공통점 1 | 잘 선정한 아이템

경쟁사 분석을 기반으로 객관적인 시각을 견지한 채 어떤 상품을 팔아야 되는지를 정하는 것이 성공의 첫째 요소입니다. 아이템을 제대로 정하기만 해도 성공의 절반은 이룬 셈입니다. 자세한 내용은 〈첫째마당〉을 참고하세요.

성공한 쇼핑몰의 공통점 2 | 차별화된 기획력

마케팅 전략이 수립되면 마케팅 전술을 어떤 걸 쓸지 결정하게 됩니다. 프로모션, 상세페이지, 바이럴 마케팅 등 세부적인 실행방안이 달라지게 되지요. 이렇게 마케팅 전략은 경쟁사를 이길 수 있는 차별화된 운영방안을 만드는 전제조건입니다. 핵심 전투력인 셈이지요.

자세한 내용은 〈둘째마당〉을 참고하세요.

성공한 쇼핑몰의 공통점 3 | 효과적인 마케팅

상품도 중요하고, 차별화된 운영방안도 중요하고, 각종 마케팅 방법도 중요하지만 아무리 좋은 상품이라도 소비자 눈에 띄지 않는다면 그 상품은 팔리지 않습니다. 그래서 많은 사람들이 쇼핑몰을 이야기할 때 상위노출, 광고, 바이럴 마케팅을 말합니다. 어떤 방법이 되었든 내 상품을 소비자가 많이 볼 수 있게 하는 것이 핵심입니다. 자세한 내용은 〈셋째마당〉을 참고하세요.

성공한 쇼핑몰은 수익률이 높아야 한다!

매출이 잘 나오는 쇼핑몰은 아이템, 차별화된 기획력(운영방안), 마케팅이 잘 갖춰진 곳입니다. 한마디로 가치사슬◆이 잘 갖춰진 곳이지요. 이런 곳은 매출이 높을 수밖에 없습니다.

하지만 매출만 잘 나오고 순수익이 적은 곳도 많습니다. 앞으로 벌고 뒤로 밑지는 경우지요. 그렇게 되지 않으려면 어떻게 해야 할까요? 비용은 최대한 줄이고 매출은 최대한 늘려야겠지요. 쇼핑몰의 매출은 다음과 같은 요소로 결정됩니다.

(쇼핑몰의 매출) = ①(방문자) × ②(전환율) × ③(객단가)

① 방문자 : 쇼핑몰에 방문하는 사람
② 전환율 : 방문자 중 쇼핑몰에서 구매하는 사람의 비율
③ 객단가 : 구매자 1명이 쇼핑몰에서 구매하는 금액

◆ 가치사슬(Value Chain) : 가치창출에 직간접적으로 관련된 일련의 활동과 그에 따른 프로세스의 연계. 쇼핑몰의 경우 '(쇼핑몰의 매출) = (방문자) × (전환율) × (객단가)' 공식으로 간단하게 가치사슬을 설명한다.

① 방문자를 구성하는 요소

방문자를 좌우하는 요소에는 무엇이 있을까요? 그때그때 다를 것입니다.

(방문자) = (키워드 광고를 통한 방문자) + (블로그를 통한 방문자) + (SNS를 통한 방문자) + ……

매번 어떤 요소를 이용해야 가장 쉽게 방문자를 늘릴 수 있는지 고민해야 합니다. 또한 방문자를 늘리는 데 불필요한 비용이 지출되지 않는지도 살펴보세요. 참고로, 방문자 유입 방법에 따라 전환율이 달라질 수 있습니다.

② 전환율을 구성하는 요소

전환율을 높이기 위해서는 내 쇼핑몰, 홈페이지에 방문한 사람들이 상품을 구매하도록 만드는 요소가 있어야 할 것입니다. 예를 들면 다음과 같습니다.

(전환율) = (소비자의 니즈에 맞는 상품) + (홈페이지, 쇼핑몰의 신뢰도) + (상세페이지의 완성도) + ……

위와 같은 요소들을 충족하기 위해 어떤 작업을 해야 하는지 생각해서, 최대한 많은 방문자들이 상품을 구매할 수 있도록 노력해야 합니다. 역시 불필요한 비용이 지출되지 않는지 점검해봐야겠지요.

③ 객단가를 구성하는 요소

쇼핑몰의 수익률을 높이려면 비싼 물건을 팔면 됩니다. 가격이 비싸지 않다면 수량을 많이 팔면 되겠지요.

(객단가) = (판매수량) + (판매단가) + ……

그럼 이제 여러분의 상황으로 돌아가서 물어보겠습니다.

"여러분은 어떤 방법으로 자기 쇼핑몰의 방문자를 늘리고 있습니까?"
"여러분은 어떤 방법으로 자기 쇼핑몰의 방문자를 구매에 이르도록 하고 있습니까?"
"여러분은 어떤 방법으로 자기 쇼핑몰의 마진을 높이는 전략을 구사하고 있습니까?"

이 요소들을 하나하나 증진시키고 불필요한 비용을 줄이는 것이 매출과 순수익을 늘리는 가장 좋은 방법입니다. 쇼핑몰, 홈페이지의 방문자를 아무리 많이 늘려도 구매 전환율이 높지 않으면 실제 매출은 크게 늘어나지 않을 것입니다. 반면 구매 전환율이 높아도 쇼핑몰, 홈페이지에 방문자가 많지 않다면 이 역시도 매출을 올릴 수 없습니다. 그리고 또 하나. 아무리 많이 팔려도 마진(수익률)이 적으면 부자가 되기는 어려울 것입니다.

쇼핑몰도 사고판다? 허위매출에 속지 말자!

쇼핑몰을 준비하는 분들 중 시간을 절약하기 위해 이미 만들어놓은 쇼핑몰을 구매하기도 합니다. 그런데 쇼핑몰 매매 관련 글을 읽다 보면 말이 안되는 경우도 많이 보입니다.

개발방식	서버호스팅	구축방식	독립 솔루션
솔루션명	카페24		
전체회원수	500명	일 방문자 수	100명
월매출	1,200만원	순수익	900만원
상품마진율	70 %	월광고비	미입력
사이드 개발가격	미입력	사이드 오픈일	2013 년 08 일
가격조정	협의가능	재고/물품양도	양도가능

매매가	2,200 만원 협의가능
카테고리	종합쇼핑몰
키워드	자체제작 의류잡화 브랜드

회원수는 500명인데 일 방문자가 100명?

이 정도는 이해가 됩니다. 회원가입 안 하고 네이버 Npay◆로 구매하는 경우가 있으니까요.

월매출이 1,200만원인데 순수익이 900만원?

이렇게 마진이 좋은 아이템이 과연 있을까요? 간혹 있기는 합니다만, 아주 드물 것입니다. 그런데 광고비로 얼마를 썼는지는 말하지 않네요. 광고 안 하고 바이럴로 상품을 판매할 수도 있으니 패스!
하지만 순수익을 다시 살펴볼까요? 순수익은 다음과 같이 정해집니다.

(순수익) = [총매출(판매금액)] − [총비용(제품원가 + 인건비 + 광고비 + 사무실 유지 비용 등)]

◆　Npay(Naver pay) : 네이버 아이디로 다양한 가맹점에서 회원가입 없이 편리하게 쇼핑, 결제, 배송 관리하고 네이버 뮤직, 영화, 웹툰 등 디지털 콘텐츠까지 결제할 수 있는 서비스

순수익이 900만원이라는 말도 진실이라고 생각해보자고요. 그런데 이런 상황에서 이 쇼핑몰의 매매가가 2,200만원이라고 하네요. 쇼핑몰 2~3달만 운영하면 원금은 충분히 회수되겠네요. 여러분이라면 1달에 900만원을 벌 수 있는 쇼핑몰을 달랑 2,200만원에 팔겠습니까?

이 쇼핑몰을 판매하는 데는 아마도 이유가 있을 것입니다. 저는 이유를 속여서 판매하는 경우를 너무 많이 보았습니다. 이런 이야기들 안 믿었으면 좋겠습니다. 다시 한 번 이야기하지만, 시간 좀 절약하겠다고 말도 안되는 쇼핑몰 양도받아서 돈 날리지 마세요.

만약 다음과 같이 이야기한다면 조심해야 합니다.

① "광고비 안 써도(거의 쓰지 않아도) 매출이 꽤 많이 나온다." ······························

물론 광고비 안 들이고도 매출이 나올 수 있습니다. 하지만 이것은 아주 많은 경우 다양한 홍보 활동(예를 들면 SNS 마케팅, 블로그 마케팅 등) 때문에 매출이 나오는 것입니다. 그런데 이런 각종 홍보 활동에 노동력이 너무 많이 들어간다든지, 또는 기존 홍보 활동만으로는 효율적이지 않은 경우 매각하는 사례를 많이 보았습니다. 그러니 이런 곳은 주의해야 합니다.

② "갑자기 사정이 생겨서 매각한다." ··

갑자기 이민을 간다든지, 갑자기 아프다든지, 갑자기 아이들한테 문제가 생겨서 매각한다고 이야기하는 경우가 많습니다. 그런데 이것은 대다수가 허위일 가능성이 높습니다. 본인의 쇼핑몰을 팔기 위해서 거짓말을 하는 경우죠. 그러니 조심해야 합니다.

③ "매출을 공개한다." ····································

오프라인에서는 지인들의 신용카드, 계좌입금 등을 통해 매출을 늘리는 경우가 종종 있습니다. 매매하기 위해 허위로 매출을 만드는 것이지요. 온라인에서는 그런 방법보다는 매출만을 높이기 위해서 무조건 싸게 파는 경우가 있습니다. 이런 경우라면 인수를 해도 실제로 수익을 내기는 어렵습니다.

그 외에 인수만 하면 사입하는 곳부터 모든 것을 다 가르쳐주겠다고 이야기하는 경우도 있습니다. 하지만 이런 것들은 결국 본인이 운영하면서 몸으로 익히는 것이지 누가 가르쳐줘서 되는 것이 아닙니다. 그러니 가능하면 다른 곳을 인수해서 쇼핑몰을 하기보다는 실제 본인이 처음부터 시작해서 키우는 것을 권장합니다.

첫째
마당

성공한
쇼핑몰의 공통점 ❶
아이템

엑스브레인 쇼핑몰 성공법

아이템 선정 황금원칙 |1|
객관적인 시각을 가져라

〈준비마당〉에서 성공한 쇼핑몰의 공통점은 아이템, 기획력, 마케팅이라고 했습니다. 〈첫째마당〉에서는 아이템에 대해 본격적으로 알아보겠습니다. 먼저 잘 선정한 아이템은 어떤 것인지, 또 어떻게 아이템을 골라야 하는지 알아봅시다.

어떤 아이템으로 시작해야 할까?

쇼핑몰을 준비하는 분들이 저한테 제일 많이 물어보는 것 중 하나가 "어떤 아이템을 하는 것이 좋을까요?"입니다. 어떤 아이템을 해야 할까요? 현재 오프라인에서 사업체를 갖고 있다면 지금 하고 있는 상품을 중심으로 온라인 쇼핑몰을 준비하라고 이야기해줍니다. 하지만 오프라인에서 사업을 하고 있지 않다면, 또는 회사에서 사무직으로 근무했다든지 딱히 별다른 기술이 없는 상태라면 본인이 좋아하고 관심 있는 업종을 중심으로 생각해보라고 이야기해줍니다.

그런데 이런 경우가 있습니다. 자기 사업을 한 것은 아니지만 그래도 해당 업종에 꽤 오래 근무했기 때문에 해당 업종을 하겠다고 말하는 분들입니다.

"저는 여성의류 쇼핑몰에서 3년 근무했는데, 여성의류 쇼핑몰을 하는 건 어떨까요?"

"저는 오픈마켓 MD로 근무했는데, 오픈마켓 같은 플랫폼을 만들어서 시작하려고 해요."

이렇게 자신의 경험을 기반으로 뭔가 하려고 하는 분들을 많이 보았습니다. 그런데 이런 분 중 많은 분들이 실패를 합니다. 왜 실패할까요?

해당 업종 경험이 많아도 실패하는 이유

본인이 대형 오픈마켓에서 MD로 근무했다면 해당 오픈마켓에서 이미 잘 팔고 있는 판매자들도 많이 알 것이고, 어떤 상품이 잘 팔리는지도 알 것입니다. 그래서 본인도 비슷한 플랫폼(오픈마켓)을 하나 조그마하게 만들어서 시작하려고 합니다. 그러다 막상 해보고 나서야 알게 됩니다. 오픈마켓 플랫폼을 만들었다고 해서 무조건 판매자들이 상품을 등록하지 않는다는 사실을.

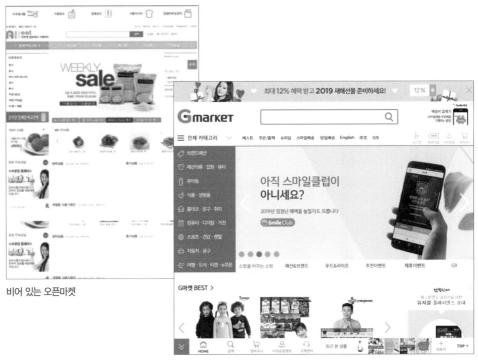

비어 있는 오픈마켓

활성화된 오픈마켓

분명 판매자도 많이 알고 충분히 친분관계도 있는데 왜 상품을 등록하지 않을까요?

판매자 입장에서 보면, 기존의 대형 오픈마켓은 이미 검증이 된 곳이다 보니 어떻게 해서든 더 많이 팔려고 노력합니다. 그래서 MD를 찾아가기도 하는 것이고요. 하지만 검증이 되지 않은 새로운 오픈마켓에 상품을 등록하는 경우는 별로 없을 것입니다. 상품을 등록하는 것도 판매자 입장에서 보면 시간이 들어가는 일이기 때문입니다.

아무리 친분관계가 있다고 하더라도 상품등록을 하는 것 자체가 시간낭비라고 생각하는 판매자들이 많다 보니 이런 결과가 나오는 것입니다. 그런데 이런 생각을 하지 않고 그냥 시작하면 시행착오를 많이 거치게 됩니다. 이런 시행착오가 사업의 실패 요인이 되는 것이고요.

여성의류 쇼핑몰도 마찬가지입니다. 본인이 예전에 근무한 쇼핑몰은 어느 정도 매출도 나오고 직원도 꽤 있었을 것입니다. 하지만 자본력도 직원도 부족한 본인이 기존 방식과 똑같이 해서는 살아남기 어렵습니다. 그런데 시작하기 전에 많이 고민하지 않고 '내가 이 분야를 잘 아니 시작하면 그래도 어느 정도는 되겠지' 하는 마음으로 시작하면, 일하는 중간중간 많은 어려움에 봉착하게 됩니다.

현재 상황에 맞는 전략을 세워야 성공한다

〈준비마당〉에서도 약간 언급했지만, 제가 본 바로 해당 업종에 근무한 분들이나 해당 업종과 무관한 일을 하던 분들이나 성공하는 비율에는 큰 차이가 없었습니다. 해당 업종에서 근무한 분이 성공한 경우는 대부분 큰 자본력을 바탕으로 일반인이 아니라 동종업계에 있는 사람들을 대상으로 쇼핑몰을 운영한 경우였습니다

왜 이런 결과가 나왔을까요? 대다수는 본인의 상황이 기존에 다니던 회사의 상황과 전혀 다름에도 불구하고 기존 회사가 하던 그대로 쇼핑몰을 준비했기 때문입니다. 기존 회사에서 잘 팔리는 상품을 찾고(회사를 그만둘 때 보통 기존 회사에서 잘 팔리는 상품이 무엇인지 파악하고 퇴사합니다), 기존 회사에서 파는 방식으로 팔았기 때문에 대부분 실패하게 됩니다.

소비자의 눈으로 아이템을 봐라

그럼 어떤 아이템을 골라야 성공할 수 있을까요? 제가 본 성공사례 중 많은 경우는 본인이 일한 분야가 중요한 것이 아니라 해당 아이템에 객관적인 시각을 확보할 수 있는, 즉 본인의 관심이 많은 분야에서 창업한 분들이었습니다.

강아지 사료 시장을 간략하게 이야기해보면, 아주 많은 업체들이 가격을 낮추기 위해서 원재료의 질을 낮춥니다. 사람이 먹는 것도 아니고 동물이 먹는 것인데 굳이 좋은 품질로 만들 필요가 없기 때문이죠.

앞에서 소개한 김군(L그룹 퇴사 후 강아지 간식 쇼핑몰 창업, 〈준비마당〉 01장 참고)은 본인이 소비자였기 때문에 소비자의 니즈를 정확하게 알고 있었습니다. 싼 가격의 상품을 원하는 사람도 있지만, 본인처럼 가격이 높더라도 질 좋은 상품을 원하는 소비자도 많다는 것을 말이죠. 그래서 가격은 다소 높지만 원재료만큼은 아주 좋은 간식을 판매한 결과 성공하게 되었습니다.

객관적인 시각이란 무엇보다 소비자의 시각으로 상품을 바라보는 것입니다. 그래서 제가 운영하는 카페에서 제일 많이 하는 말 중 하나가 '소비자 입장에서'입니다.

온라인에서는 어떤 아이템들이 잘 팔릴까?

아이템을 고민할 때는 우선 온라인에서는 어떤 아이템이 잘되는지를 알 필요가 있습니다. 그래야 그 분야를 조금이라도 더 검토해볼 수 있기 때문이죠. 온라인에서는 과연 어떤 아이템들이 잘 팔릴까요?

온라인 판매 아이템 1위는 옷(의류)입니다. 그중에서도 여성의류가 남성의류보다 잘 팔립니다. 여성복 중에서는 원피스가 제일 많이 팔리죠. 그래서 많은 분이 여성의류 쇼핑몰을 합니다. 2위는 화장품과 잡화입니다. 화장품 중에서도 향수, 바디 관련 제품들이 잘 팔립니다. 잡화는 가방, 신발 등이 잘 팔리고요.

또 어떤 것들이 있을까요? 유아용품도 있고, 아동용품도 있습니다. 식품도 잘 팔리고,

가구도 잘 팔리고, 가전도 잘 팔립니다. 반려견용품도 잘 팔립니다. 쓰다 보니 잘 팔리는 제품이 너무 많네요. 아이들 장난감도 잘 팔리고, 아이들 옷도 잘 팔리고, 낚시용품도 잘 팔립니다.

그런데 시작하기 전에 생각해볼 것이 있습니다. 수요가 많은 상품은 당연히 많이 팔릴 것이고, 수요가 적은 상품은 당연히 조금 팔릴 것입니다. 그에 대한 장단점을 이야기해본다면, 수요가 많은 상품은 많이 팔리기는 하는데 경쟁이 치열합니다. 반면 수요가 적은 상품은 팔리는 총량은 작겠지만 경쟁이 덜 치열하죠. 무조건 어느 쪽이 좋은 것이 아니라, 경쟁이 좀 치열해도 수요가 많은 쪽으로 갈 것인지, 수요는 적지만 덜 치열한 업종에 가서 잘해볼 것인지를 판단하고 시작하는 것이 좋습니다.

아이템 판매 순위 살펴보기

제가 운영하는 카페에서 '소비자 입장에서'라는 말을 많이 한다고 했습니다. 역지사지, 즉 입장을 바꿔서 생각해보라는 말입니다. 만약 여러분이 쇼핑몰을 운영한다고 하면 메뉴를 어떤 순서대로 배치하겠습니까? 잘 팔리는 상품군부터 배치할까요, 아니면 안 팔리는 상품군부터 배치할까요? 그도 아니면 가나다순으로?

저라면 잘 팔리는 상품군부터 메뉴의 상단에 배치할 것입니다. 그래서 오픈마켓 몇 곳의 메뉴를 보니 다음과 같았습니다.

G마켓

11번가

옥션

G마켓, 11번가, 옥션 모두 패션의류가 제일 상단에 있군요.

하나 더 이야기하면, 웹기획자 입장에서 잘 팔리는 상품을 제일 잘 보이는 곳에 배치하겠지만, 추가로 회사에서 가장 키우고 싶은 서비스 역시 제일 눈에 잘 띄는 곳에 배치할 것입니다. 쇼핑몰을 기획할 때도 마찬가지입니다. 제일 잘 팔리는 상품군과 내가 키우고 싶은 상품군을 제일 눈에 잘 띄는 곳에 배치해야 합니다. 그래서 경쟁사를 분석할 때 꼭 봐야하는 것이 메뉴입니다. 메뉴만 봐도 주력상품군이 어떤 것인지를 알 수 있기 때문입니다.

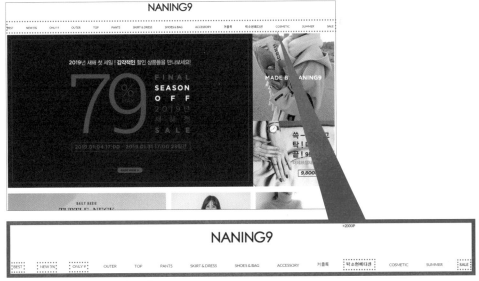

메뉴 구성이 잘되어 있는 쇼핑몰 '난닝구'

온라인에서 수요가 있는지 알아보는 법

내가 오프라인에서 꿀을 판매하고 있다고 합시다. 이 꿀을 온라인으로 팔 쇼핑몰을 만들려고 합니다. 그렇다면 꿀이 온라인에서 수요가 있는지 없는지를 판단해야 할 것입니다. 온라인에서 수요가 있는 아이템인지 아닌지를 어떻게 판단할까요?

① 네이버 검색조회수 활용

1 네이버 광고(searchad.naver.com)에 접속합니다. 가입되어 있지 않은 분은 회원가입을 하고, 가입된 분은 로그인을 하세요.

2 나의 사업과 관련된 키워드를 검색합니다. '꿀'을 입력했더니 꿀, 벌꿀, 아카시아꿀, 토종꿀, 밤꿀 등 PC와 모바일을 합쳐 8만번이 넘는 검색이 일어납니다. 이렇게 검색하는 사람들한테만 잘 팔아도 부자가 되는 것은 어렵지 않을 것입니다.

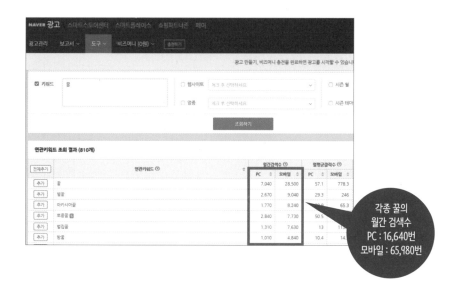

② 기타 오픈마켓 검색조회수 활용

G마켓, 옥션, 11번가 등 오픈마켓의 검색조회수를 살펴봅니다. 각 마켓의 판매자 관리 센터 메뉴로 들어가서 회원가입한 다음 살펴보면 됩니다.

G마켓, 옥션은 ESM플러스(www.esmplus.com/Member/SignIn/LogOn)에 가입한 다음 키워 드를 입력해서 조회수를 확인해보세요. 11번가도 상단 우측에 있는 '셀러오피스'에 들어가 서 '판매자 광고센터'를 클릭하면 확인할 수 있습니다.

해당 오픈마켓을 방문하는 사람들이 해당 상품을 얼마나 많이 구매하고자 하는지를 정 확하게 알 수 있기 때문에, 해당 상품이 온라인에 적합한지 아닌지 금방 알 수 있습니다.

ESM플러스 로그인 화면

11번가 셀러오피스

홈쇼핑 MD가 말하는 쇼핑몰 성공비법

홈쇼핑 MD로 일하는 후배를 만났습니다. 단둘이 만난 것은 아니고 여러 명이 같이 만났습니다. 모두 예전에 저와 함께 일한 적이 있습니다. 그 자리에서 쇼핑몰을 하기 위해 뭔가 아이템을 잡으려고 노력하는 A군과 홈쇼핑 MD인 후배(B군)가 나누는 대화를 듣게 되었습니다. 후배가 중요한 지점을 말하고 있어서 여기에 옮깁니다.

홈쇼핑 방송 화면

아이템 하나 잘 잡으세요! ....

A군 : 뭘 팔면 대박이 될 수 있냐? 대박은 아니더라도 월급쟁이보다 훨씬 좋은 거 뭐 없나?

B군 : 아이템 하나만 잘 잡으면 돼요. 이것저것 많이 한다고 되는 게 아니라 진짜 괜찮은 거 하나만 잘 잡으면 돼요.

A군 : 어떤 아이템을 잡아야 하지?

B군 : 잘될 만한 것을 찾아야죠.

A군 : 어떤 게 잘될 만한데?

B군 : 잘되는 거 되게 많아요. 여성의류도 잘되고, 액세서리도 잘되고, 가방도 잘되고……

A군 : 네가 말한 것은 너무 범위가 넓어. 구체적으로 어떻게 해야 되는데?

B군 : 물건을 잘 팔려면 무조건 3가지 요소만 잘 지키면 돼요. 첫째 아이템, 둘째 노출, 셋째 가격!

A군 : 좀 더 자세하게 얘기해줘.

B군 : 아이템은 될 만한 것을 골라야 돼요. 그런데 여성의류라고 무조건 잘되는 게 아니라, 잘되는 아이템이 있어요. 액세서리도 마찬가지고, 모든 제품이 다 그래요. 그런데 실패하는 사람들을 보면 대부분 가격 낮춘다고 무조건 중국 가서 싼 상품, 또는 본인이 좋아하는 상품을 사요. 물건을 보라고 하니까, 본인이 좋아하는 물건 쇼핑하듯이 상품을 보더라고요. 어떤 관점을 가지고 상품을 찾아야 하는지 몰라요.

예를 들어 똑같은 여성의류를 팔아도 소비자의 니즈에 맞춰서 물건을 배치해야 하는데, 아무리 얘기해도 대부분 그렇게 하지를 않아요. 그러면서 인맥을 통해 쇼핑몰이나 홈쇼핑 MD를 만나게 해달라는 부탁을 많이 하는데, 저뿐만 아니라 어떤 MD를 만나도 마찬가지거든요. 가져온 상품 보면 얼만큼 많이 팔릴지는 잘 몰라도, 최소한 망하는 상품은 딱 보면 알아요. 그래도 인맥으로 들어왔으니 거절할 수 없어서 어쩔 수 없이 상품을 노출해주는데, 역시나 안 팔려요. 상품을 보는 안목! 이것부터 있어야 해요.

그리고 아무리 좋은 상품이라도 소비자가 보지 못하면 무용지물이죠. 그래서 소비자가 보게 하기 위해서 하는 것이 광고고요. 물론 홈쇼핑은 고정적으로 보는 시청자들이 있기 때문에 비교적 안정적인 노출이 있다 보니 안 팔린다 안 팔린다 해도 어느 정도는 팔릴 수밖에 없어요.

셋째는 가격이에요. 가격 역시 매우 중요해요. 우리 같은 마켓플레이스에서는 가격이 싸면 쌀수록 잘 팔리기 때문에 가격 얘기를 많이 합니다. 하지만 아이템이 안 좋으면 아무리 가격이 싸도 팔리지 않거든요. 더 중요한 것은, 진짜 팔릴 만한 상품은 가격이 다소 높아도 잘 팔린다는 거예요.

A군 : 그럼 난 어떻게 하는 게 좋을까?

B군 : 제일 먼저 상품을 보는 안목을 키우세요. 그렇지 않으면 뭘 해도 실패해요.

아이템 선정 황금원칙 | 2 |
상품 분석에 집중하라

쇼핑몰 아이템으로 적당한가?

"여성의류를 판매해보려고 합니다. 쇼핑몰 아이템으로 여성의류가 적당한가요?"

"인테리어 소품을 판매하고 싶은데, 쇼핑몰 아이템으로 인테리어 소품이 잘 될까요?"

"이 아이템은 오픈마켓에서 팔아야 하나요, 아니면 쇼핑몰에서 팔아야 하나요?"

여러분 생각은 어떤가요? 인테리어 소품을 쇼핑몰에서 판매하려고 하면 괜찮은 아이템인가요? 여성의류를 쇼핑몰에서 판매하려고 하면 괜찮은 아이템인가요?

1990년대 이후 많은 사람들이 책의 종말을 이야기했습니다. 2000년대에 이르러서는 종이책은 이제 끝났다고 했습니다. 하지만 그런 생각은 잘못된 것이었습니다.

책이 너무 많아서 보지 않는 책들을 정리하다 보니, 결혼하고 얼마 지나지 않아서 아내한테 사준 책이 나왔습니다.

신혼 시절 아내한테 사준 책

제가 결혼하던 시기만 해도 여자들은 대부분 결혼 초기에 음식을 하기 위해서 요리책을 샀습니다. 1권만 산 것도 아니고 전집으로 구매한 경우도 많았어요. 이 책은 아내가 직접 산 것이 아니라 제가 사다주었습니다.

예전에 구비하던 요리책 전집은 이제 출판업에서 보면 잘 팔 수 있는 상품이 아닐 것입니다. 인터넷이 이런 종류의 책을 대신하게 되었으니까요. 하지만 위와 같은 책(아이템)이 팔리지 않는다고 모든 책(아이템)이 팔리지 않는 것은 아닙니다.

쇼핑몰 아이템 역시 마찬가지입니다. 여성의류 쇼핑몰이 중요한 것이 아니라, 어떤 여성의류 상품을 팔 것인지가 더 중요합니다. 제가 만약 여성의류 쇼핑몰을 준비한다면 경쟁사의 제품을 분석해서 경쟁사의 주력상품군, 가격대, 상품 스타일 등을 종합적으로 판단한 다음 남들과 차별화된 쇼핑몰을 만들 것입니다.

똑같은 아이템도 기획에 따라 판매량이 달라진다

어떤 아이템인지도 중요하지만, 그보다는 제품에 집중하라고 말하고 싶습니다. 왜냐하면 해당 상품군에서 어떤 제품을 판매할지 정하는 것도 기획력이기 때문입니다. 물론 똑같은 제품을 팔 때 어떻게 해야 소비자가 더 많이 구매할지를 생각하는 것도 기획력입니다. 사례를 보겠습니다.

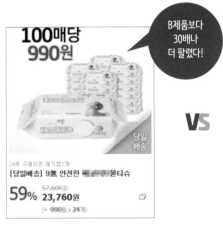

A제품

B제품

두 제품을 비교해보겠습니다. 두 제품은 소셜커머스에서 같은 시점에 판매되었습니다. 위치도 비슷했고, DM[*]에도 동시에 홍보가 되었습니다.

▼ A제품과 B제품의 가격 비교

구분	A제품	B제품
판매 가격	23,760원/24팩	8,900원/10팩
팩당 가격	990원	890원

> B제품보다 비싼데도 30배 더 팔린 비결은?

결과적으로 B가 더 저렴합니다. 사은품도 비슷했고, 배송료도 역시 둘 다 무료였습니다. 그런데도 A제품이 B제품보다 30배 더 팔렸습니다.

이렇게 차이가 난 이유는 무엇일까요? 크게 3가지 이유가 있었습니다.

① 상품 전략

A제품과 B제품의 차이는 다음과 같았습니다. A제품은 9가지 유해성이 없다는 뜻으로 '9無'를 내세웠고 유아를 타깃으로 한 상품입니다. 그에 비해 B제품은 유아에도 쓸 수는 있지만 로즈마리향이 들어간 약간 범용적인 상품입니다. 아기를 키우는 소비자 입장에서 생각해보면 혹시라도 로즈마리향으로 인해 화학성분이 들어가지 않았을까 우려가 되었을 것입니다. 그래서 주된 소비층인 아기 키우는 엄마들은 B제품보다는 A제품을 구매했습니다.

② 목록이미지의 기획력

당시 쿠팡에서 판매하는 모든 상품은 9,800원 이상이면 무료배송이었습니다. 누구나 9,800원을 말할 때 B제품 역시 9,800원을 이야기했습니다. 이래서는 사람들의 주목을 받지 못합니다. 그에 비해 A제품은 '100매당 990원'을 이야기했습니다.

◆　　DM(Direct Mail) : 상품의 광고나 선전을 위해서 특정 고객층 앞으로 직접 보내는 서신, 카탈로그 등 인쇄물. 온라인에서는 이메일 등을 이용해 DM을 보낸다.

③ 상세페이지의 기획력

지면상 긴 상세페이지를 보여드릴 수는 없지만, 상세페이지에서 A제품은 정확한 설명을 통해 B제품보다 더 사고 싶은 마음이 들게 만들었습니다. 온라인에서는 상세페이지 기획력이 무엇보다 중요합니다. 오픈마켓과 쇼핑몰 모두 상세페이지가 필요하니, 잘나가는 쇼핑몰 혹은 상품의 상세페이지를 평소에 잘 분석해보세요. 상세페이지에 관한 자세한 내용은 〈둘째마당〉을 참고하세요.

초보가 절대 팔면 안되는 아이템 4가지

이 세상에 팔지 말아야 하는 상품은 없습니다. 그래도 초보라면 꼭 조심해야 하는 아이템들이 있습니다. 초보가 절대 팔면 안되는 판매 아이템 4가지는 다음과 같습니다.

① 유행상품

유행상품의 가장 큰 장점은 짧은 시간 안에 손쉽게 아주 많은 수량을 팔 수 있다는 것입니다. 그래서 짧은 시간에 돈을 벌기가 쉽습니다. 하지만 유행상품은 언제 유행이 끝날지를 오랜 기간 동안 장사를 한 판매자들조차도 가늠하기 어려울 때가 많습니다. 하물며 판매한 지 얼마 안되는 초보에게는 더더욱 힘들 것입니다. 그래서 판매경력이 얼마 안되는 분들은 처음부터 유행상품을 하는 것보다는 스테디한 상품을 하는 것이 더 좋습니다.

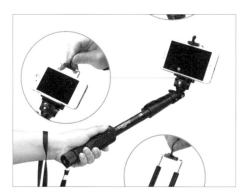 VS

유행상품인 셀카봉   스테디한 상품인 김치

참고로, 어떤 상품이 잘된다는 이야기가 돌 만큼 유행이 되는 경우 이 물건을 사입해서 진행하기란 생각만큼 쉽지 않습니다. 즉 초보 판매자마저도 유행상품이라고 느낄 정도의 상품이라면 판매 아이템으로는 적합하지 않을 수 있습니다.

② 시즌상품

시즌상품이란 유통기한이 짧거나 특정한 시즌에만 적용되는 상품입니다. 유통기한이 짧은 상품으로는 식품이나 이용권 등이 있습니다. 예를 들어 건강보조식품, 건강기능식품은 유통기한이 길어야 1~2년밖에 되지 않습니다. 물론 소량만 사두면 상관없겠지만, 가격을 싸게 해준다고 해서 무작정 많은 수량을 사오게 되면 상황에 따라서는 상품을 팔기 어려운 경우도 생깁니다.

건강보조식품보다 더 민감한 것이 시즌상품입니다. 장마철이 되기 조금 전부터 우산이 엄청나게 팔리고, 여름이 되기 조금 전부터 모기장이 많이 팔립니다. 그런데 이런 제품을 너무 많이 사입해서 팔다가 무너지는 경우가 종종 있습니다. 일부 제조사가 말도 안되는 가격에 소셜커머스 등에서 처리하는 경우가 꽤 있기 때문입니다. 그래서 유통기한이 짧거나 시즌상품은 초보자라면 조심할 것을 권합니다.

그래도 이런 아이템은 나름의 노하우를 가지고 진행하면 짧은 시간에 많은 돈을 벌 수 있습니다. 만약 꼭 시즌상품을 하고 싶고 지금이 5월이라면 우산을 준비하라고 하겠습니다. 6월부터 7월 초까지 너무나 많이 팔리는 아이템이기 때문입니다.

유통기한이 짧은 건강보조식품

시즌상품인 우산

초보자라면 조심해야 할 아이템들

③ 사이즈와 색상 등이 다양한 상품

잘하는 분들도 많지만 사이즈가 다양하고 색상이 많은 상품은 주의를 기울일 필요가 있습니다. 대표적인 것이 구두입니다. 구두는 똑같은 디자인이라고 해도 여러 가지의 색상과 사이즈가 존재합니다. 이런 경우 재고가 많이 남을 확률이 높습니다. 물론 구두 분야의 전문가라면 어떤 상품이 잘 팔리고 어떤 상품이 덜 팔릴지를 어느 정도는 알고 있기 때문에 문제가 없겠지만, 초보라면 주의를 기울여야 합니다.

만약 이런 상품을 판매하기를 원한다면 매입가가 올라간다고 해도 대량 사입보다는 그때그때 필요한 만큼만 구매해서 파는 것이 좋습니다. 또한 쇼핑몰보다는 오픈마켓 등을 이용해 연습한 이후에 천천히 확장하는 것이 좋습니다.

초보자라면
조심해야 할
아이템들

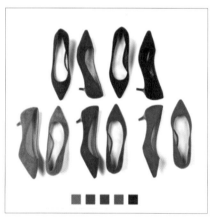

사이즈와 색상이 다양한 구두

사이즈와 색상이 다양한 의류

④ 단가가 높은 상품

자금이 있으면 상관없지만, 소자본으로 시작한다면 단가가 너무 높은 상품은 다시 생각해봐야 합니다. 자본금이 적을 경우 단가가 높은 상품은 몇 개만 사서 둔다고 해도 금방 돈이 부족해질 수 있습니다. 의류를 파는 쇼핑몰을 한다고 할 때 겨울철에 시작하게 되면 패딩, 코트 등 가격이 비싼 상품을 구비해야 하는데, 이런 것들은 여름철 상품보다 훨씬 단가가 비싸다 보니 자금이 적다면 금방 어려움에 처할 수 있습니다.

참고로 **오픈마켓은 상품이 팔리고 나면 정산**(내 통장에 돈이 입금되는 시점)**까지 최소 7일에**

서 **15일이 소요**됩니다. 소셜커머스나 홈쇼핑 계열의 쇼핑몰은 더 오래 걸립니다. 그런데 하나에 10만원짜리 상품이 하루에 50개 팔린다면 대략 상품구입비에만 하루 500만원이 필요합니다. 이는 1주일만 생각해도 3,500만원 정도의 여유자금이 있어야 원활하게 쇼핑몰을 운영할 수 있다는 뜻입니다.

단가가 높은 노트북

단가가 높은 유모차

　　초보가 절대 하면 안되는 아이템을 소개하기는 했지만, 이 상품은 이래서 안되고 저 상품은 저래서 안되고 따지다 보면 실제 판매할 물건이 별로 없을 것입니다. 어떤 제품을 판매하든 공부 열심히 하고 경쟁사 분석 잘해서 시작한다면 초보라 하더라도 성공하는 것이 어렵지 않습니다.

문의 고객을 구매 고객으로 전환시키는 방법

쇼핑몰 또는 홈페이지를 운영하다 보면 전화가 많이 옵니다. 전화가 올 때 어떤 생각을 가지고 응대해야 상품 또는 서비스의 계약이 체결될까요?

전화를 하는 고객의 기대욕구

◦ 상담원은 상품 또는 서비스에 대해 정확하게 알고 있을 것이다

◦ 상담원은 당연히 친절할 것이다

◦ 전에도 문의를 했다면, 자신을 기억할 것이다

◦ 자신이 구매한 제품의 값에는 서비스에 대한 값도 포함되어 있다

이러한 고객의 기대욕구를 충족시켜야만 상품 또는 서비스의 계약이 원활하게 이루어질 수 있습니다. 소화기 전문 쇼핑몰의 예시를 들어보겠습니다. 고객이 어떤 소화기를 사야 할지 정확히 모르겠어서 쇼핑몰에 전화했는데, 쇼핑몰 상담원이 상품에 대해 제대로 인지하지 못하고 동문서답을 한다면 고객은 이 쇼핑몰에서 상품을 구매하지 않을 것입니다.

안타깝게도 쇼핑몰의 상담원은 상품 또는 서비스에 대한 이해가 부족한 경우가 많습니다. 전화 오면 담당자한테 전달해주거나, 배송 관련 문제에 대해서만 답을 하는 정도가 대다수입니다. 본인이 직접 상담을 해줄 수 없어서 직원(상담원)에게 일을 시킬 때는 전화하는 고객의 기대욕구에 맞춘 전화 응대 매뉴얼을 만드는 것이 필요합니다.

긍정 화법으로 불만은 줄이고 만족도는 높이자 ·····················

업종마다 상품에 대한 문의 매뉴얼은 고객이 자주 묻는 질문을 기준으로 만들면 됩니다.

그런데 그것 외에 하나쯤 더 생각해봐야 하는 것이 있습니다. 화법에 대한 부분입니다. 아주 많은 판매자들이 부정적인 화법을 사용합니다. 하지만 부정적인 화법보다는 긍정적인 화법이 고객의 불만족을 낮추고 만족도를 높입니다. 만약 고객이 "오늘 중에 배송 가능한가요?"라고 묻는다면 "오늘은 안됩니다."라는 말 대신 "내일 5시까지는 가능합니다."라는 말이 고객의 불만을 줄이고 만족도를 높일 수 있습니다. 말도 안되는 얘기를 하는 고객에게 "그렇게는 안됩니다."라는 말 대신 실제로는 안될지라도 "한번 알아보겠습니다."라고 대답하는 것이 더 좋습니다.

쇼핑몰을 운영하면서 많이 일어나는 상황인 배송지연, 교환요청에 대응하는 방법을 다음에 간략하게 정리해두었습니다. 이 부분만 잘 응용해도 고객의 불만을 줄이고 충성도를 높일 수 있을 것입니다.

▼ 배송지연, 교환 · 반품요청 응대 예시

고객응대 상황	표준화 응대 언어	표준화 응대 태도
배송지연	"오래 기다리게 해서 죄송합니다. 해당 상품이 인기상품이다 보니 입고가 지연되었는데, 오늘 배송 예정이니 늦어도 00일까지는 도착 가능합니다."	• 되도록 정확한 날짜 언급 • 최대한 양해를 부탁
교환요청	제품 문제시 : "고객님, 불편을 드려서 죄송합니다. 판매량이 많다 보니 하나하나 점검해서 보내드리지 못했습니다. 이번에는 저희 직원이 직접 검수하고 보내드리도록 하겠습니다."	• 제품 하자에 대한 사과 • 재발 방지 약속
	고객 요청시 : "네 고객님, 어떠어떠한 부분 때문에 교환을 원하시는군요. 교환은 가능합니다만 배송비를 지불해주셔야 하는데 괜찮으시겠어요?"	• 상황에 대한 설명 • 기준을 공지 • 정중한 화법
반품요청	제품 문제시 : "정말 죄송합니다. 저희에게 착불로 보내주시면 확인 후 결제를 취소해드리겠습니다. 혹시 마음에 드는 다른 제품은 없으신가요?"	• 정중한 사과 • 대체상품으로 유도

아이템 선정 황금원칙 | 3 | 누구에게 팔지 생각하라

어떤 사람에게 물건을 팔고 싶은가?

상품을 팔 때 꼭 고려해야 하는 요소 중 하나가 '누구에게 파는가?'입니다. 그런데 판매 자들은 대부분 이것을 생각하지 않고 시작합니다. 다음은 제가 자주 하는 질문입니다.

엑스브레인 : 어떤 쇼핑몰을 하고 싶은가요?

A씨 : 여성의류 쇼핑몰을 하고 싶어요.

엑스브레인 : 어떤 여성의류 쇼핑몰을 하고 싶죠?

A씨 : 여자 대학생을 타깃으로 해서 의류 쇼핑몰을 하고 싶어요.

정확하게 타깃을 정하지 않고 막연히 여성의류 쇼핑몰을 하고 싶다고 말하는 경우를 많이 봅니다. 타깃을 정확하게 정하지 않으면 쇼핑몰의 정체성이 무너지게 됩니다. 그냥 하다 보면 정체성이 모호한 옷들을 팔게 되고, 정체성이 모호한 이 옷들로 인해 결국은 내 사이트, 내 쇼핑몰의 콘셉트가 흔들리게 되기 때문이죠. 조금 더 깊이 들어가 저는 또 이런 질문을 합니다.

> 엑스브레인 : 여자 대학생을 타깃으로 어떤 옷을 팔려고 하세요?
> A씨 : 여자 대학생을 대상으로 캐주얼 의류를 팔고 싶어요.

조금 더 쇼핑몰의 콘셉트가 명확해졌죠? 단순히 여성의류 쇼핑몰이 아니라 '여자 대학생, 그중에서도 캐주얼 의류를 입고 싶어하는 사람'을 대상으로 물건을 팔겠다는 해당 쇼핑몰의 방향성이 결정되었습니다. 이렇게 물건을 팔기 전에 어떤 사람을 대상으로 상품을 팔지 생각해본 다음 진행해야 합니다.

누가 내 상품을 구매할 것인가?

사진은 몇 년 전에 새롭게 론칭한 클라우드 맥주입니다. 당시 이 맥주를 알리는 광고를 엄청나게 많이 했습니다. TV에서도 온라인에서도 길거리에서도 광고가 많이 보였습니다. 프로모션도 참 많이 했고요. 새롭게 시작한 상품이니 TV에도 온라인에도 광고하고, 언론에도 알리고, 각종 프로모션까지 진행했지요.

클라우드 맥주

당연히 이런 것들이 중요하지만 추가로 조금 더 고려했다면(이 맥주의 시장점유율을 최대한 높이려고 했다면), 저라면 헤비 유저◆를 공략했을 것입니다. 참고로, 맥주 판매량을 살펴보면 소비자 중 20%를 차지하는 헤비 유저가 전체 맥주의 80%를 소비합니다. 결국 헤비 유저를 잡지 못하면 점유율을 확 높이는 것은 쉽지 않은 일이 됩니다.

만약 50~60대 여성을 타깃으로 의류를 판다면, 저는 50~60대 여성에게 해당 쇼핑몰을 알리려고 노력하기보다는 딸들(30~40대 여성)에게 알리려고 할 것입니다. 50~60대의 여성들은 온라인에서 구매를 많이 하지 않기 때문에 차라리 '딸이 엄마에게 사주는 옷'으로 포지셔닝을 하는 것이지요.

타깃이 정확할수록 매출이 오른다

쇼핑몰을 준비한다면 다음 도표처럼 누구를 타깃으로 상품을 판매할 것인지 생각하고 진행하세요.

▼ 타깃 세분화 과정

타깃 설정	예시
성별	☐ 남 ☐ 여
연령	☐ 유아 ☐ 초등학생 ☐ 중고생 ☐ 10대 후반~20대 중반 ☐ 20대 후반 ☐ 30대 ☐ 40~50대 ☐ 60대 이상
학력	☐ 중졸 이하 ☐ 고졸 이하 ☐ 대졸 이하 ☐ 대학원 이상
월소득	☐ 200만원 이하 ☐ 200~300만원 ☐ 300~500만 원 ☐ 500~1,000만원 ☐ 1,000만원 이상
직업	☐ 학생 ☐ 자영업 ☐ 사무직, 공무원 ☐ 고위 공무원, 기업체 임원 ☐ 전문직 ☐ 농업 ☐ 수산업 ☐ 주부

◆　헤비 유저(Heavy User) : 구매빈도수가 높은 소비자. 구매빈도에 따라 헤비 유저(Heavy User), 미디엄 유저(Medium User), 라이트 유저(Light User), 논 유저(Non User)로 나눈다.

위기가 닥쳐도 핵심역량이 있으면 살아남는다

얼마 전에 KBS 프로그램 〈콘서트 7080〉을 보니 그룹 부활이 나오더군요. 배철수씨가 이렇게 소개합니다. "죽을 만하면 살아나고, 죽을 만하면 살아나고, 그룹 부활이 새로운 보컬과 같이 다시 시작합니다."

그룹 부활

그룹사운드라고 하면 기타를 치는 사람도, 드럼을 치는 사람도, 베이스를 치는 사람도, 건반을 치는 사람도 있겠지만 그중에서 가장 두드러지는 사람은 아마도 보컬일 것입니다. 9대 보컬 정동하에 이어서 부활의 10대 보컬 김동명이 탄생했습니다. 김동명이 새롭게 부활에 들어와서 지금까지의 부활 히트곡들을 들려줬는데, 들으면서 역시나 부활스럽다는 느낌이 들었습니다.

1대 보컬 김종서를 시작으로 2대 보컬 이승철, 9대 보컬 정동하, 10대 보컬 김동명에 이르기까지, 수없이 보컬이 바뀜에도 불구하고 그룹 부활은 어떻게 자신들만의 색깔을 가지고 30년 가까운 시간 동안 건재할 수 있었을까요? 아마도 리더인 김태원의 음악적 재능과 리더십이 그룹 부활의 핵심역량이기 때문일 것입니다.

기업이나 쇼핑몰이나 음악이나 마찬가지입니다. 핵심역량을 가지고 있으면 어떤 위기가 닥쳐도 헤쳐나갈 수 있습니다. 단순히 남을 따라하다가는 조그만 위기에도 모든 것이 무너질 수 있습니다. 지금 쇼핑몰을 하는 분들은 지금 당장은 핵심역량이 없다고 하더라도 나만의 핵심역량을 어떻게 만들지를 항상 고민해야 합니다. 이게 장수하는 제일 좋은 방법이기 때문입니다.

쇼핑몰이라면 결국 어떤 상품을 파는지가 중요할 것입니다. 여성의류 쇼핑몰을 하게 된다면 모델이 바뀌고, 직원이 바뀐다 하더라도 대표의 사업적 능력과 리더십을 기반으로 내 쇼핑몰의 정체성과 핵심역량을 고민해야 합니다.

아이템 선정 황금원칙 | 4 |
소비자의 니즈를 파악하라

예뻐지고 싶은 욕구가 닭가슴살을 팔리게 한다

마케팅을 하는 사람들이 가장 많이 하는 얘기 중 하나가 "소비자의 니즈◆에 정답이 있다."입니다. 기본적인 의식주가 해결되고 나면 사람들은 아름다워지고 싶고 예뻐지고 싶어하는 욕구(니즈)가 생깁니다. 다이어트산업, 화장품산업이 발전하는 이유이기도 하지요.

닭가슴살 역시 아주 많이 팔리는 아이템 중 하나입니다. 닭가슴살은 칼로리는 적으면서 단백질을 충분히 섭취할 수 있는 식품이다 보니 과거에는 운동하는 사람들이 몸을 만들기 위해 주로 섭취했습니다. 그러다가 최근 몇 년 사이에 수요가 급증하게 됩니다. 이유는 단순히 운동하는 사람들이 더 많이 먹거나 운동하는 사람이 늘어나서가 아니라, 다이어트를 목적으로 닭가슴살을 구매하는 사람들이 늘다 보니 시장 확대가 일어났기 때문입니다.

◆　니즈(Needs)와 원츠(Wants) : 니즈는 인간의 생리적 · 본능적 욕구이며, 원츠는 니즈에서 나타나는 구체적 욕구를 말한다.
　　예 배가 고파서 무언가 먹고 싶다 → 니즈
　　　배가 고파서 보글보글 끓고 있는 된장찌개가 먹고 싶다 → 원츠

즉 닭가슴살이 잘 팔리는 이유는 소비자의 니즈(예뻐지고 싶고 날씬해지고 싶은) 때문입니다.

아직까지 아이템을 정하지 못했다면 마케팅의 기본인 '소비자의 니즈'를 전제로 아이템을 정해보는 것이 어떨까요?

니즈를 파악하지 못해 실패한 P&G 사례

1989년 한국에서 생리대 사업을 시작한 P&G. 1990년대에는 시장점유율이 50%에 이르렀습니다. 하지만 최근 불거진 생리대 유해성 논란에 소비 트렌드가 변하다 보니 결국 시장에서 철수하기에 이르렀습니다. 생리대를 제조하는 한국 회사들은 한국인의 체격, 피부 등을 고려해서 제품을 개발한 반면 P&G는 해외 상품을 그대로 가져다가 팔다 보니 눈 높은 한국 소비자의 니즈를 맞추지 못해 실패하게 된 것입

P&G, 한국 생리대시장 철수 (출처 : News1)

니다. 한때 1등이던 P&G 역시도 소비자의 니즈를 생각하지 않으면 결국 사업에 실패하게 된다는 교훈을 주었습니다.

쇼핑몰을 할 때도 마찬가지입니다. 소비자의 니즈를 생각하지 않고 진행하면 현재 아무리 잘되는 쇼핑몰이라 하더라도 결국은 실패하게 될 것입니다.

소비자의 니즈를 파악하려면 많이 살펴봐라

소비자의 니즈를 정확하게 아는 제일 좋은 방법은 상품을 많이 살펴보는 것입니다. 예를 들어 내가 여성의류를 팔려고 한다면 쇼핑몰을 시작하기 전에 가능하면 동대문상가를 많이 가봐야 합니다. 어떤 옷들이 팔리고 있고 어떤 옷들이 인기가 있는지, 예전과 지금의 트렌드는 무엇이 다른지 등을 살펴봐야 합니다. 이렇게 소비자의 생각을 알아야만 소비자의 니즈를 파악할 수 있습니다.

고정관념에 사로잡혀서는 소비자의 니즈를 파악할 수 없다

태권도 학원의 관장님을 만난 적이 있습니다. 관장님은 정통 태권도를 가르치고 싶어서 수업시간 내내 훈련에 집중한다고 합니다. 그런데 자기처럼 정통 태권도를 열심히 가르쳐주는 태권도장이 잘되는 것이 아니라 놀이체육 중심인 태권도장이 잘된다고 하더군요. "그래도 명색이 태권도장인데 놀이체육을 하는 것은 아니잖아요."라고 말하는 관장님. 이런 상황에서 어떻게 하면 태권도장이 잘될 수 있는지를 묻기에 저는 다음과 같은 이야기를 했습니다.

엑스브레인 : 지금 관장님 태권도장에 어떤 연령대가 제일 많이 오나요?
관장님 : 유치원생도 있고, 초등학생도 있고, 더러 중고생도 옵니다.
엑스브레인 : 그럼 놀이체육 중심으로 하고 있는 태권도장에는 누가 제일 많이 다니나요?
관장님 : 유치원생하고 초등학교 저학년이 제일 많습니다.
엑스브레인 : 제 생각에 유치원생과 초등학교 저학년의 니즈는 태권도를 열심히 배우는 것보다 그 안에서 친구들과 뛰어놀고 즐기는 것인데, 관장님은 이런 어린이들을 대상으로 태권도장에서는 태권도만 해야 한다는 생각으로 너무 정통 태권도만 고집하시는 것은 아닐까요?
관장님 : 그래도 태권도장인데 어떻게 놀이체육을 같이 하겠습니까?

여러분의 생각은 어떤가요? 태권도장이니 태권도에만 집중해야 할까요? 저는 정통 수련방식도 물론 중요하지만, 소비자의 니즈를 생각하지 않으면 성공하는 것은 쉽지 않다고 생각합니다.

엑스브레인 : 그러면 유치원, 초등학교 저학년이 아니라 예를 들어 중등부 이상만 받는 것은 어떨까요? 중등부 이상이라면 놀이체육이 아니라 정통 태권도를 원하지 않을까요?
관장님 : 중등부 이상만 받으면 생각만큼 사람이 안 와요. 중학교, 고등학교 때 태권도 배우려는 사람이 얼마나 있겠어요? 태권도로 대학 가려고 하는 친구들 아니면 안 배우죠.
엑스브레인 : 그럼 태권도로 대학 가려고 하는 친구들을 대상으로 해보는 것은 어떨까요?
관장님 : 입시체육은 벌써 유명한 데가 있어요. 제가 그런 것을 잘하는 것도 아니고.
엑스브레인 : ······.

정통을 지켜서 해당 시장에서 성공할 수 있다면 모르지만, 그렇지 않다면 소비자의 니즈에 맞는 상품을 제공하는 것이 마케팅의 기본이라는 사실을 명심하세요.

성공한 쇼핑몰의
아이템 선정 사례들

사례 1 | 장수풍뎅이 : 경쟁자가 적은 블루오션 공략

연매출 1억
아이템

　어떤 사람이 제 아들에게 주라며 선물을 가지고 왔습니다.
그 선물의 정체는 바로 장수풍뎅이였습니다. 부모님이 시골에
서 장수풍뎅이를 키우는데, 이것을 온라인 쇼핑몰에서 팔아
서 연 1억원 정도 번다고 하더군요.

　온라인이 발전하면서 전보다 힘들어진 분들도 많지
만, 거꾸로 부유해진 분들도 많습니다. 장수풍뎅이는 흔
히 말하는, 경쟁이 치열하지 않은 블루오션의 상품입니다. 누가 장수풍뎅이를 살까 했는
데, 오프라인에서 약간 거래되던 것이 온라인에 진출해서 대박이 났습니다. 이처럼 자신이
처해 있는 상황에서 열심히 하면 얼마든지 기회가 있으니 열심히 시도해보는 것이 중요합
니다.

　하나 더 이야기하면, 이렇게 블루오션의 상품이 있다 하더라도 마케팅을 정확히 모르
면 시간이 지나면서 경쟁자가 생겨나기 때문에 곧 어려움에 봉착할 수 있습니다. 잘 팔릴

때 안주하지 말고 어떻게 해야 더 많이 팔 수 있는지, 어떻게 해야 경쟁자가 나를 따라오지 못하게 할 수 있는지 고민하세요.

사례 2 | 레고 : 매니아층 공략

매니아들은 상품이 비싸도 크게 고민하지 않고 사는 경우가 많기 때문에 매니아층이 있는 시장을 공략하면 생각보다 쉽게 돈을 벌 수 있습니다. 단, 구매하는 사람이 매니아층이다 보니 상품을 너무 잘 알고 있다는 사실을 간과해서는 안됩니다. 만약 판매자가 해당 상품에 대한 이해가 부족하다면 판매하는 것이 쉽지 않을 테니 상품에 대한 공부를 게을리 해서는 안될 것입니다.

그럼 매니아층은 어디에 모여 있을까요? 예를 들면 낚시입니다. 골프입니다. 캠핑입니다. 각종 취미활동을 하는 곳에 매니아들이 모여 있습니다. 또 어떤 게 있을까요? 강아지입니다. 고양이입니다. 물고기입니다. 프라모델입니다. 주변에서 강아지, 고양이를 가족이라고 생각하는 분을 많이 봤을 것입니다. 열대어, 수족관에 빠져서 모든 관심사가 그것으로 통하는 분도 많이 봤을 것입니다. 생각보다 프라모델에 빠진 사람들도 많고요. 이렇게 무엇인가에 빠진 매니아들을 대상으로 상품을 팔아보는 것도 아이템을 선정하는 좋은 방법 중 하나입니다.

블록시장 1등 회사 '레고'

레고는 블록시장에서 1등인 회사입니다. 매니아들도 아주 많아서, 카페에서 보면 특정 모델(쉽게 절판되는 제품)을 해외에서 구매해다가 국내에서 판매하는 분들도 많더군요.

참고로, 제가 레고를 처음 접한 어린 시절에 어머니가 이렇게 말씀하셨습니다. "이거 많이 하면 머리 좋아진다고 하니 하루에 1시간씩 해라." 그 말을 듣고 몇십년이 지난 지금, 우리 집 막내아들이 레고를 합니다. 머리가 좋아지기 때문에 하는 게 아니라 미치도록 좋아해서 합니다. 매니아가 되었다는 말이죠. 일단 만들고 나면 다시는 건드리지도 않습니다. 그러고서 또 새로운 상품을 삽니다. 지금까지 레고만 1,000만원어치는 산 것 같습니다. 이렇게 매니아층이 확실한 카테고리를 상품의 아이템으로 정하는 것도 나쁘지 않습니다.

사례 3 | 육아용품 : 비싸야 잘 팔린다

비싼 것이 더 잘 팔리는 카테고리가 있습니다. 바로 육아용품입니다. 결혼한 사람들에게는 육아가 아주 중요한 요소 중 하나입니다. 아기 낳고 나면 기저귀도 필요하고 분유도 필요하고 젖병도 필요하고 식기도 필요하고……. 너무도 필요한 것이 많습니다. 혹시 스토케라는 유모차를 아시나요?

가격저항력이
적은
육아용품

스토케 유모차

이 유모차 1대에 150만원이 훨씬 넘습니다. 그런데 아주 많은 사람들이 구매를 합니다. 제가 아이들을 키울 때 제일 많이 구매하던 유모차는 아프리카였습니다. 아프리카도 너무 비싸다고들 했는데, 그 이후에 맥클라렌 등을 거쳐서 스토케가 1등이 되었습니다. 아기를 안 키우는 분들은 도대체 유모차 하나에 150만원 이상 주고 구매하는 게 제정신이냐고 말할 것입니다. 하지만 그렇게 비싸도 다들 구매한다는 사실!

유모차만 그런 게 아닙니다. 아이들 식기도 그렇고, 아이들용 식탁의자도 그렇고, 비싸면 비쌀수록 많이 팔리는 상품이 육아용품입니다.

사례 4 | 우유, 절임배추 : 발상의 전환

발상의 전환이 매출을 만들어냅니다. 오프라인에서 거래하던 것들이 인터넷과 전자상거래의 발달로 온라인으로 들어오고 있습니다.

예전에 지하철역 앞에서, 아파트 정문 옆에서, 학교 앞에서 우유 배달 신청하라고 권유하는 장면을 많이 봤을 것입니다. 이런 것들이 이제는 온라인으로 들어왔습니다.

예전에 어머니가 김장할 때를 생각해보면 배추를 사기 위해서 마트에 가는 경우도 더러 있었지만, 그보다는 마트에서 파는 배추보다 품질이 좋고 가격도 더 저렴한 곳에다 전화해서 직접 배달을 받았습니다. 배추만 그런 것이 아니라 고춧가루, 새우젓도 그렇게 많이 샀습니다. 그런데 어느 날부터인가 시장이 바뀌기 시작합니다. 절임배추를 온라인에서 판매하는 분들이 생기고, 이분들이 시장을 장악하게 됩니다.

절임배추와 우유도 온라인에서 판매한다

오프라인 상품을 온라인으로 가져온 사례

오프라인에서 거래하던 것들을 온라인으로 가져와보세요. 발상의 전환이 아주 많은 수익을 가져다줄 것입니다.

사례 5 | 반려견용품 : 내 물건은 안 사도 개 물건은 산다

아래 사진은 예전의 신문기사입니다. 내 옷은 안 사도 개 옷은 산다는 내용입니다. 앞에서 매니아층을 설명하면서 잠깐 이야기했다시피 반려견산업은 계속 성장하고 있습니다. 강아지를 키우는 집들을 보면 본인들을 위해서는 돈을 쓰지 않아도 강아지를 위해서는 참 많은 것을 삽니다. 옷뿐만이 아닙니다. 강아지를 위해서 강아지용 헤어드라이기를 사기도 합니다. 참고로, 저를 찾아온 분들 중에 반려견용품 시장에 상품을 팔아서 1달에 5,000만원 가까이 버는 분들이 생각보다 많습니다. 그만큼 큰 시장입니다.

반려견용품 시장 확대를 알리는 신문기사 (출처 : 중앙일보)

덧붙여서, 선물 시장도 한번쯤 살펴보면 좋습니다. 내가 사서 쓰기에는 비싸지만 선물로 줄 때는 그래도 비싼 상품을 사는 사람들이 많습니다.

사례 6 | 샤워기홀더, 소변난사방지 등 : 아이디어로 무장

각종 기상천외한 아이디어 상품 역시 좋은 아이템입니다. 갓난아기를 씻기다 보면 참 힘들죠? 한 손으로 아이를 안고 또 한 손으로는 수도밸브를 조작해야 하니까요. 수압이 세면 샤워기가 춤을 추고, 수압이 약하면 씻기기에 적합하지 않아서 적절한 수압을 찾으려면 수도밸브를 자주 조작해야 합니다. 그러면서도 남는 손으로 아기를 씻겨야 하지요. 최소한 샤워기를 적절한 위치에 고정시킬 수만 있어도 조금은 편할 것입니다. 그런 아이디어에서 출발한 상품이 샤워기홀더입니다.

편리한 샤워기홀더 소개 화면

또 다른 상품은 소변난사방지 아이템입니다. 엄마들이 화장실 들어갔다가 아들한테 하는 말, 아내가 화장실 들어갔다가 남편한테 하는 말 "제발 튀지 좀 않게 해, 냄새 나잖아. 다른 집 남자들은 앉아서 한다던데." 이런 분들을 위해서 나온 아이디어 상품입니다.

소변난사방지 제품

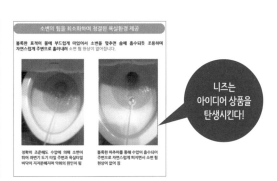

니즈는 아이디어 상품을 탄생시킨다!

전투식량도 있습니다. 군인들이 전시에 먹기 편하도록 만든 제품입니다. 물론 진짜로 군인들을 위한 것은 아니고, 일반인들 대상으로 간편하게 먹으라고 해놓은 것이지요. 전투식량으로 수십만개를 판매한 곳도 있으니 대단한 히트상품입니다.

기상천외한 이런 상품들을 어떻게 생각하세요? 이런 상품을 취급해서 성공하는 분들도 있지만 그렇지 않은 분들이 더 많습니다. 각종 아이디어 상품으로 상을 받기도 하고 여러 경로를 통해 검증이 되었다고 하지만, 이런 아이디어 상품 중에 실제로 대박이 나는 경우는 그리 많지 않습니다. 혹시 하고 싶으면 소비자의 입장에서 바라보고, 이 상품을 소비자가 구매해줄 것인지 생각해본 다음 진행하라고 말씀드리고 싶습니다. 경험이 많은 분들이라면 이런 기상천외한 아이디어를 기반으로 한 아이템을 판매하는 것도 좋습니다. 하지만 초보라면 조금 더 경험을 쌓고 하는 것이 좋을 것입니다.

사례 7 | 마네킹 : 특정 대상층 공략

이 상품은 마네킹입니다. 일반인을 대상으로 하는 것이 아니라 쇼핑몰을 운영하는 사람을 대상으로 하는 상품이지요. 예전에 저를 찾아와 상담한 분이 있는데, 저를 만난 이후에 쇼핑몰업체를 대상으로 하는 상품을 판매하기 시작했습니다. 2~3년 지나서 다시 만났더니 월 1억원 이상의 순익을 내고 있더군요.

이런 이야기를 하고 싶습니다. "군수산업으로 포지셔닝해라." 무슨 뜻인가 하면, 전쟁이 나면 전쟁 당사국보다 전쟁이 일어난 나라에 무기를 공급해주는 나라가 더 많은 돈을 버는 것이 현실입니다.

불과 10여년 전(스마트폰 나오기 전)에 무가지(無價紙, 신문사에서 무료로 나누어주는 신문) 전쟁이 있었습니다. 지하철역 앞에서 각종 신문을 무료로 나눠주던 것 기억하나요? 덕분에 기존에 신문을 보던 사람들이 신문을 끊고 무가지를 받아서 봤습니다. 그 당시 승자는 누구였을까요? 무가지들도 광고를 통해 수익을 창출했겠지만 그 무가지에 기사를 공급해주는 언론사, 실제 인쇄를 해주는 인쇄업체 등이 많은 돈을 벌었습니다.

굳이 대중에게 직접 다가가지 않아도 됩니다. 전쟁을 하고 있는 나라에 무기를 공급해 주는 것도 좋은 방법입니다. 일반인이 아닌 특정 대상층, 예를 들어 쇼핑몰을 운영하는 사람들을 대상으로 판매할 만한 상품, 이런 것도 좋은 아이템 중 하나입니다.

사례 8 | 터닝메카드 : 비싸지만 구매하게 하는 힘, 희소성

소비자의 심리를 한번 생각해봅시다. 소비자가 오프라인이 아니라 온라인에서 물건을 구매하는 주된 이유는 다음과 같습니다.

○ 오프라인보다 싸게 구매하고 싶어서

○ 오프라인에서 구매하기 어려워서

여기에 정답이 있습니다. 오프라인보다 싸게 구매하고 싶은 사람들을 타깃으로 하는 것이 아니라, 오프라인에서 구매하기 어려운 상품을 파는 것입니다.

터닝메카드를 아세요? 자동차와 카드를 합치면 로봇으로 변신하는 아동용 완구입니다. 아들이 사달라고 해서 인터넷에서 찾아보니 가격이 대략 4만원입니다. 그런데 그중에서 가장 인기가 높은 레드를 선택하니 19,800원이 추가됩니다. 제품이 다른 것은 아니고 색상만 차이가 있습니다. 결국 터닝메카드 레드는 배송료 포함 최저가가 6만원 정도 되더군요.

엄청 좋은 재질로 되어 있는 것도 아니고 그냥 평범한 플라스틱입니다. 담뱃갑보다도 작은 사이즈이고요. 이런 제품이 최소 4만원, 거기다 옵션에 따라서는 6만원 이상이라면 선뜻 사겠습니까? 하지만 많은 사람들이 돈을 더 내고 가장 인기가 많은 레드를 삽니다.

비싼데도 레드는 품절인 곳이 많더 군요. 대다수 판매처에서 품절이 되다 보니 정가보다 비싸게 주고라도 어쩔 수 없이 삽니다. 물론 저 역시 사줬습니다. 아들이 원하다 보니.

색상만 다를 뿐인데 레드는 +19,800원?

많은 사람들이 사고는 싶은데 실제 시장에서 수급이 제대로 되지 않는 제품은 원래 가격(정가)보다 높아도 사람들이 구매한다는 사실, 기억하세요.

삼다수 사례도 있습니다. 현재 삼다수는 광동제약에서 판권을 가지고 있지만 예전에는 농심이 갖고 있었습니다. 농심 하면 신라면이죠. 신라면은 지금까지도 라면업계에서 부동의 1위를 차지하고 있습니다. 신라면의 주가가 한창 상승하던 당시의 일입니다. 농심은 삼다수를 론칭하면서 삼다수의 점유율을 높이기 위해 신라면 공급 조건에 삼다수를 추가했습니다. 즉 가게에서 신라면을 안정적으로 공급받기 위해서는 삼다수도 함께 구매해야 했습니다.

희소성이 있는 아이템은 소비자뿐만 아니라 판매자도 구하기 어렵습니다. 그 당시 신라면처럼 희소성(공급보다 수요가 많은 상품)이 있는 아이템을 판매하기 위해서는 공급업체가 제시하는 여러 조건에 동의해야 합니다. 따라서 희소성을 가진 아이템을 선택한다면 공급이 쉽게 되지 않는 경우가 많을 테니 잘 살펴보고 진행하세요.

삼다수 점유율은 신라면이 견인!

판매 아이템에 추가하는 옵션으로 수익률을 높이자

아들이 파워레인저 장난감에서 소리가 나지 않는다고 해서 뜯어보니 수은전지의 수명이 다 되었더군요. 소리가 안 나는 파워레인저를 다 뜯어보니 필요한 수은전지는 대략 20개.

제가 경험한 첫 번째 수은전지는 시계에 들어가는 것입니다. 금은방, 시계방에 가니 1개에 1만원 이상 받고 교체해 주더군요. 두 번째 체중계에 들어가는 수은전지는 알파문고에서 2,000원을 받더군요. 그럼 시계방에서 받는 금액 1만원은 수은전지 가격 2,000원에 서비스료 8,000원이라는 이야기네요.

아무튼 파워레인저 장난감도 비싸게 사줬는데 수은전지 때문에 소리 안 나게 그냥 둘 수도 없고, 그렇다고 수은전지 20개에 4만원이나 쓰는 것도 아깝고 해서 인터넷에서 찾아봤습니다. 그래서 찾은 상품의 가격이 얼마인지 아세요? 10개 들어 있는데도 불과 몇천원밖에 하지 않아서 너무 놀랐습니다.

파워레인저 장난감

파워레인저에 들어가는 수은전지로 돈 번다?

도시바 LR44, LR41, LR43, LR1130

제조회사 : 도시바
원산지 : 중국(OEM)
전압 : 1.5V
용량 : 100mAh
크기 : 11.6X5.4(mm) 1.9g
다른이름 : A76, AG13, 357
       L1154
*10개씩 포장되었습니다

도시바 수은전지

제가 이 이야기를 하는 이유는, 품목에 따라서는 판매 아이템과 추가구매 옵션을 연계하면 엄청난 수익을 낼 수 있는 상품이 있다는 말을 하기 위해서입니다. 실제로 이렇게 해서 돈을 버는 분들이 많습니다.

아이템 선정 전
이것만은 점검하자

아이템을 결정하기 전 스스로에게 물어볼 5가지

지금까지 쇼핑몰 아이템에 대해 많은 얘기들을 했습니다. 어떤 아이템으로 사업을 진행할지 어느 정도 감을 잡았을 거라고 생각합니다. 마지막으로, 쇼핑몰을 오픈하기 전에 꼭 다시 한 번 점검해봐야 할 것들이 있습니다.

질문 1 | 내가 선정한 아이템을 얼마나 잘 아는가?

어떤 아이템이 잘된다고 하면 모두들 해당 아이템을 판매하려고 합니다. 그런데 소비자 입장에서 한번 생각해보겠습니다. 쇼핑몰 보고 사고 싶은 생각이 들어서 전화해 문의했더니 잘 모르겠답니다. 이렇게 대답하는 판매자들 많이 봤습니다.

잘되는 아이템도 중요하지만 해당 아이템에 대한 지식을 습득하는 것도 중요합니다. 해당 상품을 잘 모르면 인터넷에 있는 정보를 활용하면 됩니다. 인터넷에는 정보가 차고 넘치니까 이런 것들만 공부해도 충분합니다. 내가 판매하려고 하는 아이템에 대해서는 반드시 공부해야 합니다.

질문 2 | 소비자 입장에서 객관적인 시각으로 보았는가?

10년 이상 해당 분야에서 일했다면 얼마나 많은 지식을 갖고 있겠습니까? 하지만 생각해봐야 합니다. 해당 분야에서 오래 일한 사장님의 판매 성적이 초보 사장님보다 높지 않은 경우가 무척 많습니다. 개구리 올챙이 때 생각을 못하기 때문입니다. 해당 아이템을 너무 잘 알아서 소비자의 수준을 뛰어넘는 경우지요. 전문가라고 자만하지 말고 소비자 입장에서 객관적인 시각을 견지할 수 있어야 합니다.

질문 3 | 안정적으로 아이템을 공급할 수 있는가?

기껏 상품 사입해서 쇼핑몰 만들고 상세페이지 만들었는데 얼마 지나지 않아 품절이라고 얘기하는 경우가 있습니다. 이런 경우도 꽤 자주 접합니다. 곧 다시 입고된다면 괜찮겠지만 안 그런 경우도 많습니다. 그래서 안정적인 공급처인지 생각해봐야 합니다. 싸다고 무조건 거래하지 말고 여러 가지 측면을 생각해서 진행하라고 말씀드리고 싶습니다.

질문 4 | 내 아이템의 시장성은 분석했나?

아이템의 시장성이 얼마나 되는지 잘 모르고 시작하는 경우가 많습니다. 오프라인에서 시장성이 있다고 온라인에서도 시장성이 있는 것은 아니니까요. 그럼 온라인에서 팔릴지 안 팔릴지는 어떻게 알 수 있을까요? 네이버, G마켓 등에서 해당 상품의 검색조회수를 꼭 살펴보세요.(《첫째마당》 09장 참고) 이 정도만 봐도 큰 실수는 하지 않을 수 있습니다.

질문 5 | 내가 선택한 아이템은 나와 잘 맞는가?

▼ 아이템 선정 전 꼭 체크할 사항

장	키워드	점검사항	설명
09 아이템 선정 황금원칙 1 **객관적인 시각을 가져라**	객관성	경쟁사를 분석해서 나의 방향성을 정했나?	기존 업체가 하던 방식을 답습하기보다는 내 상황에 맞춰서 어떻게 진행할지 생각해야 성공할 수 있다
	상품성	내가 팔려고 하는 아이템은 온라인에서 팔릴 만한 아이템인가?	어떤 상품군이 잘 팔리는지 알아야 한다. 예를 들어 의류, 화장품, 잡화는 온라인에서 제일 잘 팔리는 상품 중 하나다. 이것 말고도 어떤 것이 잘 팔리는 상품군인지 생각해보자
10 아이템 선정 황금원칙 2 **상품 분석에 집중하라**	차별화	나의 여건과 경쟁사 분석을 기반으로 어떻게 차별화를 할지 생각했나?	여성의류는 분명 잘 팔리는 상품이다. 하지만 모든 사람이 다 잘 팔 수 있는 것은 아니다. 나는 어떻게 할지 생각해보자
	용이성	선정한 아이템이 내가 판매하기 어려운 것은 아닌가?	만약 초보라면 유행상품, 시즌상품, 다양한 사이즈와 색상이 있는 상품은 조심하자
	기획력	상품을 공부했나?	똑같은 아이템이라도 기획력에 따라 판매량이 달라진다
11 아이템 선정 황금원칙 3 **누구에게 팔지 생각하라**	타깃	누구를 대상으로 팔려고 하나?	'여자 대학생'을 대상으로 의류를 판매하는 것보다 '여자 대학생 중 캐주얼한 스타일의 옷을 찾는 사람'을 대상으로 하는 것이 더 쉬울 수 있다
12 아이템 선정 황금원칙 4 **소비자의 니즈를 파악하라**	니즈	소비자가 원하는 상품인가?	내 생각이 아니라 다른 사람들도 원하는 상품인지 생각해보자
13 **성공한 쇼핑몰의 아이템 선정 사례들**	아이템	내가 판매하려는 아이템은 특별한 기준을 충족하는 상품인가, 아니면 온라인에서 많이 팔리는 상품인가?	• 경쟁자가 적은 블루오션의 상품 • 매니아층을 공략한 상품 • 비싸도 잘 팔리는 상품 • 오프라인을 온라인으로 바꾼 상품 • 남을 위해 구매하는 상품 • 각종 아이디어 상품 • 특정 대상층을 공략한 상품 • 희소성이 있는 상품

쇼핑몰에서 의류시장이 제일 큽니다. 하지만 누구나 돈을 벌 수는 없습니다. 특히 아이템이 자신과 맞지 않으면 더욱 힘들겠지요. 저한테 의류만큼은 절대 성공할 수 없는 아이템입니다. 어떤 의류를 취급해야 부자가 되는지 몰라서가 아니라 제 성격 때문입니다. 저는 어느 하나를 깊게 파고드는 성격이라, 수시로 변경하는 것을 좋아하지 않습니다. 그런데 의류는 계절에 맞추어 수시로 제품을 바꿔야 하니 제 성격과 맞지 않는 것이죠. 물론 직원 써서 하면 되긴 합니다. 하지만 1인기업으로 출발한다면 저에게 의류는 어려운 아이템이 될 것입니다.

이처럼 개인의 성격과 아이템 궁합이라는 게 있습니다. 본인에게 잘 맞고 재미도 있어야 점점 잘하게 되지 재미 없으면 계속할 마음이 안 나겠죠?

▼ 아이템 선정 체크리스트

장	키워드	점검사항	체크
09 아이템 선정 황금원칙 1 **객관적인 시각을 가져라**	객관성	경쟁사를 분석해서 나의 방향성을 정했나?	☐
	상품성	내가 팔려고 하는 아이템은 온라인에서 팔릴 만한 아이템인가?	☐
10 아이템 선정 황금원칙 2 **상품 분석에 집중하라**	차별화	나의 여건과 경쟁사 분석을 기반으로 어떻게 차별화를 할지 생각했나?	☐
	용이성	선정한 아이템이 내가 판매하기 어려운 것은 아닌가?	☐
	기획력	상품을 공부했나?	☐
11 아이템 선정 황금원칙 3 **누구에게 팔지 생각하라**	타깃	누구를 대상으로 팔려고 하나?	☐
12 아이템 선정 황금원칙 4 **소비자의 니즈를 파악하라**	니즈	소비자가 원하는 상품인가?	☐
13 **성공한 쇼핑몰의 아이템 선정 사례들**	아이템	내가 판매하려는 아이템은 특별한 기준을 충족하는 상품인가, 아니면 온라인에서 많이 팔리는 상품인가?	☐

제품의 라이프사이클 파악하기

아이템을 찾으러 다니는 사람들이 이런 얘기를 많이 합니다.

"아, 이거 내가 예전에 봤던 건데."

"할까 말까 했는데, 아깝다. 이거 했으면 대박이었을 텐데."

그런데 대박이라고 하는 상품 중에는 개인의 상황에 따라서, 어떤 시기에 들어갔는지에 따라서 대박이 됐을 수도 있지만 마케팅 비용만 쓰고 실제로는 돈을 벌지 못한 경우도 많습니다. 왜일까요?

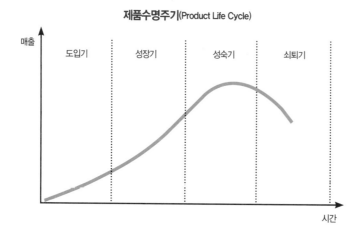

제품을 볼 때 반드시 고려해야 하는 것이 제품의 라이프사이클(PLC, Product Life Cycle)입니다. 모든 제품은 도입기 → 성장기 → 성숙기 → 쇠퇴기를 거칩니다. 신제품이 나왔습니다. 만약 이 제품이 대박이 난다면 이 제품은 반드시 도입기를 거쳐 성장기, 성숙기, 쇠퇴기를 맞이합니다.

어떤 시기에 이 제품을 받는지에 따라서 본인이 투자하는 비용과 성공에 따른 수익이 달라집니다. 도입기에는 제품을 받기는 쉬운데 처음 나온 상품이니 알려야 할 것입니다. 그러다 보면 광고홍보비가 꽤 들어갑니다. 성장기에는 제품을 받기는 도입기보다 조금 어렵지만, 약간의 홍보만으로 꽤 수익을 얻을 수 있습니다. 성숙기에는 이 제품을 받는 것은 어렵지 않지만, 모두 다 이 제품을 팔다 보니 경쟁이 치열해져서 수익이 감소합니다. 쇠퇴기에 이 제품을 받으면 특별한 전략이 있지 않는 한 아무리 열심히 해도 생각만큼 큰 수익은 나지 않습니다.

▼ 라이프사이클에 따른 특징

구분	특징
도입기	공급업체로부터 제품을 받기는 쉬우나 광고홍보비가 많이 투입된다
성장기	공급업체로부터 제품을 받는 것이 도입기보다 어렵기는 하지만, 약간의 홍보로 많은 수익을 얻을 수 있다
성숙기	공급업체로부터 제품을 받는 것은 아주 쉽지만, 경쟁이 치열해서 성장기보다는 수익을 내기 어렵다
쇠퇴기	특별한 전략이 없다면 이런 제품은 받지 말아야 한다

만약 내가 도입기에 제품을 가져왔다면 마케팅 비용을 써야 하는데 그런 시기에 마케팅을 하지 않으면 큰 이득이 없을 것입니다. 성장기에는 아직 확신이 안 선다고 생각해서 주저하다 보면 금세 시간이 갑니다. 성숙기에는 제품을 가져오는 것은 어렵지 않겠지만 그만큼 경쟁이 치열해져서 큰 수익이 나지 않습니다.

어떤 제품을 팔아야 대박이 될 수 있는지 알려면 제품과 마케팅에 대한 공부 없이는 쉽지 않습니다. 많은 사람들이 대박이 될 만한 아이템 좀 가르쳐달라고 합니다. 하지만 제가 진짜로 대박이 될 만한 물건을 알려줘도 제품에 대한 이해와 마케팅에 대한 지식이 결합되지 않으면 정확한 판단이 서지 않기 때문에 때를 놓치게 됩니다.

아이템을 결정했다면
이제는 사입이다

판매 아이템 어디서 사야 할까?

판매 아이템을 정했으면 어디서 사입할지 알아야겠죠. 각종 커뮤니티와 책을 보면 이렇게 나와 있습니다. "의류는 동대문 도매상가, 액세서리는 남대문 도매상가!"

조금 더 살펴보면, 패션종합몰 누존은 패션잡화, 피혁잡화, 수입구제, 미시의류 중심이며 디자인, 원단의 수준이 높고, 지방 오프라인 매장 판매용 제품이 많습니다. 구두는 고가의 수제화 위주로 판매하고 있습니다. 디오트는 여성의류, 남성의류, 20대 영캐주얼 중심으로 저렴한 디자인 의류가 많고, 중국이나 일본 등 해외 상인들의 사입이 많습니다.

동대문 쇼핑몰

동대문 쇼핑몰에 입점해 있는 상점들

이렇게 판매 아이템에 따른 사입처를 알아보는 것은 인터넷 검색과 발품을 팔면 얼마든지 쉽게 찾을 수 있으니 여기서는 생략하겠습니다.

생산업체 vs 도매업체

진짜 중요한 부분은 여기부터입니다. 사입할 때 생산업체(공장)에서 할지, 도매처에서 할지 고민하는데, 각각의 장단점을 따져본 다음 그에 맞춰서 생각하는 것이 핵심입니다.

생산업체에서 사입할 때 장점은 가격면에서 도매보다 유리한 경우가 많다는 것입니다. 이유는 이렇습니다. 만약 내가 도매처에서 구매하게 되면 도매업체 역시 직접 생산하는 것이 아니라서 공장을 통해서 구매하고 그 이후에 마진을 붙여서 나한테 판매합니다. 즉 '공장 → 도매처 → 나'로 연결되는 유통경로를 거치게 됩니다. 그런데 도매업체를 거치지 않고 공장에서 사면 중간 도매 없이 바로 '공장 → 나'로 이어지니 당연히 가격이 저렴해질 수밖에 없습니다.

또한 생산업체에서 직접 가지고 오는 경우 **구매량이 많아지면 독점공급을 받을 수도 있고, 내 브랜드를 넣을 수도 있다는 장점이 있습니다. 물론 A/S도 가능**하고요. 이런 것들이 생산업체에서 직접 사올 때의 장점입니다.

하지만 **단점도 있습니다. 한정된 상품군밖에 없는 경우가 많다**는 것입니다. 예를 들어 의류를 만드는 공장이라고 하면, 그 공장이 내가 원하는 모든 의류를 생산하지는 않습니다. 즉 생산업체 1~2곳을 통해서는 내가 운영하는 쇼핑몰의 콘셉트를 만족시키는 상품을 모두 사는 것은 불가능합니다.

또한 도매는 소량구입도 가능하지만 공장은 **소량구입이 안되는 경우가 많기 때문에 제품당 가격은 저렴하지만 1회 구입시 비용은 많이 들어갑니다.** 이런 부분을 고려해서 어디서 구매할지를 결정해야 합니다.

그러면 도매업체에서 사입할 때는 어떤 장단점이 있을까요? **도매업체에서 사입할 때 장점은 생산업체보다 거리상 접근이 용이하고, 다양한 상품군을 확보할 수 있으며, 소자본으로도 가능**하다는 것입니다. 반면에 **단점은 생산업체 대비 매입단가가 비싼 경우가 많고,**

A/S가 불가능하며, 직접 생산하는 것이 아니라 재고 등을 생각해서 제조업체에서 가져오다 보니 **상품 공급 자체가 불안정**할 수 있다는 것입니다.

▼ 사입처별 장단점

구분	장점	단점
생산업체	• 도매보다 제품을 저렴하게 공급받을 수 있다 • 구매량이 커지면 독점공급을 받을 수 있다 • 본인의 브랜드명으로 생산할 수 있으며, 제품 하자에 따른 A/S도 가능하다	• 상품군이 한정되어 있다 • 쇼핑몰의 콘셉트에 따라 1~2곳의 생산업체만으로는 운영이 안될 수도 있다 • 1회 구매에 들어가는 비용이 높다
도매업체	• 거리상 접근이 용이하다 • 다양한 상품군을 확보할 수 있다 • 소자본으로 사입이 가능하다	• 생산업체 대비 매입단가가 비싼 경우가 많다 • 공급이 불안정할 수 있다 • A/S가 불가능하다

내 아이템은 어디서 사입하는 것이 유리할까?

지금까지 이야기한 것들을 종합해보면 다음과 같은 결론이 나옵니다. 생산업체(제조사)를 통해 상품을 사입하기에 적합한 업체가 되려면 다음 3가지 조건 중 최소한 2가지를 만족시키면 됩니다. ① 자금력이 좀 된다 ② 꼭 내 브랜드로 판매하고 싶다 ③ 온라인을 통해 물건을 판매한 경험이 많다

반면 도매업체를 통해 상품을 사입하기에 좋은 업체는 다음 3가지 중 2가지를 만족시키면 됩니다. ① 자금력이 약하다 ② 온라인 판매에 경험이 많지 않다 ③ 내가 판매하려고 하는 상품군에 다양한 상품을 구비하기 위해서는 1~2곳의 생산업체만으로는 힘들다

▼ 상황별 유리한 사입처

생산업체	도매업체
• 자금력이 있다 • 내 브랜드로 판매하고 싶다 • 온라인으로 상품을 판매한 경험이 많다	• 자금력이 부족하다 • 온라인 판매 경험이 부족하다 • 쇼핑몰 콘셉트상 다양한 상품이 필요해 소수의 생산업체만으로는 힘들다

▼ 내 아이템 사업 결정 체크리스트

자금력이 있다	☐		자금력이 부족하다	☐
내 브랜드로 판매하고 싶다	☐	**VS**	온라인 판매 경험이 부족하다	☐
온라인으로 상품을 판매한 경험이 많다	☐		쇼핑몰 콘셉트상 다양한 상품이 필요해 소수의 생산업체만으로는 힘들다	☐

▼	▼
2개 이상이라면 생산업체 사입이 유리	**2개 이상이라면 도매업체 사입이 유리**

무조건 이처럼 이분법적으로 하라는 건 아닙니다. 각각의 상황이 다르고 저마다 전략이 다를 테니까요. 일반적인 경우라면 사입처를 정하는 데 이 기준이 유용한 참고가 될 것이라 생각해 말씀드립니다.

나만의 브랜드가 가진 힘

브랜드, 브랜딩, 브랜드 이미지 구축, 브랜드 마케팅 등 많이 들어본 이야기지요? 마케팅을 조금이라도 공부했다면 아주 많이 들어본 단어들일 것입니다.

브랜드는 어떻게 시작되었을까요? 1900년대 초만 해도 미국인들은 설탕과 식초 등 생필품을 동네 식품점이나 잡화점 등에서 통이나 그릇에 담아 구매했습니다. 식료품뿐만 아니라 핀이나 못을 살 때도 양(무게)을 기준으로 구매했습니다.

그런데 구매하는 시점에 따라서 품질이 달라지는 경우가 있었죠. 어느 날 식초를 샀더니 아주 단맛이 좋았는데 다음에 똑같은 가게에서 식초를 샀더니 신맛이 강한 것입니다. 그래서 시작된 게 브랜드입니다. 신맛이 강한 식초, 단맛이 많이 나는 식초 등을 구분하기 시작한 거죠.

브랜드를 통해 판매량이 눈에 띄게 증가하다 보니 당대의 사람들은 이 방법을 모든 산업에 적용하기 시작했습니다. 결국 브랜드는 상표, 이름, 심벌, 디자인 등을 통해 타사의 상품 혹은 서비스와 차별화를 이루는 수단이라고 말할 수 있습니다.

여러분이 팔고 있는 제품은 브랜드가 될 수 있나요? 만약 제가 여성의류 쇼핑몰을 한다면 처음에는 동대문 등에서 사입해서 물건을 팔겠지만 결국에는 나만의 브랜드를 만들기 위해 노력할 것입니다.

성공한
쇼핑몰의 공통점 ❷
기획력

엑스브레인 쇼핑몰 성공법

16 쇼핑몰 상세페이지 기획하는 법 쇼핑몰 & 오픈마켓 공통

외주업체는 내 아이템의 전문가가 아니다

상세페이지 기획에서 제일 중요하게 하고 싶은 이야기는 상세페이지를 제작할 때 웹에이전시, 쇼핑몰 제작회사, 또는 웹디자이너에게 무작정 의뢰해서는 절대 매출이 잘 나오는 상세페이지는 나올 수 없다는 것입니다. 왜냐하면 웹디자이너는 디자인 전문가지 내 상품의 전문가는 아니기 때문입니다.

사진 역시 마찬가지입니다. 포토그래퍼한테 잘 찍어달라고 부탁하는 분들이 많습니다. 그런데 포토그래퍼는 사진 전문가지 해당 상품의 전문가가 아닙니다. 그래서 이 상품의 장점과 어떤 부분을 어필해야 하는지 정확하게 알지 못합니다. 그러다 보니 잘해달라고 하면 그냥 예쁘게만 찍어줍니다. 예쁜 것이 중요하지 않다는 말이 아니라, 예쁜 것만으로는 물건이 팔리는 데 한계가 있다는 말입니다.

매출이 잘 나오는 쇼핑몰, 상세페이지는 디자이너나 포토그래퍼의 영향도 물론 있겠지만, 어떤 부분을 어필할지에 대한 고민, 즉 제대로 된 기획이 제일 중요합니다. 웹에이전시, 상세페이지 제작회사를 운영하는 분들에게 물어보면 많은 고객이 경쟁사 쇼핑몰의 URL

하나 던져주고는 여기하고 비슷하게, 또는 알아서 잘 만들어달라고 한다고 합니다. 하지만 이렇게 해서는 매출이 잘 나오기 어렵겠지요.

경쟁사의 상세페이지를 분석하라

쇼핑몰 제작은 3가지 포인트만 잘 잡으면 모든 것이 끝납니다. 첫째 메인화면, 둘째 메뉴, 셋째 상세페이지입니다. 쇼핑몰이 아닌 오픈마켓에서 상품을 팔려고 한다면 상세페이지만 잘 제작하면 끝납니다.

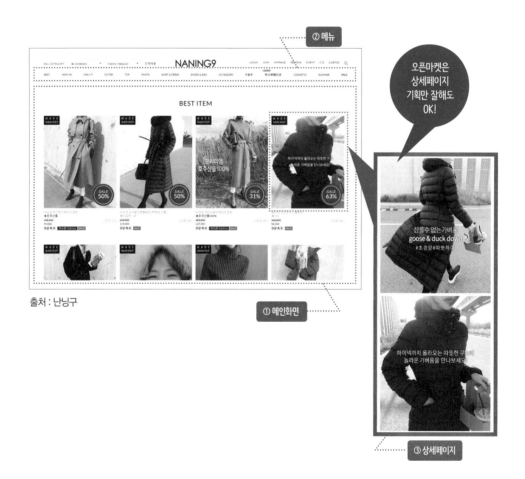

출처 : 난닝구

그럼 상세페이지를 어떻게 제작해야 할까요? 상세페이지 기획을 위해서는 첫째도, 둘째도 경쟁사를 봐야 합니다. 4,000억원에 매각이 돼서 화제가 된 스타일난다(www. stylenanda.com)의 사례를 통해 상세페이지 이야기를 해보겠습니다. 우측 이미지는 상세페이지 제일 상단에 있는 부분을 확대한 것입니다.

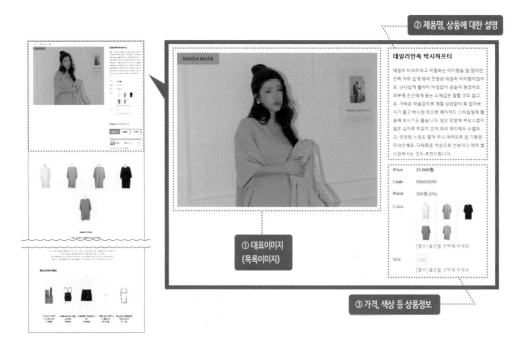

상단 구성요소를 보면 대표이미지(또는 목록이미지), 우측에는 상품에 대한 설명, 아래에는 가격, 코드, 적립금, 색상, 사이즈 등 상품정보가 있습니다.

① 대표이미지

우선 대표이미지(목록이미지)입니다. 회사의 로고와 더불어서 모델이 착용하고 있는 제품컷을 올려놨는데, 이 사진에서 가장 중요한 부분은 어떤 제품을 팔고 있는지를 제대로 이미지화하는 것입니다. 소비자가 이 사진 하나만 봐도 어떤 상품을 판매하고 있는지 정확하게 알 수 있도록 해야 합니다.

셔츠를 파는 것인지 바지를 파는 것인지 구분이 안되는 목록이미지를 종종 봅니다. 물론 다른 목적이 있어서 그렇게 할 수도 있겠지만, 일반적인 상황에서 목록이미지는 이 페이지에서 파는 상품을 제일 쉽게 알 수 있도록 하는 것이 중요합니다. 아마도 스타일난다는 이 이미지가 상품을 제일 쉽게 소비자에게 어필할 수 있다고 생각했을 것입니다.

② 상품설명

그다음, 사진 오른쪽에는 상품에 대한 설명이 있습니다. "데일리 티셔츠라고 어필하는 아이템들 참 많지만"으로 시작하고 있네요. 상세페이지가 너무 길어서 보지 않는 사람들이 많다 보니 상세페이지를 끝까지 보지 않고 이 글만 읽어도 상품의 특징을 이해할 수 있도록 하기 위해 이렇게 쓴 것입니다.

데일리만족 박시하프티

데일리 티셔츠라고 어필하는 아이템들 참 많지만, 진짜 자주 입게 돼야 진정한 데일리 아이템이잖아요. 난다답게 퀄리티 아낌없이 공들여 챙겼어요. 피부에 친근하게 닿는 소재감은 말할 것도 없고요. 가벼운 착용감으로 계절 상관없이 쭉 입어보시기 좋고 박시한 핏으로 레이어드 스타일링에 활용해 보시기도 좋습니다. 밑단 양옆에 부담스럽지 않은 깊이로 트임이 있어 하의 매치에도 수월하고, 맛깔스런 느낌도 덜어 주니 여러모로 참 기특한 티셔츠예요. 다채로운 색상으로 선보이니 여러 벌 소장하시는 것도 추천드립니다.

③ 상품정보

상품설명 아래에는 많은 정보들이 있습니다. 소비자가 알아야 하거나 선택해야 하는 요소들인 가격, 적립금, 색상, 사이즈가 소개되어 있고, 상품관리를 위한 코드도 있습니다. 경쟁사의 이런 요소들을 보면서 내 쇼핑몰에는 어떤 요소를 집어넣고 어떤 요소를 뺄지 생각하는 것이 기획의 기본입니다.

④ 본격적인 상세페이지

그리고 나면 드디어 상세한 정보가 담긴 상세페이지가 시작됩니다. 상세페이지라는 것이 아주 길다 보니 일단 제일 위에 있는 것만 캡처해보았습니다. 제품의 다양한 색상을 한 눈에 파악할 수 있도록 배열했을 뿐만 아니라 소비자들이 알고 싶어하는 재질, 사이즈 등 의류 구매에 있어서 필요한 기본정보와 추가정보를 상세히 설명해놓았습니다. 또한 그 아래로는 모델이 해당 제품을 입고 다양한 포즈를 취한 사진들을 나열해놓았습니다.

그럼 여기서 스타일난다는 왜 이렇게 상세페이지를 기획했는지 생각해봐야 합니다. 재질, 사이즈, 핏 등 의류 구매에 꼭 필요한 정보만 가지고도 충분히 판매할 수 있을 텐데 굳이 이렇게까지 사진을 많이 쓴 이유는 무엇일까요?

참고로, 남성과 여성은 쇼핑할 때 다른 행태를 보입니다. 오프라인의 사례로 이야기해본다면, 남성은 축구화를 사기 위해 백화점에 가면 5층에 있는 축구화 매장까지 단숨에 이동해서 축구화만 구매하고 나오는 것이 일반적입니다. 반면 여성은 티셔츠 하나를 사기 위해 백화점에 갔다 하더라도 티셔츠만 보는 것이 아니라 바지부터 원피스, 소품에 이르기까지 이것저것 다 보고 갑니다.

이 이야기를 쇼핑몰에 대입해보면, 여성은 티셔츠를 사려고 쇼핑몰을 둘러보면서도 티셔츠만 보는 게 아니라 원피스, 바지, 패딩도 다 살펴본다는 말입니다. 또한 티셔츠를 볼 때도 필요한 정보만 보는 게 아니라 구석구석 다 살펴보는 경우가 일반적입니다. 그런 니즈를 충족하기 위해 스타일난다는 최대한 많은 사진을 사용했을 것입니다.

물론 이런 부분은 상황에 따라 바뀔 수 있습니다. 상세페이지를 만들었는데 사진을 너무 조금 넣어서 생각만큼 판매가 이루어지지 않았다고 생각된다면 사진을 늘리면 됩니다.

스타일난다는 사진을 추가했더니 상세페이지가 너무 길어져서 소비자에게 전달하려는 내용이 정확히 전달되지 않는다고 생각했기 때문에 이와 같이 대표이미지 옆에 상품설명을 넣어주는 방식을 사용했을 것입니다. 이는 업종마다 다르고 판매자마다 다르니, 제일 중요한 부분은 경쟁사의 상세페이지를 보면서 지금 시점에서 나는 어떻게 할지를 궁리해보는 것입니다.

⑤ 기타
그리고 상세페이지 하단으로 가면 다음과 같은 내용이 보입니다.

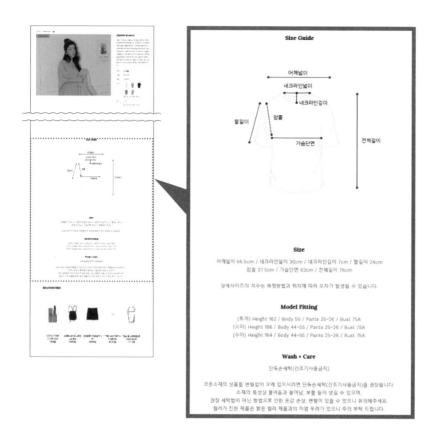

Size Guide

Size

어깨넓이 56.5cm / 네크라인넓이 20cm / 네크라인길이 7cm / 팔길이 24cm
암홀 27.5cm / 가슴단면 62cm / 전체길이 76cm

상세사이즈의 치수는 측정방법과 위치에 따라 오차가 발생될 수 있습니다.

Model Fitting

(토끼) Height 162 / Body 55 / Pants 25~26 / Bust 75A
(소라) Height 166 / Body 44~55 / Pants 25~26 / Bust 75A
(수아) Height 164 / Body 44~55 / Pants 25~26 / Bust 75A

Wash + Care

단독손세탁(건조기사용금지)

코튼소재의 상품을 변형없이 오래 입으시려면 단독손세탁(건조기사용금지)을 권장합니다.
소재의 특성상 물어듦과 늘어남, 보풀 등이 생길 수 있으며,
권장 세탁법이 아닌 방법으로 인한 옷감 손상, 변형이 있을 수 있으니 유의해주세요.
컬러가 친한 제품은 밝은 컬러 제품과의 이염 우려가 있으니 주의 부탁 드립니다.

소재는 어떻고, 세탁은 어떻게 해야 하고, 사이즈는 어떤지 등등 많은 정보를 보여주고 있습니다. 그리고 마지막으로 관련상품들이 나와 있습니다.

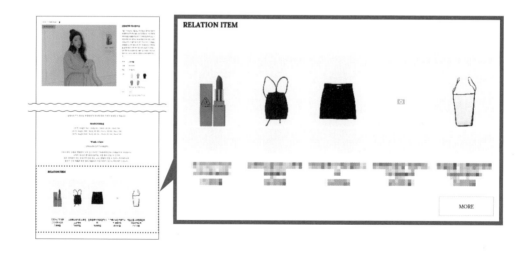

RELATION ITEM

MORE

이와 같이 구성한 것에는 나름의 이유가 있을 것입니다. 오랫동안 하다 보니 이런 구성이 조금 더 잘 팔리고, 소비자의 문의도 줄었기 때문일 것입니다.

다시 한 번 말하지만 상세페이지 제작에서 가장 중요한 부분은 제작회사 또는 디자이너, 포토그래퍼한테 잘해달라고 부탁하는 것이 아니라, 경쟁사 분석을 통해서 나는 어떻게 할지 생각하는 것입니다.

상세페이지에 꼭 들어가야 하는 5가지

상세페이지에 꼭 들어가야 하는 5가지 요소는 무엇일까요? 고객이 지불하는 것은 물건의 가격만이 아닙니다. 달랑 사진 하나 올리고 물건을 팔려고 하는 경우를 가끔 봅니다. 이렇게 해서는 물건이 팔리지 않습니다. 왜 그럴까요?

▼ 상세페이지 필수 5요소

① 상품의 품질
고객은 물건을 사기 전에 여러 가지를 생각합니다. 첫째는 상품의 품질입니다. 사려고 하는 상품이 제대로 된 물건인지, 품질이 괜찮은지 살펴볼 것입니다. 그러니 상세페이지를 통해 이 상품의 질이 어떤지 정확한 정보를 주어야 합니다.

② 상품의 가격
둘째는 상품의 가격입니다. 사려는 상품이 품질 대비 적절한 가격인지 판단하려고 할 것입니다. 무조건 싼 것, 무조건 비싼 것이 아니라 품질 대비 적절한 가격을 찾으려고 할 것입니다. 다시 말해 상품의 품질 대비 적절한 가격이라는 생각이 들어야만 소비자는 지갑을 열 것입니다.

③ 배송비

셋째는 배송비입니다. 가끔 보면 꼼수로 배송비를 빼고 가격을 보여주는 경우도 있고, 아니면 또한 꼼수로 배송비를 합쳐서 가격을 보여주는 경우도 있습니다. 하지만 소비자는 이 모든 것을 합쳐서 제품의 가격이라고 생각하지, 배송비를 빼거나 넣었다고 해서 구매를 결정하지 않습니다. 즉 꼼수 쓰는 것은 의미가 없다는 말입니다.

④ 배송시간

넷째는 배송시간, 즉 물건을 받기까지 걸리는 시간입니다. 언제까지 꼭 필요한 상품인데 시간 맞춰 제대로 올지, 또는 지금이 오후 3시인데 지금 주문하면 오늘 물건을 보내줄지 아님 내일 보내줄지가 중요합니다. 그래서 많은 판매자들이 예를 들어 "오후 5시까지 주문 시 당일 발송"이라는 표기를 합니다.

또한 택배사도 중요합니다. 가끔 택배사 사고로 인해 물건이 제대로 도착하지 않는 경우가 있다 보니 택배사를 보고 구매를 결정하는 소비자도 있습니다. 참고로, 택배사 중 최고는 우체국택배입니다. 일정수량이 나와야 하고 가격이 타 택배사보다 조금 비쌀 수는 있습니다만 여력이 되면 우체국택배를 선택하는 것이 제일 좋습니다. (〈마무리마당〉 43장 참고)

⑤ A/S

다섯째는 A/S입니다. 만약 제품에 하자가 있을 경우 반품하는 것에 문제는 없을지, 교환은 잘될지, A/S는 문제가 없을지 등입니다. 가끔 말썽이 생기면 소비자로서는 매우 난감하기 때문에 이런 것들을 상세페이지에서 이야기해주는 것이 좋습니다.

이렇게 상세페이지에는 상품정보에 대한 것뿐만 아니라 품질에 대한 안정성, 신뢰도, 배송에 대한 부분, 거기에 반품, 교환, A/S에 대한 정보까지 넣는 것을 고려해야 합니다.

상세페이지 구성방법

상세페이지를 구성하는 요소는 많습니다. 또한 각자 상황에 따라서 조금씩 다를 수 있습니다. 하지만 상세페이지에 꼭 들어가야 하는 5가지 요소를 기반으로 구성을 살펴보면 다음 도표처럼 될 것입니다.

▼ 상세페이지 기본 구성

① 메인타이틀

메인타이틀은 오프라인으로 말하면 간판 역할을 하는 곳입니다. 쇼핑몰에서는 메인화면이 이 부분을 담당합니다. 오픈마켓이라면 메인타이틀을 통해 상품에 대한 차별성, 판매자의 서비스에 대한 차별성 등을 고객에게 어필하는 것이 중요합니다. 그래서 메인타이틀에는 슬로건과 함께 구매자에게 어필할 수 있는 나만의 강점, 다른 판매자와의 차별성을 중점적으로 담는 것이 좋습니다.

규모가 매우 크다는 것을 사진으로 보여줘서
소비자의 시선을 확보하는 전략

LG전자의 공식 판매점이라는 메시지로 신뢰감을 높이기 위한 전략

판매량을 강조해서 소비자의 관심을 불러일으키는 전략

제품의 특징인 2,000루멘을 강조한 전략

② 이벤트

메인타이틀로 소비자의 이목을 집중시켰다면 이제는 이벤트를 통해 관심을 증폭시키는 것도 좋은 방법입니다.

여기서 주의할 점이 있습니다. 무작정 손익 생각하지 않고 고객에게 어필한다는 생각으로 이벤트를 진행하는 경우가 많습니다.

이벤트 고지로 관심 증폭

하지만 이벤트는 고객의 이익을 위한 것이 아니라 판매자의 이익을 위한 것입니다. 이런 이벤트를 하면 판매량이 늘겠다, 이런 이벤트를 하면 상품평을 쌓는 데 유리하겠다, 이런 이벤트를 하면 추가구매가 늘겠다, 이런 이벤트를 하면 재구매가 늘겠다 등 정확한 목적을 가지고 이벤트를 진행해야지, 무작정 고객에게 퍼주는 것은 지양해야 합니다.

③ 판매자의 물품요약

메인타이틀과 이벤트를 통해 소비자의 관심을 충분히 유도했다면 이제부터 내가 무엇을 판매하는지 이야기해야 할 것입니다. 어떤 상품을 팔고 있는지, 해당 상품의 스펙은 어떤지를 간략하게나마 보여주는 것이 좋습니다. 그래야 다른 곳을 보고 다시 이곳에 왔다 하더라도 이 물품요약만 보고 쉽게 결정을 내릴 수 있기 때문입니다.

간략한 물품요약

④ 상품 이미지

의류라면 해당 옷을 '내가 입으면 예쁠 것 같다'는 생각이 들게끔 이미지를 표출하는 것이 좋습니다. 또는 인테리어 소품이라면 '우리 집에 갖다 두면 예쁠 것 같다'는 생각이 들게끔 해야 합니다. 스타일난다의 경우처럼 연출컷이 될 수도 있고, 모델 없이 제품컷이 될 수도 있습니다. 이미지를 통해서도 소비자에게 잘 어필하도록 합니다.

모델을 이용한 연출컷

가구들과 같이 배치한 제품컷

⑤ 상품설명, 상품정보

이제부터 내 상품을 정확하게 이야기하는 부분입니다. 소비자에게 알리고 싶은 이 제품의 장점을 이야기해야겠지요. 또한 이 제품의 스펙도 정확하게 이야기해야 할 것입니다.

상품의 특징과 정보를 정확하게 전달

여기서 주의할 부분은 고객의 언어로 이야기해야 한다는 것입니다. 사례를 들어보겠습니다. 의약품을 구매하면 그 안에 설명서가 있습니다. 온갖 전문용어로 이루어져 있어서 읽어도 무슨 뜻인지 알 수 없는 경우가 많습니다. 전자제품을 사도 마찬가지입니다. 대기업 제품들은 그래도 많이 친절해져서 괜찮은데, 중소기업 제품은 너무 전문적으로 만들어진 설명서를 종종 봅니다.

상세페이지는 의약품 설명서가 아닙니다. 전자제품 설명서도 아닙니다. 고객이 이해할 수 있게 고객의 언어로 이야기하는 것이 중요합니다. 농수산물처럼 생산자가 직접 뛰어들어 판매하는 경우라면 초보 티가 나는 2% 부족한 상세페이지도 괜찮습니다. 부족한 사진, 부족한 글이라도 진정성이 담겨 있으면 충분합니다. 사실 농수산물만 그런 것이 아닙니다. 때로는 2% 부족한 상세페이지가 소비자의 마음을 더 쉽게 잡을 수 있습니다.

⑥ 배송정보, 유의사항

배송정보에는 소비자가 알고 싶어하는 내용이 들어가는 것이 좋습니다. 몇 시까지 주문했을 때 당일 발송하는지, 교환이나 반품은 어떻게 되는지, A/S는 어떻게 되는지 등을 기재하는 것이 좋습니다.

교환과 반품에 대해 적어놓은 상세페이지

네이버 오픈마켓(스마트스토어)에 상품등록하는 법

초보라면 쇼핑몰보다 오픈마켓에서 시작하는 것을 추천합니다. 다음은 네이버에서 제공하는 오픈마켓인 스마트스토어(sell.smartstore.naver.com)에서 상품을 등록하는 방법입니다.

① 스마트스토어에서 판매자 가입하기

'판매자 가입하기' 버튼을 눌러서 가입하세요.

네이버 스마트스토어 sell.smartstore.naver.com

② 상품관리 → 상품등록

사업자등록증이 없다면 개인으로 진행해보세요. 하지만 나중에 사업자등록증이 나오고 정식으로 개점할 때는 사업자등록증으로 등록해야 합니다. 가입하면 다음과 같은 화면이 나옵니다. 상단의 '상품관리'를 선택하세요. 그다음 화면에서 '상품등록'을 선택합니다.

③ 상품등록하기

이제 나오는 화면에서 상품을 등록하면 됩니다. 왕초보도 몇 번만 해보면 누구나 할 수 있습니다. 당장 판매할 상품이 없다면 아무 상품이나 캡처해서 등록하는 연습을 해보세요. 아직 판매를 해보지 않은 분이나 어떤 상품을 판매할지 결정하지 않은 분이라도 한번쯤 상품등록하는 연습을 해보는 것이 나쁘지 않습니다. 실제 쇼핑몰을 운영하게 되면 언젠가는 해야 하는 일이니까요.

실제 상품을 등록하는 순서는 다음과 같습니다. 일단 '상품등록'을 클릭하면 다음 화면이 나옵니다. 빈 항목을 채워주세요.

1 내가 팔려고 하는 상품 이름을 집어넣으면 카테고리를 선택할 수 있습니다.

2 상품명을 적어줍니다.

3 판매가, 할인, 판매기간 등을 설정합니다.

4 재고수량과 옵션을 선택합니다. 저는 재고수량을 임의로 1,000개, 옵션은 레드, 그린, 블루 3가지 색상으로, 사이즈는 단일 사이즈로 선택했습니다.

5 상품이미지를 등록합니다. 흔히 말하는 목록이미지입니다. + 누르고 파일을 선택하면 됩니다.

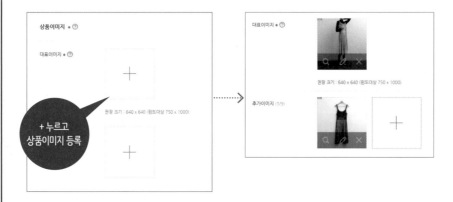

6 아래 초록색 버튼을 누르면 새로운 페이지가 나오는데, 여기서 상세페이지를 등록합니다.

7 여기서 내용을 입력하세요. + 버튼을 누르고 작성을 시작합니다. 네이버 블로그나 카페에 글쓰기 하듯 똑같이 작성하면 됩니다.

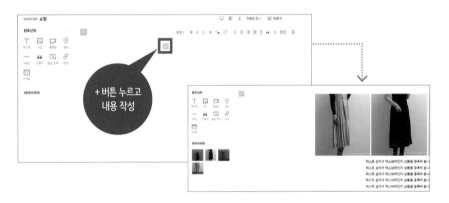

8 이제 세세한 정보를 전부 넣습니다. '상품 주요정보'부터 '상품정보제공고시', '배송', '반품/교환', 'A/S, 특이사항', '추가상품', '구매/혜택 조건'까지 전부 입력합니다. 다 입력했으면 맨 아래에 있는 '저장하기' 버튼을 누릅니다.

9 상품등록이 끝나고 드디어 상세페이지가 다 만들어졌습니다. 이것으로 등록이 완료되었습니다.

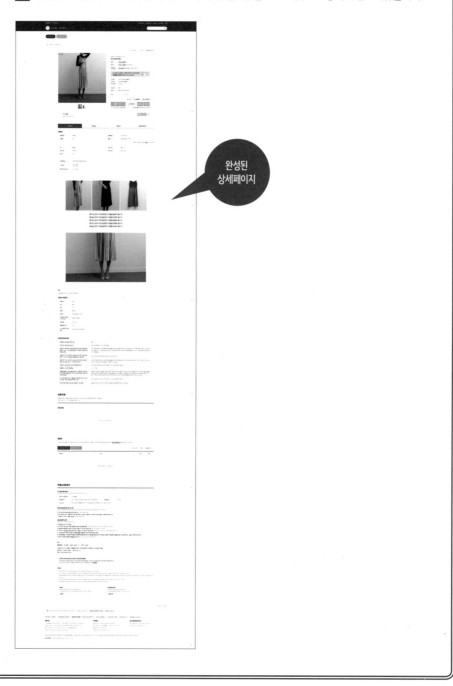

완성된
상세페이지

쇼핑몰 메뉴 기획하는 법

쇼핑몰만! 오픈마켓은 PASS!

앞에서 쇼핑몰은 메인화면, 메뉴, 상세페이지 이 3가지만 잘 잡으면 모든 것이 끝난다고 했습니다. 오픈마켓은 상세페이지만 잘 기획하면 되지만 쇼핑몰은 나머지도 콘셉트를 잘 잡아야 합니다. 이제 메뉴 기획하는 법을 알아보겠습니다.

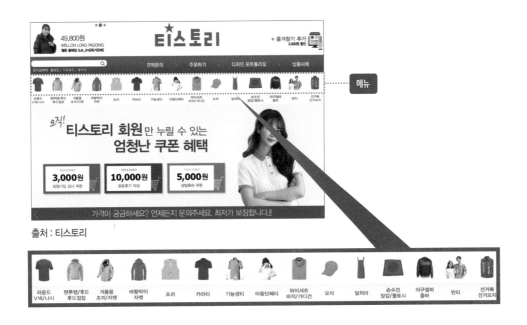

출처 : 티스토리

메뉴는 어떻게 구성해야 할까?

쇼핑몰에서 팔 아이템이 정해지고 쇼핑몰 이름과 도메인을 정하고 나면, 실질적으로 쇼핑몰 안에서 내 상품을 어떻게 보여주고, 어떻게 쇼핑몰 메뉴를 구성할지가 중요합니다.

내가 팔 아이템이 정해졌다면 메뉴를 구성하는 가장 좋은 방법은 해당 업종의 쇼핑몰들을 참고하는 것입니다. 얼마 전에 저는 대학 동문회에서 입을 단체 티셔츠를 구매한 적이 있습니다. 그래서 '단체티'라는 키워드로 검색했는데 각 쇼핑몰의 메뉴들이 다음과 같이 되어 있더군요.

A쇼핑몰의 메뉴

B쇼핑몰의 메뉴

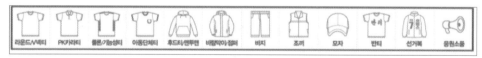

C쇼핑몰의 메뉴

경쟁사 쇼핑몰의 메뉴를 보는 이유는, 기존에 쇼핑몰을 운영하는 분들은 어떤 제품을 주력으로 하고 있는지 알기 위해서입니다. 또 많은 것들 중에서 어떤 상품군이 잘 팔리는지를 파악하기 위해서입니다. 앞에서도 G마켓, 11번가, 옥션의 예를 통해 어떤 상품이 주력이고, 어떤 카테고리가 잘 팔리는지 파악해보았습니다. (〈첫째마당〉 09장 참고)

위 3개의 사례를 보면서 주력상품 또는 많이 팔리는 상품이 무엇인지 살펴보겠습니다.

주력상품은 메뉴의 가장 왼쪽에 배치하라

A, B, C쇼핑몰 모두 공통적으로 라운드티가 메뉴에서 제일 먼저 나옵니다. 이 말은 십중팔구 라운드티가 제일 많이 나가는 상품일 가능성이 높다는 뜻입니다. 또는 지금 현재는 타 상품군 대비 매출이 다소 적을지라도 이 상품군의 매출을 높이고자(주력으로 하고자) 하는 의지가 크다는 뜻입니다.

그다음은 업체마다 조금씩 다른 상품이 나옵니다. 어떤 쇼핑몰은 후드티가, 어떤 쇼핑몰은 카라티가, 또 어떤 쇼핑몰은 브이넥티, 폴로티가 있는 것을 볼 수 있습니다. 이 말은 두 번째부터는 해당 업체에서 주력으로 밀려고 하는 상품, 또는 매출이 많이 일어나는 상품군을 배치했을 텐데 업체 상황에 따라서 다를 수 있다는 뜻입니다.

만약 제가 해당 상품군의 쇼핑몰을 한다면 첫 번째 방법은 시장에서 가장 많이 나가는 제품인 라운드티를 중심으로 메뉴를 꾸밀 것입니다. 두 번째 방법은 남들이 치열하게 싸우는 라운드티가 아닌 다른 상품군을 중심으로 해서 나만의 메뉴를 꾸밀 것입니다.

첫 번째 방법은 경쟁에서 이길 자신이 있으면 용감히 싸우라는 말이고, 두 번째 방법은 경쟁에서 이기기 어렵다면 경쟁이 좀 덜한 곳을 찾으라는 말입니다. 남들이 싸우지 않는 영역에서 싸워야 경쟁에서 이길 수 있는 확률이 높아집니다. 전부 다 싸우는 시장에서 초보자가 경쟁해서는 성공하기 어렵습니다.

참고로, 메뉴의 위치에 따라서 클릭률이 달라집니다. 제일 왼쪽에 있는 메뉴가 가장 클릭률이 높고, 두 번째 세 번째 네 번째로 갈수록 클릭률이 떨어지는 경향이 있습니다. 그러니 내가 가장 중요하게 생각하는 상품군은 메뉴에서 가장 왼쪽 위치에 두는 것이 좋습니다.

소비자가 원하는 메뉴를 파악하라

판매하는 제품의 메뉴만 있어서는 안되고 소비자가 중요시하는 내용이 있다면 그에 대한 메뉴도 고민해야 합니다. 예를 들어 앞의 사례에서 티셔츠에 회사나 단체 등의 로고를 넣는 작업이 필요하다면 이에 대한 메뉴를 어떻게 만들지 생각해봐야 합니다. 즉 디자인 시안을 확인할 수 있는 곳이 있어야 할 것입니다. 또는 주문에 따른 견적을 내주는 메뉴도 필요할 것입니다.

이처럼 상품 외적으로 소비자가 중요시하는 것들이 있다면, 부가적으로 필요한 것이 무엇인지 생각하고 쇼핑몰 메뉴를 만들어야 합니다.

'디자인 시안 확인', '주문 견적' 메뉴 추가

경쟁사의 메뉴를 확인한 다음 나는 어떻게 할지 정하면 됩니다. 많은 분들이 쇼핑몰 제작을 의뢰할 때 특정 사이트 URL을 주고 여기랑 똑같이 해달라고 하는데, 이렇게 했다가 수정하게 되면 디자이너 입장에서는 두 번 작업을 하게 됩니다.

'내 돈 내고 내가 바꾸는데, 그 정도도 못하나' 하고 생각한다면 잘못된 생각입니다. 디자이너 역시 돈을 벌기 위해 일을 합니다. 만약 수정이 많아지면 비용이 추가될 뿐 아니라, 사람의 심리상 점점 대강대강 하게 됩니다. 애초에 세운 디자인적인 원칙들이 무너지는 거지요. 디자이너한테 넘기기 전에 미리 세부적인 부분까지 다 기획해서 넘겨주는 것이 훨씬 더 좋은 디자인을 받을 수 있는 방법입니다.

쇼핑몰 메뉴에 이것만 넣으면 매출 쑥쑥!

메뉴에 어떤 것을 넣으면 매출이 올라갈까요? 사례를 통해 쇼핑몰 메뉴에 꼭 넣어야 하는 것을 알아보겠습니다

SSG.com의 메뉴입니다. 이마트몰이 성공함으로써 기존 신세계에서 운영하는 신세계몰과 신세계백화점, 이마트몰이 합쳐진 쇼핑몰로 개편한 사이트입니다. 마케팅 비용을 절약하고 각 몰 간의 시너지를 높이기 위한 전략이었습니다. 그런데 다른 것은 몰라도 절대 바뀌지 않은 부분이 하나 있습니다.

이마트몰 탭을 클릭하면 나오는 화면입니다. 메뉴에 가장 먼저 나오는 것은 '늘사던거', '베스트'입니다. 이 2가지 메뉴 덕분에 이마트몰은 매출이 급증했습니다. 이 2가지만큼은 사이트를 개편해도 변하지 않고 남아 있습니다.

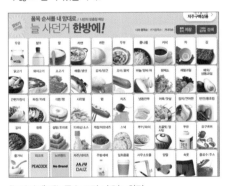

'늘사던거' 메뉴를 누르면 나오는 화면

생필품을 파는 마트의 특성상 한번에 여러 가지 상품을 구매할 수밖에 없는 상황에서 소비자의 동선을 확연하게 줄여주고 시간을 단축해준 '늘사던거' 메뉴를 통해 이마트몰은 매출을 획기적으로 늘릴 수 있었습니다. 그러면 여러분의 쇼핑몰에는 어떻게 하면 될까요? '베스트' 메뉴 하나만 잘 집어넣어도 매출이 20~30% 늘어납니다. 대다수 쇼핑몰은 제품을 하나라도 더 보여주기 위해 상품군을 분류별로 나열한 메뉴만을 보여주지만 Best, Hot, New처럼 소비자가 좋아할 만한 메뉴를 추가하는 것만으로도 쇼핑몰의 매출이 최소 20~30% 늘어난다는 사실! 꼭 명심하세요.

쇼핑몰 메인화면 기획하는 법

쇼핑몰만! 오픈마켓은 PASS!

메인화면으로 차별화하려고 하지 말자

쇼핑몰의 메뉴를 기획했다면 이제는 더 큰 화면인 메인화면을 기획할 차례입니다. 웹 기획을 하다 보면 많이 쓰는 단어가 UI(User Interface), UX(User eXperience)입니다. 개념을 간략하게 말하면, 화면을 어떻게 배치하는지에 따라서 사용자의 편의성이 달라지므로 사용자의 관점으로 화면을 설계해야 한다는 것입니다. 가끔 보면 남들과 다른 UI를 통해 차별화를 하려고 시도하는 경우가 있습니다.

익숙한 메인화면

익숙하지 않은 메인화면

왼쪽은 G마켓의 메인화면이고 오른쪽은 이베이의 메인화면입니다. 한국 사람에게 둘 중 어떤 것이 더 편한지 물어보면 십중팔구 G마켓의 메인화면이 편하다고 말할 것입니다. 메뉴부터 검색창, 상품까지 전부 배치된 G마켓의 메인화면과, 검색창을 중심으로 카테고리의 이미지 몇 개만 나열되어 있어서 깨끗한 이베이의 화면이 무척 대조적입니다. 한국 사람이 본다면 G마켓이, 미국 사람이 본다면 이베이가 더 편한 UI, UX일 것입니다.

익숙한 것이 편합니다. 물론 대형 업체라면 UI, UX의 차별화가 필요한 경우가 있기는 합니다만, 일반적인 쇼핑몰을 하는 업체라면 익숙한 UI를 사용하라고 말하고 싶습니다.

가끔 네이버 앱이 업데이트되면서 화면(UI)이 바뀌는 경우가 있습니다. 이런 경우 사용자는 편의성이 더 좋아졌다고 느끼기보다는 불편해졌다고 느끼는 경우가 대다수죠. 마찬가지입니다. 쇼핑몰 메인화면을 만들 때 가장 중요한 것은 UI, UX의 차별화를 통해 무엇인가를 보여주려고 하기보다는 이미 소비자들에게 익숙한 UI, UX를 통해 어떻게 메뉴를 만들고 어떤 상품을 보여줄지에 더 치중하는 것입니다.

경쟁사를 분석하면 저절로 차별화가 된다

이제부터 할 일은 경쟁사의 메인화면을 전부 살펴보는 것입니다. 메뉴는 어떻게 만들었는지, 목록이미지 몇 개로 구성되어 있는지, 상품은 어떻게 배열했는지를 모두 살펴본 이후에 내 메인화면의 메뉴 구조를 설계하고, (경쟁사와 차별화된) 어떤 상품을 중심으로 상품을 배열할지 생각합니다.

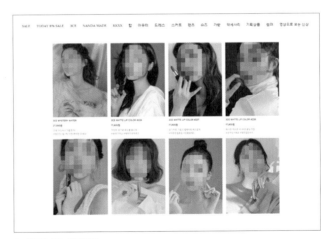

스타일난다의 메인화면

다시 한 번 강조하자면, 저는 UI 차별화를 이야기하지 않습니다. UI는 남들과 비슷하게 하고, 그 안에서 상품의 차별화를 이야기합니다. 경쟁사의 메뉴를 보고 메인화면을 살펴보라는 것은 주력상품이 무엇인지 등 경쟁사의 상황을 파악해서 어떻게 차별화할지 생각해 보자는 것입니다.

고객은 자기가 보고 싶은 것만 본다

모 커뮤니티에서 본 내용입니다. 어떤 쇼핑몰이 상세페이지 제일 상단에 상중(喪中)이라고 써놨다고 합니다. 상중이라 배송을 못하니 양해해달라고 상세페이지 제일 상단에 아주 크게 써놨는데도, 계속해서 주문이 들어오고 왜 이리 배송이 늦냐는 항의가 계속 들어온다는 내용이었습니다.

상중이라 3월 25일까지 배송이 불가합니다.
혹시 급한 분들은 주문하지 말아주세요

왜 이런 현상이 일어날까요? 고객은 자기가 보고 싶은 것만 보기 때문입니다. 관심이 없는 것은 아무리 이야기해도 신경쓰지 않죠. 상세페이지에 분명히 다 써놨는데, 글자까지 크게 해서 주의하라고 표시해놨는데도 계속 전화하고 문의하는 사람이 많습니다. 쇼핑몰을 하는 분들이라면 이런 부분을 어떻게 효과적으로 처리할지 생각해봐야 할 것입니다.

사진을 보여주면 이해하기 쉽다

쇼핑몰을 운영하다 보면 교환해주어야 하는 상황도 생기고 환불해주어야 하는 상황도 생깁니다. 교환이나 환불을 해주려면 이미 보내준 상품을 되돌려받아야 하는데, 문제는 고객에게 최초로 배송했을 때의 상태와는 너무 다른 상태가 된 물건이 반송된다는 것입니다. 박스가 파손되어서 오거나, 이미 여러 번 사용한 상품을 돌려보내는 경우도 있습니다. 이런 경우에는 반품받은 상품을 재판매하기가 어렵습니다. 어떻게 해결할까요? 다음 사진이 훌륭한 예시가 됩니다.

무료반품 안되는 경우

- 실밥 및 풀 흘림.구겨짐.약간의 올빠짐 .마느질 일부 불규칙.약간의 스크래치
- 약간의 눌린 자국 .가죽 제품의 약간 구겨진 경우. 약간의 본드자국(신발). 마느질이 고르지 못한 경우
- 제품 포장 박스가 찌그러져 있거나 뚫어져 있지만 그 안의 제품에는 손상이 없는 경우
- 같은 상품이라도 OEM 제조국에 따라 상품 사이즈나 원단 품이 조금씩 다른 경우가 많기 때문에 약간의 사이즈, 원단 차이로는 무료반품이 안됩니다.
- 보증서 등이 상품에 같이 들어 있지 않은 경우 (해외상품의 경우는 없는 경우가 대부분입니다.)

AS 문의

병행수입 제품은 매장에서 AS가 불가능합니다. 직접 유상AS를 맡기셔야 합니다.
단, 초기불량 제품일 경우 받으신 그대로 동봉하여 고객센터 및 게시판으로 교환접수해주세요.

교환.반품 문의

대한통운(1588-1255)
반품/교환 배송비 5000원 / 타택배 이용시 물류센터에서 확인이 어렵고 분실 우려가 있습니다
교환.반품은 고객센터로 접수해 주세요.(전화연결이 어려우면 판매자 문의로 남겨주세요.)

반품주소 :

교환.환불이 가능한 반품 포장 · · · 교환.환불 불가 · · · 교환.환불 불가

반품이 가능한 경우를 조목조목 나열했을 뿐만 아니라, 교환이나 환불이 가능한 경우와 불가능한 경우를 사진으로 확연하게 보여주고 있습니다. 사진으로 예시를 보여주면 특별한 설명이 없어도 누구나 이해하기 쉽습니다.

쇼핑몰 사진 촬영도 기획이다!

쇼핑몰 & 오픈마켓 공통

어느 상품이 더 잘 팔릴까?

쇼핑몰 상세페이지를 기획했고, 쇼핑몰의 메뉴는 어떻게 할지 정했고, 쇼핑몰의 메인 화면도 생각을 마쳤다면 이제는 진짜 실전, 쇼핑몰에 들어갈 사진을 찍어야 합니다. 사진을 찍는 관점에 대해서는 크게 3가지를 이야기할 수 있습니다.

① 첫 번째 관점 – 사진

위 사진은 소셜커머스에서 판 상품들입니다. 왼쪽, 오른쪽 중 어떤 것이 더 많이 팔렸을까요? 비슷한 상품이고, 거의 차이가 없는 가격으로 팔았습니다. 2개 상품은 같은 기간 동안 하나는 80개가 팔렸고 하나는 460개가 팔렸습니다. 많이 팔린 상품은 오른쪽입니다.

판매량을 결정하는 요소는 많은 것이 있지만 왼쪽 상품이 상대적으로 팔리지 않은 이유 중 하나로 얘기하고 싶은 것은 사진입니다. 이 사진만 보면 옷의 형태를 정확하게 알 수가 없습니다. 오른쪽 상품과 비교해볼 때 옷에 구김이 많은 사진이라 사고 싶은 생각이 들지 않습니다.

쇼핑몰에서 상품을 팔 때는 내 상품을 정확하게 보여주고 예뻐 보이게끔 사진을 찍는 것이 중요한데, 왼쪽 상품은 대표이미지뿐만 아니라 상세페이지까지 그런 것들이 부족했습니다.

② 두 번째 관점 – 콘셉트

다음은 같은 민소매티를 파는 쇼핑몰 3곳의 사진입니다. 어떻게 사진을 사용했을 때 가장 잘 팔릴까요?

 VS  VS

A : 전문 모델 이용　　　　　　　B : 사장님이 직접 착용　　　　　　C : 제품만 촬영

여러분은 A, B, C 중 어떤 것이 가장 잘 팔릴 거라고 생각하나요? 제 생각으로는, 셋 다 잘 팔 수 있을 것 같습니다. A처럼 전문 모델을 이용해 예쁘게 찍어서 잘 팔 수 있습니다.

전문 모델만큼 예쁘게 나오지는 않지만, B처럼 실제 일반인이 입었을 때의 느낌을 부여해서 잘 팔 수도 있습니다. 블로그 등에서 이렇게 많이 찍어서 팔죠.(물론 저라면 배경은 조금 더 예쁜 데서 찍었을 것 같습니다.) C처럼 제품컷만 예쁘게 찍어서도 물론 잘 팔 수 있습니다.

이런 것을 콘셉트라고 합니다. 어떤 콘셉트로 사진을 찍을지 생각해봐야 합니다. 콘셉트만 명확하다면 모델을 썼는지 안 썼는지는 그다지 중요하지 않습니다.

③ 세 번째 관점 – 설득

 VS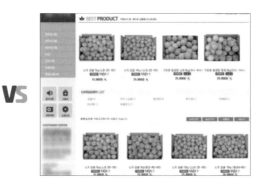

왼쪽과 오른쪽 어디가 더 잘 팔릴까요? 이 질문을 받고 사진을 유심히 살피는 분이 많을 것입니다. 그런데 귤 같은 과일은 사진 자체의 질보다는 설득을 어떻게 했는지가 더 중요합니다. 왜 그럴까요?

여러분께 질문을 하나 해보겠습니다. 사진을 아주 잘 찍은 귤을 보면 그 귤이 진짜 맛있을 거라고 생각하나요? 반대로, 평범하게 찍은 귤을 본다고 해서 그 귤이 맛없을 거라고 생각하나요? 맞습니다. 사진이 그다지 중요하지 않은 경우입니다. 물론 김치를 판다면 이왕이면 먹음직스러우면 좋겠지만, 귤은 가공되지 않은 그대로의 상품이다 보니 사진을 잘 찍기 위해서 엄청나게 노력하는 것은 큰 의미가 없습니다.

결과적으로 2곳 모두 비슷하게 팔렸습니다. 2곳 모두 나름대로 고객을 잘 설득했다는 말입니다. 세 번째 관점으로 '설득'을 말씀드리는 것은, 굳이 온갖 정성을 들여 사진 찍을 필요가 없는데도 항상 사진만 열심히 찍는 사람들이 있기 때문입니다.

설득은 앞서 이야기한 상세페이지 5요소를 가지고 소비자에게 상품에 대한 정보를 잘 전달하는 것입니다. 위 2개 사례는 상세페이지도 비슷했고, 광고도 비슷하게 했습니다. 결국 소비자를 설득하는 방법이 비슷했다는 이야기죠. 이럴 경우 판매량의 차이는 그다지 없습니다.

가성비 최고 쇼핑몰 사진 촬영법

상세페이지 제작회사에 디자인을 의뢰하기 위해서는 기본적으로 제품 사진을 가지고 있어야 합니다. 물론 사진까지 찍어서 상세페이지를 만들어주는 곳도 있기는 하지만, 콘셉트를 생각해본다면 미리 사진을 찍어서 전달하는 것이 효율적입니다.

사진을 찍는 방법도 쇼핑몰 제작업체를 선정하는 것과 마찬가지입니다. 크게 다음 3가지를 생각해볼 수 있습니다.

① 내가 직접 찍는다
② 셀프 스튜디오를 이용한다
③ 전문 포토그래퍼에게 의뢰한다

각각의 장단점을 살펴봅시다.

① 내가 직접 찍는다

내 사무실, 우리 집에서 직접 사진을 찍으면 비용이 적게 들어간다는 것이 가장 큰 장점입니다. 반면 단점은 집에서는 연출컷을 찍기에 어려움이 있다는 것입니다. 물론 간단한 소품을 구해서 찍을 수 있고, 상황에 따라 포토샵을 이용해 합성할 수도 있지만, 상품군에 따라서는 전체적인 상품과 조화를 이루도록 하는 것이 어려울 수 있습니다.

② 셀프 스튜디오를 이용한다

셀프 스튜디오에 가서 찍는 경우 가장 큰 장점은 다양한 연출컷을 찍을 수 있다는 것입니다. 내 상품의 특징에 따라서 그때그때 필요한 스튜디오를 찾아서 사진을 찍으면 됩니다. 그래서 특히 예쁜 사진을 찍는 데 좋습니다. 또한 카메라가 없으면 비용을 약간 내고 스튜디오에서 빌릴 수도 있으니 한 번쯤 시도해보는 것도 나쁘지 않습니다.

그리고 사진을 찍었는데 생각처럼 사진이 잘 안 나오는 경우 셀프 스튜디오에 근무하는 포토그래퍼에게 부탁해서 사진을 찍을 수도 있습니다. 물론 비용이 들어갑니다만, 그래도 원하는 사진을 찍을 수 있기 때문에 많은 분들이 사용하는 방법입니다. 물론 셀프 스튜디오를 이용하는 경우 단점은 직접 사무실에서 찍는 것보다 비용이 비싸다는 것이겠지요.

③ 전문 포토그래퍼에게 의뢰한다

만약 연출컷이 필요없고 제품컷만 필요한 경우에는 스튜디오를 가지고 있는 전문 포토그래퍼에게 의뢰하는 것이 좋습니다. 아무리 연습하고 사진을 찍어도 오랫동안 사진만 전문으로 찍은 포토그래퍼만큼 잘 찍기는 어렵기 때문입니다.

하지만 연출컷을 찍어야 하는 경우에는 해당 스튜디오가 내 상품에 적합한지 생각해봐야 합니다. 또한 비용도 다른 방법과 비교해 가장 비싸다는 것이 단점입니다.

어떤 부분을 강조해 찍을까?

상품군에 따라서, 상황에 따라서 다르겠지만 사진을 잘 찍으려면 제일 중요한 포인트는 '어떤 부분을 강조해서 찍을까?'입니다. 즉 자기 쇼핑몰의 콘셉트와 어울리려면 제품의 어떤 부분을 강조해야 하는지를 알아야 한다는 말입니다.

그리고 아무리 사진을 잘 찍는 포토그래퍼라 하더라도, 사진에서만 전문가일 뿐 해당 상품에 대해서는 전문가가 아닙니다. 그래서 포토그래퍼한테 의뢰하더라도 어떤 사진을 찍을지 구체적으로 이야기해주지 않으면 원하는 사진을 확보하기가 어렵습니다.

▼ 사진 촬영 방법에 따른 장단점과 비용

구분	장점	단점	비용
사무실	비용이 적게 들어간다	연출컷을 찍기 어렵다	–
셀프 스튜디오	• 다양한 연출컷을 찍을 수 있다 • 스튜디오에서 카메라 대여가 가능하다 • 스튜디오 포토그래퍼에게 촬영을 부탁할 수 있다	• 사무실에서 찍는 것보다 비용이 많이 든다 • 스튜디오 포토그래퍼에게 촬영을 부탁할 수 있지만 추가비용이 있다	시간당 평균 2.5~5만원 (가구 등 대형제품을 촬영하는 곳은 5~7만원)
전문 포토그래퍼	사진을 잘 찍을 수 있다	• 비용이 가장 많이 든다 • 해당 스튜디오의 분위기가 내 상품에 적합하지 않아서 연출컷을 찍지 못하는 경우가 있다	• 제품컷당 혹은 시간당으로 비용을 받는다 – 제품컷 기준 : 1컷당 몇천원~ 몇만원. 소요되는 시간에 비례 – 시간 기준 : 2시간에 20~30 만원

항상 하는 이야기지만 '포토그래퍼한테 맡기면 알아서 잘해주겠지'는 잘못된 생각입니다. 어떻게 찍을지를 기획하지 않고 찍으면 예쁜 사진은 나올지언정 매출이 올라가는 사진은 나올 수 없다는 것을 명심하세요.

① 제일 먼저 내가 판매하려고 하는 상품을 어떻게 찍을지 기획하자

② 기획한 것을 기반으로 내가 직접 최대한 많이 찍어보자(내 사무실에서 찍을 수도, 셀프 스튜디오에서 찍을 수도 있다)

③ 그러고도 원하는 사진이 나오지 않으면 그때는 전문가한테 맡기자

소비자의 니즈에 정답이 있다

　제가 좋아하는 브랜드가 몇 있습니다. 그중에서도 셔츠를 살 때는 폴로, 빈폴을 가장 좋아합니다. 코오롱에서 나오는 시리즈도 좋아하고요. 술자리에서 회사 직원 중 1명이 조만간 자기 생일인데 저한테 꼭 선물을 받고 싶다고 하더군요. 그래서 셔츠를 하나 사줄까 해서 살펴봤습니다.

A제품　　　　　　　　　　　　　　　　　　　　　B제품

　둘 중 어느 제품이 더 잘 팔릴까요? 어떤 제품이 많이 팔렸는지 살펴봤습니다.

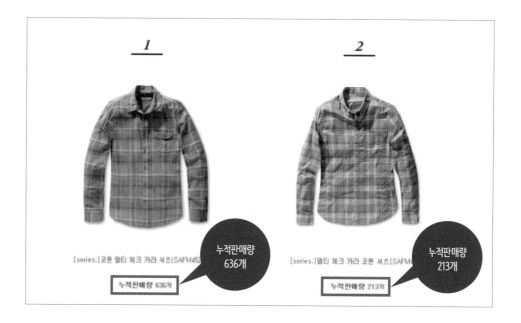

둘이 비슷한 제품이지만 결과적으로 판매량은 3배 정도 차이가 나더군요. 가격 차이로 인해 판매량이 다른 건지 확인하기 위해 가격을 살펴봤습니다. 그런데 결과는 정반대였습니다. A제품은 69,500원을 가격 그대로 팔고, B제품은 69,500원을 59,075원으로 할인해 주더군요.

똑같은 브랜드, 같은 디자인이라 싼 것(세일하는 것)이 잘 팔릴 줄 알았는데 오히려 세일 안 하는 제품이 더 잘 팔렸다……. 무엇 때문에 이런 결과가 나왔을까요? 혹시 B제품의 제품컷이 A제품의 제품컷보다 안 좋아서 안 팔렸을까요? 사진을 잘 찍으면 B제품이 더 잘 팔렸을까요? 제 생각은 '아니오'입니다.

B제품의 사진을 잘 찍었다 하더라도 A제품만큼은 팔리지 않았을 것입니다. 소비자들은 B제품의 색상보다 A제품의 색상을 더 좋아하기 때문입니다. 항상 하는 말이지만 소비자의 니즈에 정답이 있습니다. 소비자의 니즈를 파악하는 것이 중요합니다.

각종 커뮤니티에 가면 잘못된 정보가 너무 많습니다. 본인의 쇼핑몰을 보여주면서 왜 안 팔리는지 모르겠다는 글이 종종 올라옵니다. 그런 글을 본 카페의 회원들은 사진을 잘 찍어봐라, 포토샵으로 보정해봐라, 광고를 해봐라 등등 조언을 합니다. 그런데 막상 사진을 잘 찍어도, 포토샵으로 보정을 해도, 광고를 해도 생각만큼 매출이 올라가지 않는 경우가 많습니다.

제가 보기에는 무척 안타깝게도, 이렇게 쓴 글과 댓글을 보면서 매출을 올리는 방법은 생각하지 않고 무작정 사진과 포토샵에만 매달리는 분들이 많습니다. 그래서는 매출을 올리는 데 한계가 있습니다. 사진을 잘 찍으면 보기에 좋으니 매출에도 좋겠지요. 하지만 정말 잘 팔리는 상품을 따라잡을 수는 없습니다. 제일 좋은 것은 잘 팔릴 상품을 잘 찍어서 올리는 것입니다.

의류 쇼핑몰 모델은 어떻게 선정하나?

의류 쇼핑몰을 한다면 모델은 어떻게 선정해야 할까요? 오랜만에 파크랜드 홈페이지에 들어가봤습니다. 그랬더니 모델이 조인성씨더군요.

제 기억에 '파크랜드 = 박상원'일 정도로 박상원씨가 오래 모델을 했는데, 어느새 모델이 바뀌었네요.

파크랜드 새 모델

파크랜드 이전 모델

왜 모델이 바뀌었을까요? 모델이 바뀐 가장 큰 이유는 타깃 때문일 것입니다. 처음 1990년대 초반에 박상원씨를 모델로 기용한 파크랜드는 젊은 사람들이 입는 정장으로 인식되었습니다. 당시 활발히 활동한 박상원씨 덕분에 잘 팔리기도 했을 거고요. 하지만 시간이 지나 박상원씨가 나이 들어가면서 중년의 느낌이 나다 보니 이제 파크랜드가 추구하는 이미지와는 맞지 않는다고 생각해 모델을 바꾸었을 것입니다.

의류 쇼핑몰을 하는 분이라면 가장 중요한 요소 중 하나가 타깃층에 맞는 모델을 섭외하는 것입니다. 의류 쇼핑몰에서 모델을 잘못 쓰면 잘되기가 어렵습니다. 타깃에 맞춘 모델을 적절하게 쓰는 것은 쇼핑몰 성공의 기본임을 명심하세요.

제품명,
이렇게만 바꿔도
매출 3배 증가한다

제품명에 이야기를 담아라

이쯤에서 자세히 살펴봐야 하는 것이 제품명입니다. 제품명을 어떻게 하는지에 따라 판매량이 달라질 수 있기 때문입니다. 기업에서 제품을 만들 때도 제품명을 어떻게 할지 고민을 많이 합니다.

롯데의 '2% 부족할 때'는 경쟁사의 '니어워터'를 이기고 절대강자의 지위를 확고하게 차지했습니다. '2% 부족할 때'가 성공한 가장 큰 이유는 광고일 것입니다. 그런데 광고를 성공하게 만든 이유를 다시 살펴보면, '2% 부족할 때'라는 제품명 덕분에 꽤 괜찮은 스토리텔링이 만들어질 수 있었기 때문입니다. 제품명이 좋은 광고를 만들었고, 그것이 성공의 기반이 되었습니다.

'바나나는 원래 하얗다' 역시 마찬가지입니다. 기존 인기상품인 빙그레의 '바나나맛 우유'에 대항해 만든 제품명이죠. 바나나 색은 흔히 노란색이라고 생각하지만 껍질을 까면 원래 흰색이라는 제품의 속성을 이용해 제품명을 만들었고, 이 이름 덕분에 짧은 시간 안에 소비자의 뇌리에 강력한 이미지를 심어주게 되었습니다.

오프라인 식당의 사례를 이야기해도 마찬가지입니다. 주꾸미를 파는 식당입니다. 메뉴판에 '주꾸미'와 '오늘 바로 잡은 주꾸미'라는 2개의 메뉴가 있습니다. 그렇다면 아마도 사람들은 '오늘 바로 잡은 주꾸미' 메뉴에 더 관심을 가질 것이고, 이로 인해서 매출도 늘어날 것입니다. 오프라인에서는 마약김밥이 그랬고, 온라인에서는 마약바지가 그랬습니다. 냉장고바지도, 온장고바지도 아주 많은 판매량을 보였습니다.

소비자의 니즈를 표현하라

이번에는 이마트몰에서 판매하고 있는 참기름입니다.

A : 진한 참기름   B : 옛날 참기름   C : 고소한 참기름

3개 상품은 가격 차이가 있습니다. A는 5,030원(10ml당 101원), B는 4,500원(10ml당 100원), C는 9,980원(10ml당 222원)입니다. 결과적으로 A와 B의 가격은 거의 동일하고 C는 2배

가 넘는 가격입니다. 판매량은 어떻게 될까요?

이 누적판매량은 이마트몰에서 1주일 동안 판매한 실적입니다. 실질적 가격인 10ml당 가격으로 비교해보았을 때, 가격이 비슷한 A와 B는 판매량에서 2배 차이가 났고, 가격이 2배인 C는 비쌌음에도 불구하고 생각보다 많은 양이 팔렸습니다.

참고로, 이 3가지 제품 모두 수입산 참깨를 사용했습니다. 진한 참기름과 옛날 참기름은 거의 같은 가격이었지만 소비자는 진한 참기름을 선택했습니다. 같은 제조사에서 만든 옛날 참기름과 고소한 참기름은 가격이 2배 차이가 났음에도 불구하고 고소한 참기름 판매량이 예상 외로 많았습니다. 만약 고소한 참기름이 가격까지 같았다면 옛날 참기름을 가뿐히 누르지 않았을까요?

이 사례를 통해 여러분이 꼭 알아야 하는 포인트는 이것입니다. 소비자가 원하는 상품, 즉 소비자의 니즈는 '전통'보다는 '맛'(진한, 고소한)에 있었다는 것입니다. 제품명이 가격을 누르고 선택의 기준이 되어준 거지요. 잠깐 이야기한 냉장고바지가 잘 팔린 이유 역시 정확한 소비자의 니즈를 기반으로 제품명을 만들었기 때문입니다.

침대가 과학이 될 수 있었던 이유

홈페이지가 되었든 광고가 되었든 상세페이지가 되었든 간에 임팩트 있는 카피는 매출에 지대한 영향을 줍니다. 우리나라 역사상 최고의 광고 카피는 무엇일까요? 제가 생각하기에는 에이스침대의 "침대는 가구가 아닙니다, 과학입니다."입니다. 제가 어렸을 때 초등학교 시험 문제에도 나왔죠.

다음 중 가구가 아닌 것은?
① 책상   ② 침대
③ 장롱   ④ 신발

그런데 이 문제에서 많은 학생들이 침대를 선택했습니다. 광고의 영향인 거죠. 에이스침대는 이 카피 하나로 업계에서 명약관화한 1등 자리를 차지하게 됩니다.

메시지 전달만 잘해도 판매량이 달라진다! ....

그럼 어떻게 해서 에이스침대가 이 카피로 인해 1등 자리를 차지하게 되었는지 알아봅시다. 우선 이 카피가 나오게 된 배경부터 설명해보면, 에이스침대는 침대시장이 없던 1960년대 초반부터 언젠가는 한국에도 침대시장이 생길 거라고 생각하고 기술 하나만큼은 최고로 만들고자 노력했습니다. 한참 기술개발을 했더니 조금씩 상품이 팔리기 시작했습니다. 침대를 주로 사는 고객은 신혼부부였습니다. 시간이 지나면서 어느 시점이 되니 결혼할 때 꼭 사야 하는 물건에 침대가 포함되었습니다.

이때 시장이 좀 된다고 생각되는 시점에 문제가 발생합니다. 우후죽순으로 경쟁사가 생겨난 것입니다. 새로운 경쟁사가 아니라 기존에 에이스침대를 팔아주던 가구회사들(지금으로 말하면 대기업)이 경쟁사가 되었죠. 그런데 에이스침대의 상황은 쉽지 않았습니다. 원활한 판매를 위해 자체 매장을 갖는 것조차 어려웠습니다. 즉 침대 하나만으로는 일반 가구처럼 전국에 대리점을 만들기가 어려웠습니다. 대리점을 만든다고 해도 하겠다는 사람도 없고, 직영 대리점을 내봐야 1~2개도 아니고 전국적으로 만드는 것은 적자가 날 것이 분명해 보였습니다. 결국 에이스침대는 기존의 대형 가구회사 대리점을 통해 판매하는 방법밖에 없었는데, 기존 가구회사가 자사의 침대를 팔기 시작하니 문제가 생긴 것입니다.

이름도 더 유명한 가구회사에서 가격까지 싸게 본인들의 대리점을 통해 침대를 판매하기 시작했습니다. 당시 기존 가구 대리점의 판매사원들은 이렇게 말했습니다.

"침대 다 똑같아요. 뭐하러 비싸게 에이스침대를 사세요? 우리 회사에서 에이스보다 훨씬 좋고 더 값싸게 침대 만들었어요. 가구 만든 지 몇십년인데 침대 하나도 못 만들겠어요. 우리 회사가 에이스보다 더 유명한 건 잘 아시잖아요."

이에 결혼을 준비하는 분들이 에이스침대가 아니라 기존 유명 가구회사에서 만든 침대를 샀습니다. 바로 이런 때에 나온 광고가 바로 "침대는 가구가 아니라 과학"입니다. 기존 가구의 영역이 아닌, 침대라는 영역을 새로 만들어서 성공하게 된 것입니다.

쇼핑몰의 상세페이지도 마찬가지입니다. 어떻게 메시지를 쓰는지에 따라서 판매량이 달라집니다. 상세페이지를 만들 때 어떻게 메시지를 쓸지 생각해서 쓰세요. 그럼으로써 매출이 늘어나게 됩니다.

역사상 최고의 광고 카피

객관화를 도와주는 로그분석

의류 디자이너 출신 쇼핑몰, 뭐가 잘못되었을까?

의류 디자이너로 일하다가 결혼 후 아이를 낳고 경력이 단절된 안사장님. 용기를 내어 아동복 쇼핑몰을 하게 되었지만 잘되지 않아서 저를 찾아왔습니다.

안사장님 : 욕심 같아서는 직장 경험을 살려 직접 디자인하고 제작해서 팔고 싶었지만, 비용이 만만치 않게 들어가더라고요.

엑스브레인 : 소자본으로 시작하는데 처음부터 제작 상품을 팔기는 힘들죠.

안사장님 : 그래서 동대문 도매시장에서 의류를 사입해서 팔다가 돈 좀 모으고 나면 직접 만들어서 팔고 싶었어요. 그런데 사입 물건도 생각처럼 팔리지 않아 매출이 거의 바닥 수준입니다. 이러다 빚까지 질 것 같아요. 어떻게 하면 될까요?

엑스브레인 : 운영 중인 쇼핑몰을 한번 보여주시겠어요?

결국 기획력 부재, 하지만 인정하지 않는 게 문제!

그런데 쇼핑몰을 살펴보니 마음이 답답해집니다. 그 이유는 다음과 같습니다.

◦ 첫눈에 누군가의 시선을 잡아둘 정도의 임팩트 부재
◦ 숨겨진 알맹이를 찾기 위해 자세히 살펴봐도 시선을 끌 만한 요소 부재

결국 안사장님의 쇼핑몰은 마케팅 전략과 기획력이 없었기 때문에 잘 안 팔리고 있었습니다. 제가 이 쇼핑몰의 문제가 무엇인지 말씀을 드렸지만 그럴 리 없다, 이 쇼핑몰은 엄청난 고민 끝에 만들어졌고, 디자이너 관점에서 상품은 어떻고 등등 이야기하는데, 도저히 설득할 수 있는 방법이 없더군요. 그래서 로그분석을 하는지 물어봤습니다. 로그분석을 하고 있지 않다고 해서 무료 로그분석기인 구글 애널리틱스를 설치했습니다. 그런 다음 지금과 똑같이 운영하고 2주일 후에 보자고 했습니다.

쇼핑몰의 문제점을 짚어주는 로그분석

로그분석 결과는 예측 그대로였습니다. 사이트에 방문한 사람 100명 중 70명은 메인화면에서 바로 이탈했습니다. 나머지 30명도 역시 메인화면을 제외하고 평균 1~2개 상세페이지를 보고는 바로 이탈하더군요.

이런 결과는 메인화면에 임팩트가 없고, 그렇다고 상세페이지에서 소비자의 시선을 잡아둘 무엇인가도 없었기 때문입니다. 그래서 안사장님께 소비자의 시선을 잡아둘 만한 요소를 메인화면, 상세페이지에 만들자고 제안했습니다. 치열한 고민 끝에 수정까지 3개월이나 걸렸습니다. 의류는 시즌상품이 대다수입니다. 그래서 다음 시즌 준비를 해야 했고, 마케팅 전략을 재수립하고 쇼핑몰 콘셉트부터 바꿔나갔더니 딱 3개월이 걸리더군요. 그러자 꽤 잘 팔리는 쇼핑몰이 되기 시작했습니다.

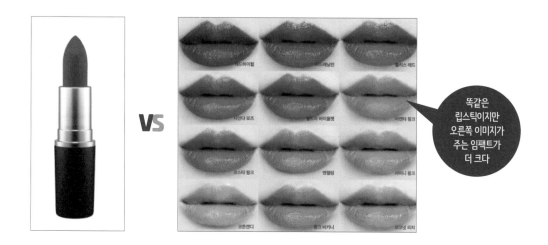

똑같은 립스틱이지만 오른쪽 이미지가 주는 임팩트가 더 크다

이 사례를 통해서 하고 싶은 이야기는 마케팅 전략에 근거한 '기획력 + 로그분석'입니다. 저는 그동안 너무나도 많은 쇼핑몰을 봤고, 너무나도 많이 분석하다 보니 따로 로그분석을 하지 않아도 대략 무엇이 문제인지 압니다. 하지만 쇼핑몰 경험이 많지 않은 분이라면, 또는 경험이 많다 하더라도 생각만큼 물건이 팔리지 않는다면 데이터로 자신을 객관화하고 설득할 수 있도록 반드시 로그분석을 해야 합니다.

내 쇼핑몰 방문자, 로그분석으로 알아낸다

앞에서 안사장님을 설득한 건 제가 아니라 고객분석을 해주는 로그분석이라고 했습니다. 먼저 로그분석이 뭔지 오프라인의 사례를 들어볼까요? 예를 들어 내가 도곡동에 짜장면집을 차렸다고 가정해봅시다.

오프라인 짜장면집을 열면 알게 되는 고객정보

① 가게 홍보를 위해 전단지를 돌린다
- 전단지를 통해 얼마나 많은 사람들이 우리 가게를 방문하는지 알 수 있다
- 전단지를 통해 우리 가게를 알게 된 사람의 주문량을 파악할 수 있다

---

② 우리 짜장면집을 방문하는 사람들을 파악할 수 있다
◦ 인근 아파트 주민인지, 회사원인지 파악할 수 있다
◦ 방문자의 특성에 따라 주력메뉴를 바꿀 수 있다

③ 어떤 메뉴를 자주 시키는지 파악할 수 있다
◦ 회사원들이 자주 방문한다면 점심에는 식사메뉴, 저녁에는 회식에 필요한 요리메뉴가 잘나간다
◦ 잘나가는 메뉴를 분석해 필요한 재료와 구매주기, 구매량을 파악할 수 있다

그런데 온라인에서는 이런 과정을 눈으로 보거나 몸으로 체험하지 못하니 어떤 사람들이 오는지, 어떤 광고를 보고 구매했는지 등을 정확히 알 수가 없습니다. 그래서 등장한 게 바로 로그분석입니다. 로그분석은 온라인에서 내 쇼핑몰 방문자는 몇 명이고, 어떤 경로로 방문했고(키워드, 광고 등), 재방문은 어떻게 되고, 실제 구매한 사람은 누구인지 등을 말해줍니다. 다음은 무료 로그분석기인 구글 애널리틱스의 화면입니다.

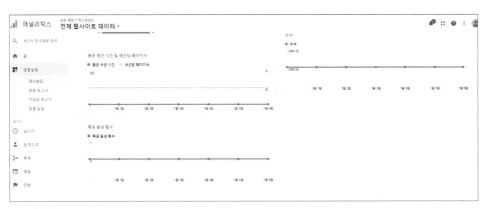

구글 애널리틱스

구글 애널리틱스로 방문자 로그분석을 하면 다음과 같은 내용을 알 수 있습니다.

온라인 쇼핑몰에서 로그분석으로 알 수 있는 정보

① 내 쇼핑몰을 방문한 사람들을 파악할 수 있다

∘ 내 쇼핑몰에 방문한 사람들이 몇 명인지 알 수 있다

∘ 어느 지역에서 방문했는지도 알 수 있다

∘ 처음 방문한 사람과 이전에 방문한 적이 있는 사람을 구분해서 알 수 있다

② 어떤 경로로 내 쇼핑몰에 방문했는지 파악할 수 있다

∘ 어떤 검색엔진을 통해서 방문했는지 알 수 있다

∘ 어떤 키워드를 통해서 방문했는지 알 수 있다

∘ 광고를 통해서 들어온 것과 그냥 들어온 것도 구분해서 알 수 있다

∘ 실제 구매에 이르게 하는 키워드는 어떤 키워드인지 알 수 있다

③ 소비자의 행태도 파악할 수 있다

∘ 메인화면에는 얼마나 많은 사람들이 방문했는지 알 수 있다

∘ 어떤 상품을 많이 보았는지 알 수 있다

∘ 이 사람들이 실제 구매에 이르렀는지 아니면 이탈했는지 알 수 있다

∘ 어떤 페이지에서 이탈했는지 알 수 있다

이런 정보를 보면서 내 쇼핑몰의 문제점을 알 수 있고, 이것을 개선해서 매출을 높이는 작업을 할 수 있습니다. 이처럼 로그분석은 객관적 시각을 갖게 하는 데 도움이 됩니다.

로그분석기에 분석 스크립트 설치하기

대다수 로그분석기가 비슷비슷하므로 무료인 구글 애널리틱스를 중심으로 설명하겠습니다.

1 구글 애널리틱스(marketingplatform.google.com)에서 'Google Marketing Platform 에 로그인' 버튼을 클릭해 구글 계정으로 로그인합니다.

2 '애널리틱스' 버튼을 클릭합니다.

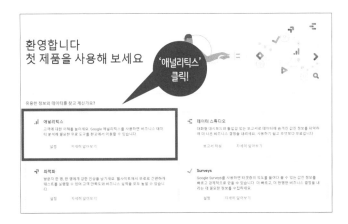

3 톱니바퀴 모양의 '관리'를 클릭합니다.

4 '속성 설정'을 클릭합니다.

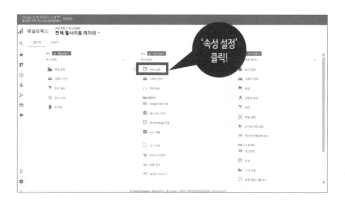

5 내 쇼핑몰의 이름과 URL 등을 입력한 후 아래에 있는 '추적ID 가져오기' 버튼을 클릭합니다.

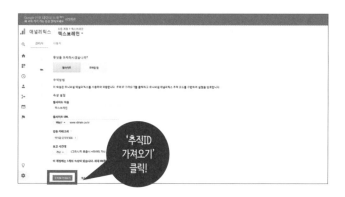

6 내 사이트 추적을 위한 태그 생성 완료! '범용 사이트 태그' 부분을 복사합니다.

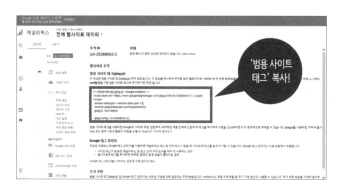

7 내 쇼핑몰 HTML에 복사해둔 태그를 삽입합니다.

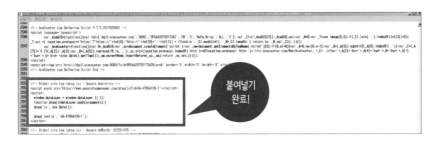

로그분석기의 원리는 데이터 수집을 통해 여러 사항을 분석하고, 이를 홈페이지 운영자에게 보여주는 것입니다. 간략하게 이야기하면 웹브라우저를 통해 방문자가 사이트에 방문하면 웹페이지 HTML 소스에 설치된 분석 스크립트가 실행됩니다. 그러고 나면 방문자가 남긴 데이터를 수집해 분석하고 이것을 통계 데이터(리포트)로 제공하죠. 이런 내부 작동원리를 운영자가 정확하게 이해할 필요는 없습니다. 마지막에 통계 데이터(리포트)만 이해하면 됩니다.

참고로, 이런 추적코드(분석을 위한 스크립트)는 HTML을 모르는 홈페이지, 쇼핑몰 운영자가 하기는 좀 어려운 부분입니다. 이 부분은 직접 공부해서 하려고 하지 말고, 쇼핑몰을 만들어준 분, 또는 쇼핑몰 솔루션업체에 부탁하면 불과 몇 분이면 해결됩니다.

하나 더 이야기하면, 구글 애널리틱스 등 각종 분석 툴 공부에 엄청난 시간을 쏟아붓는 분들이 많은데, 해당 용어의 정의만 알면 됩니다. 그리고 쇼핑몰을 방문한 사람들을 분석한 통계 데이터를 하루 30분씩 2주만 보세요. 그러면 누가 말하지 않아도 전문가만큼 고객 분석을 할 수 있습니다.

참고로, 네이버 스마트스토어에서만 상품을 판매하는 경우 구글 애널리틱스는 설치할 수 없습니다. 내 쇼핑몰이 아닌 네이버가 제공해주는 플랫폼이다 보니 설치가 불가능한 것이죠. 하지만 고맙게도 네이버는 구글 애널

리틱스와 비슷한 분석툴을 제공해주고 있습니다. 스마트스토어 센터에 있는 '통계' 메뉴를 클릭하면 로그분석 내용을 볼 수 있습니다.

현대백화점 고객분석과 쇼핑몰 로그분석의 공통점

다음은 예전에 제가 현대백화점 마케팅팀과 미팅한 내용입니다. 현대백화점 고객분석과 쇼핑몰 로그분석의 공통점을 정리해봤습니다.

현대백화점

현대백화점 ○○지점 고객분석 ··

∘ 1명이 방문하면 평균 55,000원의 상품을 구매한다

∘ 1명이 방문하면 12,000원의 수익이 일어난다

→ 1명을 방문시키는 데 최대 12,000원 이내에서 마케팅 비용을 지출할 것이다

∘ 평균 체류시간은 대략 2시간 30분 정도다

··

여기서 유심히 봐야 할 부분이 현대백화점 같은 오프라인 업체들이 신경쓰는 몇 가지 지표를 얻기 위한 질문입니다.

현대백화점의 마케팅 판단을 위한 핵심 질문 ....

◦ 1명이 방문하면 평균 얼마의 비용을 쓰고 가는가?

◦ 1명이 방문하면 얼마의 순이익이 생기는가? → 마케팅 비용 책정

◦ 평균 체류시간은 얼마나 되는가? → 체류시간이 길어질수록 돈을 많이 쓸 가능성 상승

◦ 어떤 상품을 주로 구매하는가? → 많이 팔리는 상품을 잘 보이는 곳에 전시, 판매량에 따라 매장 전략을 변경

....

그럼 쇼핑몰이라면 어떻게 해야 할까요?

쇼핑몰업체의 마케팅 판단을 위한 핵심 질문 ....

◦ 쇼핑몰에 방문한 사람의 평균 체류시간은 얼마인가?

　→ 체류시간이 길어질수록 해당 쇼핑몰에서 구매할 가능성 상승

◦ 쇼핑몰에 방문한 사람은 대략 몇 페이지를 보고 나가는가?

　→ 페이지를 많이 볼수록 해당 쇼핑몰에서 구매할 가능성 상승

◦ 쇼핑몰에 방문한 사람은 어떤 상품을 구매하고, 어떤 상품은 구경만 했는가?

　→ 메인화면 적용과 상품 배열을 변경

◦ 쇼핑몰에서 구매하지 않고 이탈했다면 어떤 단계에서 이탈했는가?

　→ 이탈하는 부분을 찾아서 문제 해결, 개선

....

이러한 질문에 답변해주는 게 바로 로그분석입니다. 이제 왜 로그분석을 해야 하는지 아셨죠? 로그분석을 잘하는 것이 매출을 높이는 지름길입니다.

쇼핑몰 오픈 전
이것만은 점검하자

쇼핑몰 기획도 역시 경쟁사 분석에서 시작한다

쇼핑몰은 상세페이지, 메뉴, 메인화면을 잘 구성해야 한다고 했고, 오픈마켓으로 판매할 사람이라면 상세페이지 하나만 잘 만들어도 잘 팔 수 있다고 했습니다. 이때 필요한 것이 바로 기획력이라고 말씀드렸죠.

다시 한 번 복습해보자면, 상세페이지에 꼭 들어가야 하는 5가지 요소는 상품의 품질, 가격, 배송비, 배송시간 그리고 A/S에 관한 내용입니다. 또 상세페이지의 일반적인 구성 형태에 따라 각각의 위치와 역할에 대해서도 설명했습니다.

두 번째, 메뉴 기획에서 가장 중요한 것은 주력상품 혹은 매출을 높이고 싶은 상품을 메뉴의 가장 왼쪽에 배치하는 것입니다. 그 외에 아이템의 특성에 따라 소비자에게 제공해야 할 메뉴들도 놓쳐서는 안됩니다.

세 번째, 익숙하지 않은 메인화면은 오히려 독이 될 수도 있습니다. 익숙하지 않은 메인화면은 소비자가 불편함을 느껴 이탈할 수 있기 때문입니다. 따라서 메인화면으로 차별화를 두는 것보다 아이템과 상세페이지, 메뉴 구성에서 차별화를 두는 것이 좋습니다.

▼ 쇼핑몰 오픈 전 꼭 체크해야 하는 것들

장	키워드	점검사항	설명
16 **쇼핑몰** **상세페이지** **기획하는 법**	메인타이틀	메인타이틀에서는 무엇을 강조할 것인가?	쇼핑몰의 간판 역할로 소비자에게 어필할 수 있는 나만의 강점, 차별성을 드러내야 한다
	이벤트	이목을 집중시키는 이벤트는 무엇인가?	적절한 이벤트로 구매자들의 관심을 증폭시킬 수 있다. 단, 판매자의 이익이 우선시되어야 한다
	판매자의 물품요약	내가 판매하는 상품에 대한 정보를 요약했나?	내가 판매하는 아이템의 특성이 한눈에 보이도록 구성해야 한다
	상품 이미지	소비자가 구매하고 싶도록 표현했나?	상품 특성에 맞는 이미지 연출로 소비자가 구매하고 싶도록 표현해야 한다
	상품설명, 상품정보	상품에 대한 설명은 소비자의 언어로 표현했나?	상품의 장점과 스펙을 고객의 언어로 알기 쉽게 설명해야 한다
	배송정보, 유의사항	배송, A/S에 대한 정보까지 포함했나?	소비자가 알고 싶어하는 부가정보를 빠뜨리지 말고 기재해야 한다
17 **쇼핑몰 메뉴** **기획하는 법**	Best	쇼핑몰 메뉴에 잘 팔리는 상품을 넣었나?	잘 팔리는 상품은 주력상품으로 메뉴의 왼쪽에 구성하는 것이 좋다
	New	신상품을 넣었나?	매출을 높이고자 하는 상품은 메뉴의 왼쪽에 배치하는 것이 좋다
	주력상품	주력상품을 강조했나?	주력상품은 내 쇼핑몰 매출의 핵심이다. 눈에 띄게 구성해 소비자의 관심을 유도하자
18 **쇼핑몰** **메인화면** **기획하는 법**	상품과 사진의 차별화	어떤 상품과 어떤 사진을 쓸 것인가?	쇼핑몰 메인화면 UI, UX의 차별화는 의미가 없다. 그보다는 어떤 상품을 보여주고, 어떤 사진을 넣을지가 더 중요하다. Best, New, 주력상품을 메인화면에 배열하는 것이 좋다
19 **쇼핑몰** **사진 촬영도** **기획이다!**	콘셉트	어떤 부분을 강조해서 사진 촬영을 할 것인가?	어떤 콘셉트의 사진을 찍을지 생각해보자 • 전문 모델 고용 • 실제 내가 입었을 때의 느낌을 부여 • 제품컷만 촬영
20 **제품명, 이렇게만 바꿔도** **매출 3배 증가한다**	제품명	제품명을 무엇으로 할 것인가?	해당 상품의 특징이 드러난 제품명을 쓰는 것이 좋다
21 **객관화를 도와주는** **로그분석**	로그분석	생각만큼 매출이 나오지 않는다면 무엇이 문제인지 로그분석을 통해서 찾아보자	이 부분은 처음부터 고민할 필요는 없다. 쇼핑몰 시작하고 나서 해도 되는 부분이니 처음 시작하는 분은 가볍게 읽고 넘어가자

혼자 열심히 공부해 완벽한 기획을 했다고 생각할지라도 경쟁사 분석을 기반으로 한 것이 아니면 이는 우물 안 개구리와 같습니다. 먼저 적을 알고 나를 알아야 합니다. 계속 반복해서 말하는 이유는 그만큼 경쟁사를 분석하는 것이 쇼핑몰 성공의 중요한 요인이기 때문입니다.

▼ 나의 쇼핑몰 기획력 체크리스트

장	키워드	점검사항	체크
	메인타이틀	메인타이틀에서는 무엇을 강조할 것인가?	☐
	이벤트	이목을 집중시키는 이벤트는 무엇인가?	☐
16 쇼핑몰 상세페이지 기획하는 법	판매자의 물품요약	내가 판매하는 상품에 대한 정보를 요약했나?	☐
	상품 이미지	소비자가 구매하고 싶도록 표현했나?	☐
	상품설명, 상품정보	상품에 대한 설명은 소비자의 언어로 표현했나?	☐
	배송정보, 유의사항	배송, A/S에 대한 정보까지 포함했나?	☐
17 쇼핑몰 메뉴 기획하는 법	Best	쇼핑몰 메뉴에 잘 팔리는 상품을 넣었나?	☐
	New	신상품을 넣었나?	☐
	수력상품	주력상품을 강조했나?	☐
18 쇼핑몰 메인화면 기획하는 법	상품과 사진의 차별화	어떤 상품과 어떤 사진을 쓸 것인가?	☐
19 쇼핑몰 사진 촬영도 기획이다!	콘셉트	어떤 부분을 강조해서 사진 촬영을 할 것인가?	☐
20 제품명, 이렇게만 바꿔도 매출 3배 증가한다	제품명	제품명을 무엇으로 할 것인가?	☐
21 객관화를 도와주는 로그분석	로그분석	생각만큼 매출이 나오지 않는다면 무엇이 문제인지 로그분석을 통해서 찾아보자	☐

사람의 심리를 알면 쇼핑몰 매출이 쑥쑥!

사람을 처음 만나면 3초 만에 첫인상으로 그 사람에 대한 판단이 이루어진다고 합니다. 3초 안에 상대에게 신뢰를 얻지 못하면 그저 그런 사람으로 보여질 수 있다는 말이죠. 쇼핑몰에 적용해보면, 3초 안에 시선을 잡지 못하면 실패한다는 뜻입니다. 그렇게 시선을 붙잡는 것도 중요하지만 계속 쇼핑몰에 드나들게 하는 것도 중요합니다.

결혼한 사람들을 보면, 첫눈에 사랑에 빠져서 결혼하는 사람도 많은 반면 첫인상은 별 게 없었지만 계속 보다 보니 장점이 보이고 결혼까지 이르게 된 경우도 많이 봅니다. 이 또한 쇼핑몰에 적용해볼까요? 그저 그런 별 차이 없어 보이는 쇼핑몰인 줄 알았는데 자세히 보니 시선을 끌 만한 요소가 있고, 그래서 그 쇼핑몰이 잘되고 있다고 할 수 있겠네요. 첫인상을 담당하는 메인화면은 물론 계속 머무를 수 있는 상세페이지 기획도 함께 신경써야 매출이 올라간다는 점, 잊지 마세요.

차별화된 쇼핑몰은 4P를 바탕으로 한 경쟁사 분석에서 나온다는 사실!

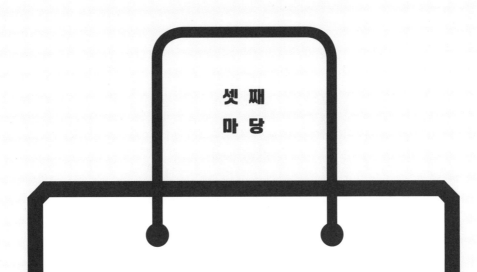

셋 째
마 당

성공한
쇼핑몰의 공통점 ❸
마케팅

엑스브레인 쇼핑몰 성공법

마케팅 기본기, 이것만은 꼭! - 4P

광고는 마케팅의 일부일 뿐이다

많은 사람들이 광고가 마케팅이고, 바이럴이 마케팅이고, 인스타그램이 마케팅이라고 생각합니다. 이런 것들은 마케팅의 한 요소이지 이것 자체가 마케팅인 것은 아닙니다. 많은 분들이 이 요소들 중 하나에만 치중하다 보니, 마케팅 활동을 한다고 해도 매출이 늘어나지 않는 경우가 많습니다.

그럼 마케팅이란 무엇일까요? 마케팅의 정의를 이야기하면 크게는 광의의 마케팅과 작게는 협의의 마케팅이 있습니다. 광의의 마케팅은 소비자가 경쟁사의 제품이나 서비스보다 자사의 제품이나 서비스를 우선적으로 선택하게 하는 모든 제반활동을 말합니다. 그러기 위해서 어떤 제품, 어떤 서비스를 판매할지부터를 마케팅의 시작으로 봅니다.

그래서 〈준비마당〉에서 이야기한 제 친구의 사례에서 어떤 아이템(여성의류)을 판매할지 결정하고, 경쟁사가 아니라 내 상품을 선택하게 하기 위해서 경쟁사를 분석한 이후에 차별화 포인트로 '아기를 키우는 직장맘이 편하게 입을 수 있는 옷'들을 중심으로 판매하기로 결정한 것입니다. (〈준비마당〉 02장 참고)

하지만 이렇게 차별화되고 소비자의 니즈를 맞춘 상품이라 하더라도 소비자에게 알려야 팔릴 것입니다. 그러기 위해서 필요한 것이 광고이고, 바이럴이고, 인스타그램인 것이죠. 이 부분을 협의의 마케팅이라고 말합니다. 광의의 마케팅은 협의의 마케팅을 포함해서 모든 것을 말하는 것이고요. 그런데 많은 분들이 협의의 마케팅에만 신경쓰다 보니 막상 매출이 올라가지 않는 문제가 생기는 경우를 많이 봅니다.

상품을 팔기 위한 요소, 4P

협의의 마케팅과 광의의 마케팅을 정리해보면 결국 마케팅은 4가지 요소로 구성되어 있습니다. 즉 Product(제품), Price(가격), Place(유통), Promotion(프로모션)입니다. 그래서 '마케팅 = 4P'라고 이야기합니다. 만약 공장을 운영하고 있는데 공장에서 만든 물건을 팔려면 여러 가지 요소가 필요할 것입니다. 쇼핑몰을 운영하고 있어도 마찬가지입니다. 이때 상품을 팔기 위해 필요한 4가지 요소가 4P입니다.

▼ 마케팅의 4요소

① Product(제품)
제품이 있어야 물건을 팔 수 있겠죠. 이 부분에서 공부해야 하는 내용은, 무작정 공장에서 제품을 생산하는 것이 아니라 어떻게 소비자가 원하는 제품을 만들 것인지입니다. 쇼핑몰이라면 어떤 제품을 팔아야 하는지를 결정하는 것입니다.

② Price(가격)

해당 제품을 얼마에 팔까 하는 문제입니다. 경쟁사의 가격과 내 상황을 파악해서 제품의 가격을 책정합니다. 쇼핑몰이라면 내가 직접 제조하지 않는다 해도 얼마에 가져와서 얼마의 가격으로 팔지를 결정합니다.

③ Place(유통)

제품이 있고 가격이 정해졌다면 어디에서 물건을 팔지 결정해야 합니다. 만약 명품을 팔려는데 동대문시장에서 팔려고 한다면 이것은 잘못된 선택일 가능성이 높습니다. Place는 좁게는 어떤 장소에서 팔 것인지, 넓게는 어떤 곳을 통해 유통시킬 것인지를 결정하는 일입니다. Place의 사례는 오프라인이라면 소매점, 편의점, 백화점, 시장 등이 될 것입니다. 온라인이라면 자사 쇼핑몰, 소셜커머스, 오픈마켓 등이 될 것입니다. 콕 집어서 편의점을 한다면 많은 건물 중 어떤 건물에서 할지를 생각하는 것이 Place입니다.

④ Promotion(프로모션)

제품도 있고 가격도 정해졌고 어디서 판매할지까지 결정되었다면 이제 어떤 매체(네이버, 다음, KBS, MBC 같은 곳을 매체라고 합니다)에서, 어떻게 소비자에게, 어떤 메시지를 통해 내 상품, 내 쇼핑몰을 알릴지를 결정하는 것이 프로모션입니다.

온라인에서 가장 많이 하는 것이 키워드 광고와 바이럴 마케팅입니다. 상위노출도 마찬가지고요. 여기서 공부해야 할 것은, 어디에 알려야 할지와 더불어서 무엇을 알려야 할지입니다. 누군가는 키워드 광고를 해서 돈을 벌지만 누군가는 키워드 광고를 하면 할수록 손해를 봅니다. 손해를 보는 가장 큰 이유는 앞에서 얘기한 Product, Price, Place를 잘못 설정하고 잘못된 광고방식을 사용했기 때문입니다.

마케팅에 대해 다른 것은 몰라도 지금 말한 4가지 요소는 알아야 합니다. 혹시라도 내 쇼핑몰에서 매출이 안 나온다면 각각의 요소 중 무엇이 문제인지를 파악해 해결하는 것이 마케팅입니다.

4P 적용 사례 1 | 치킨 프랜차이즈

'소자본 창업'이라는 키워드로 네이버에서 검색을 해봤습니다. 그랬더니 아주 많은 업체들이 나왔는데, 그중 한 치킨업체의 창업 관련 내용을 보니 본사에 납입하는 비용은 단돈 100만원이면 된다는군요.

치킨집 창업 안내

자세히 살펴보니 제품은 맛과 향, 비주얼, 영양까지 누구도 모방할 수 없게 만들었다고 합니다. 타 브랜드는 1마리 16,000원 정도인 데 비해 자사 브랜드는 세트메뉴 19,000원 이상으로 판매하기 때문에 매출과 수익이 늘어난다고 합니다.

그리고 유명 브랜드 치킨집은 가입비 1,000만원에 교육비 380만원 등 20평 매장을 기준으로 본사납입금이 1억원이 넘는 반면 자사는 납입금이 100만원밖에 안된다고 합니다. 성공할 수 있도록 매장관리를 비롯해 TV 광고 등을 통해 매출이 증가할 수 있는 프로그램을 진행하겠다고 합니다.

마지막으로 신규 창업자 1명, 업종전환 지원자 1명은 100% 무료 창업, 자금이 부족한 지원자 100명에게는 다른 메리트를 주겠다고 합니다. 그렇다면 "100% 무료창업지원"은 실제로 모든 사람에게 100% 무료 창업을 지원하겠다는 말은 아니고, 타깃 고객(신규 창업자)의 관심을 유도하기 위해 쓴 카피네요.

이 프랜차이즈에 가맹점으로 들어가야 할까요, 아니면 들어가지 말아야 할까요? 해당 프랜차이즈 본사는 잘되는 곳이라 하더라도 가맹점 중 어떤 곳은 잘되고 어떤 곳은 잘 안되기 때문에 그 차이점을 잘 생각해봐야 합니다. 결과적으로 이 사업이 성공할 수 있을지 없을지를 판단하려면 마케팅 4요소를 분석해봐야 합니다.

- **Product(제품)** : 이 상품이 소비자 입장에서 적합한 상품인지 알아봐야 합니다. 예를 들어 메뉴, 맛, 신선도 등을 살펴봐야 할 것입니다. 거기에 해당 본사가 안정적으로 제품을 공급해줄 수 있는지를 판단해야 합니다.
- **Price(가격)** : 본사에서 가맹점에 공급해주는 원가는 얼마인지, 소비자가는 소비자가 합당하다고 생각하는 금액인지, 또한 이렇게 팔았을 때 손익분기점은 어느 정도인지 판단해야 합니다.
- **Place(유통)** : 내가 팔려고 하는 상권과 매칭이 되는지, 유동인구는 충분히 있는지, 주변 경쟁사의 상황 등을 고려해야 합니다.
- **Promotion(프로모션)** : 본사에서 어떤 마케팅 활동을 진행하고, 이것이 실제 매출에 기여할지, 본사가 아닌 우리 가게에서 진행하는 홍보 활동은 본사에서 어떻게 지원하고 그에 따른 효과는 어떻게 될지를 판단해야 합니다.

▼ 4P 적용 사례 1

구분	점주
Product(제품)	메뉴, 맛, 신선도, 공급 안정성 고려
Price(가격)	공급원가, 임대료 등을 고려해 손익분기점 계산
Place(유통)	유동인구, 경쟁사 등을 고려해 상권 파악
Promotion(프로모션)	본사의 마케팅 활동과 우리 가게 마케팅시 본사 지원, 효과 파악

이런 것들을 고려하지 않고 무작정 시작하게 되면 똑같은 프랜차이즈에서 가맹점 사업을 시작했다 하더라도 어떤 곳은 성공하고 어떤 곳은 실패합니다.

안타깝게도 대다수는 마케팅을 근간으로 생각하는 것이 아니라 창업컨설턴트라는 사람들이 이야기하는 "이 아이템으로 성공했다."는 한마디에, "창업 비용이 조금 든다."는 한마디에, "최소 1달에 순이익이 얼마"라는 한마디에, 또는 각종 공중파 TV나 방송에 나오는 광고형 콘텐츠만 보고 사업을 결정합니다. 온라인이든 오프라인이든 마케팅 4요소를 기반으로 생각하지 않으면 사업에 성공하기 어렵습니다. 이것이 마케팅을 공부하는 이유입니다.

4P 적용 사례 2 | 월순익 3,000만원 나이키 대리점

제 후배 중 하나가 나이키 매장을 운영합니다. 후배가 직접 하는 것은 아니고 부모님이 하고 있습니다. 매장이 2곳인데, 하나는 백화점 내에 있고 또 하나는 로드숍입니다. 길거리에 있는 매장을 흔히 로드숍이라고 합니다. 백화점에 있는 매장에서 버는 돈은 1달에 3,000만원 정도인 반면 로드숍에서 버는 돈은 1달에 최대 500~1,000만원이라고 합니다.

그래서 후배 말로는, 로드숍은 1년 내내 운영해봐야 큰돈이 안된다고 합니다. 여기서 생각해봐야 하는 것을 몇 가지 살펴보겠습니다.

나이키 로드숍 매장

나이키 백화점 입점 매장

- **Product(제품)** : 나이키 본사라면 소비자의 니즈를 기반으로 어떤 상품을 만들지 고민할 것입니다. 기능적인 부분, 디자인적인 부분, 가격적인 부분 모두 고려해서 다양한 제품을 만들 것입니다. 점주라면 제품을 직접 만들 필요는 없습니다. 하지만 나이키 본사의 의도와 상관없이 그 많은 제품 중에는 분명 잘 팔리는 효자상품이 있고 그렇지 않은 상품도 있습니다.

 나이키의 제품들을 모두 가지고 와서 팔 수는 없습니다. 또한 똑같은 수량을 가지고 올 수도 없습니다. 왜냐하면 한번 주문하면 반품은 불가능하기 때문입니다. 결국 어떤 제품을 가지고 와야 할지 생각하지 않고 무작정 주문하다 보면 재고로 인해 수익이 줄어들 수밖에 없습니다.

- **Price(가격)** : 나이키 본사라면 소비자 가격은 얼마, 유통채널에 넘기는 비용은 얼마 등등 가격을 책정할 것입니다. 제품을 만드는 데 소요되는 비용도 있고, 새로운 연구개발도 해야 하고, 거기다 유통에 필요한 비용도 고려해야 합니다.

 하지만 대리점주라면 본인이 나이키에서 사오는 가격과 권장소비자 가격이 정해져 있습니다. 그래서 단순 가격책정이 아니라 임대료와 인건비 등 우리 가게에서 소요되는 비용까지 계산해서 어느 정도에 팔아야 손익분기점이 나올지를 계산해봐야 합니다. 그 손익분기점을 넘기기 어렵다는 생각이 들면 진행하지 말아야겠죠.

- **Place(유통)** : 나이키 본사라면 어떤 유통채널을 가지고 자사의 제품을 판매할지 고민할 것입니다. 예를 들면 백화점, 로드숍, 온라인을 어떻게 믹스할지 고민할 것입니다. 백화점이 제일 잘 팔리기는 하겠지만, 조금 덜 팔리더라도 로드숍을 통해서 소비자들에게 나이키 브랜드를 노출시키기를 원할 것입니다. 또한 판매채널이 온라인으로 많이 이동되었기 때문에 온라인에서는 자사몰에서만 팔지, 소셜커머스에서 팔지, 오픈마켓에서 팔지를 고민할 것입니다.

  하지만 점주라면 그 많은 채널 중 어떤 곳에서 판매할지 생각해야 합니다. 예를 들어 로드숍이라면 어느 곳에서 해야 많은 수익이 나는지 고민해야 합니다. 무작정 해당 브랜드에서 추천하는 장소가 아니라 실제로 어떤 지점에 가게를 열었을 때 수익이 나올지를 생각해봐야 합니다.

- **Promotion(프로모션)** : 나이키 본사에서는 각종 광고와 프로모션을 통해 대중에게 나이키를 알립니다. 물론 지금까지 나이키가 다양한 활동을 통해서 잘 홍보해왔기 때문에 부동의 1위를 하고 있는 것이죠.

  점주는 본사가 하는 이런 마케팅 영역은 신경쓸 필요가 없습니다. 하지만 로드숍을 한다면 동네에 나이키 매장이 있다는 것을 어필할 필요가 있습니다. 굳이 백화점까지 가지 않고 동네에 있는 로드숍에서 구매할 수 있다는 것을 알려야겠지요. 나이키 본사 입장에서는 백화점에서 팔리든, 로드숍에서 팔리든, 온라인으로 팔리든 자기네 상품이 팔리니 상관없겠지만, 점주 입장에서 보면 백화점과 로드숍은 결국 경쟁관계일 수밖에 없습니다.

▼ **4P 적용 사례 2**

구분	본사	점주
Product(제품)	소비자의 니즈를 기반으로 한 제품 생산	판매가 잘되는 제품을 주문
Price(가격)	유통과정에 들어가는 모든 비용을 고려해 제품 가격 책정	판매에 소요되는 비용을 고려해 손익분기점 계산
Place(유통)	오프라인, 온라인 채널 모두 고려	내가 선택한 매장이 수익을 낼 수 있는지 확인
Promotion(프로모션)	대중에게 브랜드를 알리기 위한 각종 매체와 방법 고려	고객의 방문과 구매를 위한 촉진 활동

마케팅 요소 4가지를 동시에 생각하지 않으면 매장이 잘되는 것은 어렵습니다. 이 4가지 원칙에 맞추어서 생각하는 것이 사업의 기본이고, 쇼핑몰의 기본이고, 마케팅의 기본입니다.

내 사업 4P 분석해보기

2가지 사례를 바탕으로 4P를 실제 어떻게 적용할 수 있는지 알아보았습니다. 이제 할 일은 내 사업이 성공할 수 있도록 직접 내 쇼핑몰에 적용해보는 것입니다. 4P가 사업의 기본이고 쇼핑몰과 마케팅의 기본이라면, 기본이 튼튼해야 사업이 무너지지 않고 잘 버틸 수 있다는 것을 기억하세요.

▼ 내 사업 4P 분석

스스로
작성해보세요

구분	내 쇼핑몰
Product(제품)	
Price(가격)	
Place(유통)	
Promotion(프로모션)	

해외 배송대행업체 김부장의 잘못된 SOS

국내 쇼핑몰을 이용하는 사람들이 훨씬 더 많기는 하지만 해외 쇼핑몰을 이용하는 사람도 꽤 됩니다. 예를 들어 삼성이나 LG TV는 똑같은 모델을 해외에서 구매하면 아주 저렴한 경우가 꽤 있습니다. 이렇게 해외에서 직접 구매하는 것을 통상 '직구'라고 이야기합니다.

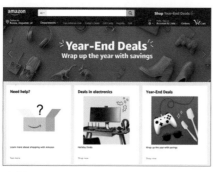

아마존

이베이

직구를 하려면 배송대행업체, 즉 '배대지'가 필요합니다. 해외 쇼핑몰은 한국까지 배송하지 않는 경우가 많고, 한다 하더라도 배송비가 너무 비싸서 배대지를 이용해 싼 가격으로 한국까지 배송을 하게 됩니다. 예를 들어 미국에서 구매할 경우 주문자는 구매할 때 받는 주소를 미국의 배대지로 입력하고, 배대지에서 해당 상품을 받으면 구매자가 있는 한국으로 보내주는 서비스입니다.

배송대행업체 부장으로 있는 후배가 어느 날 저한테 도와달랍니다. 본인 회사가 국내 순위 5~6위쯤 한다는데, 후배 말로는 본인 회사는 너무 좋은 서비스를 하고 있는데 마케팅이 잘 안되어서 생각만큼 매출이 안 나온답니다. 그래서 가격을 낮췄는데도 안된다네요. 그러면서 "가격을 더 낮춰야 하나요?" 하고 묻더군요.

전화로 말하기는 쉽지 않아서 만나서 이야기하기로 했습니다. 그리고 만날 때 경쟁사 분석과 서비스 구조에 대해서 제가 알 수 있도록 자료를 준비해달라고 했습니다. 그랬더니 이렇게 말하더군요. 만들어진 자료는 당연히 없고, 이제 와서 자료를 준비할 시간이 없답니다. 모든 업체가 다 똑같고, 인터넷 보면 다 찾을 수 있으니 저보고 알아서 공부한 다음 얘기해달랍니다. 이런 대답, 여러분은 어떻게 생각하나요?

남들이 다 아는 제품인 삼성전자 갤럭시, 누구나 한번쯤 사본 경험이 있는 나이키 운동화도 제품의 장단점, 경쟁사 현황, 매출액 등 모든 자료를 대행사(마케팅회사)에 제공하고, 거기에 추가해서 온갖 설명을 다 하고 Q&A 시간도 가진 이후에 전략을 어떻게 세울지 마케팅회사와 같이 고민합니다.

삼성전자만 그럴까요? 국내 모든 대기업의 광고주들은 똑같습니다. 많은 분들이 잘못 생각하는 게 '전문가라면 다 알 것이다'입니다. 내 상황과 경쟁사의 상황, 업종에 대한 전반적인 내용을 정확하게 파악하지 않으면 전문가라고 해도 조언을 해주는 것이 쉽지 않습니다. 조언을 해주기 위해서는 정확한 정보를 가지고 있어야 하는데 위의 경우처럼 아무런 정보도 받을 수 없는 상태라면 조언을 해줘야 하는 사람 입장에서 그에 필요한 모든 정보를 스스로 수집해야만 합니다. 이래서야 도저히 제대로 된 해결책이 나올 리가 없겠지요.

4P는 사업의 기본입니다. 스스로 꼼꼼하게 작성해보세요~!

월매출 5억원 돌파! 온라인 프로모션 방법 6가지

SNS 전문가 윤소장, 매출은 왜 안 늘까?

이번에도 쇼핑몰 창업 과정에서 어려움을 극복한 사례를 살펴보겠습니다. 카페를 운영해본 분이라면 아마도 카페 회원을 모으는 것이 쉽지 않음을 잘 알 것입니다. SNS를 운영해본 분이라면 팔로우를 늘리는 게 가장 힘든 일이고요. 카페, 밴드 회원은 물론 각종 SNS에서 팔로우를 늘리는 데 천부적인 재능이 있는 윤소장이 어느 날 저를 찾아왔습니다.

윤소장 : 사람을 모으는 것은 자신 있습니다. 그런데 막상 사람을 모아도 매출로 연결시키는 것이 쉽지 않습니다.

엑스브레인: 지금 어떤 것들을 하고 있어요?

윤소장 : 카카오스토리에 4만명 정도 모았고, 밴드에도 6만명이 있고……

엑스브레인: 매출은 1달에 얼마나 나오나요?

윤소장 : 월매출 1,000만원 겨우 나옵니다. 하지만 물건 사입비, 인건비 빼고 나면 마이너스 상태입니다. 하루에 12시간 죽도록 일하는데 결국 돈이 되지 않는 상황입니다. 뭐가 문제일까요?

엑스브레인 : 어디 한번 봅시다.

프로모션만 살짝 변경해도 매출 급등!

함께 머리를 맞대고 고민한 지 2개월 만에 월매출 6,000만원을, 1년이 지나고 나서는 월 매출 5억원을 돌파했습니다. 당연히 매달 가져갈 수 있는 월급도 엄청나게 올라갔겠지요?

어떻게 이런 일이 가능했을까요? 간단히 말해 포인트 몇 개 바꾸는 것만으로 성공을 이루어냈습니다. 그중 가장 큰 변화는 프로모션이었지요. 매출을 증가시킬 수 있는 프로모션을 통해 매출을 극대화할 수 있었습니다.

이 업체가 실시한 프로모션은 대단한 것이 아니었습니다. 특가상품(일반 판매가보다 훨씬 싼 가격으로 판매)을 이용해 소비자의 관심을 유도하고, 이 특가상품과 같이 구매하는 다른 상품을 통해 실제 수익을 창출했습니다. 앞으로 이야기할 프로모션 방법 6가지 중 '할인'에 해당한다고 할 수 있겠네요. 하지만 이런 방법은 모든 업체가 쓸 수 있는 방법은 아닙니다. 잘못하면 큰 손실을 볼 수 있기 때문에 면밀히 검토해서 진행해야 합니다.

SNS에 올린 프로모션 사진

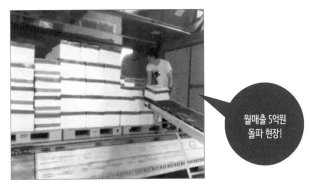

상품을 택배차에 싣고 있는 모습

월매출 5억원 돌파 현장!

목적 없는 이벤트는 의미가 없다

네이버 메인화면에 소셜커머스업체 하나가 배너 광고를 하고 있었습니다. 광고를 클릭하고 들어갔더니 이벤트 페이지에는 이런 내용이 있었습니다. 선착순 5만명에 대해서 10만원 이상 구매시 구매금액의 50%를 포인트로 돌려준다는 것입니다.

소셜커머스업체의 할인 이벤트

이 업체는 왜 이런 이벤트 프로모션을 했을까요? 구매금액의 50%를 포인트로 돌려준다는 말은 결과적으로 50% 할인해서 판매하는 것이나 큰 차이가 없을 텐데, 엄청난 비용을 지불하면서까지 이런 이벤트를 하는 이유는 무엇일까요?

제가 항상 하는 이야기가 있습니다. "목적 없는 이벤트는 의미가 없다." 남들이 하니까하는 이벤트는 큰 의미가 없습니다. 내 상황에서 뚜렷한 목적을 가지고 이벤트를 진행하는것이 중요합니다.

아마도 이 업체는 이슈(50% 할인)를 통해 주목받기 위한 목적으로 이 이벤트를 기획했을것입니다. 단순히 매출과 수익을 높이기 위한 이벤트가 아니라 온라인에서 주목받기 위한이벤트였을 것입니다. 역시나 이 업체는 네이버에서 급상승 검색어 1위에 노출되었습니다. 만약 이 업체가 수익을 높이고자 하는 목표로 이런 이벤트를 했다면 아마도 실패한 이벤트가 되었을 것입니다.

그런데 소규모 업체가 이렇게 거대한 이벤트를 하는 것은 쉽지 않습니다. 그리고 적합하지도 않을 거고요. 다음 예시를 봅시다.

3만원 이상 구매시 무료배송

5만원 이상 구매시 배송비 무료

왼쪽은 '3만원 이상 구매시 무료배송 이벤트'이고, 오른쪽은 '5만원 이상 구매시 배송비 무료 이벤트'입니다. 이런 이벤트를 진행하는 목적은 무엇일까요? 예를 들어 객단가˚가 2만원 정도밖에 나오지 않는 상황인데 객단가를 3만원으로 높이고 싶을 때 사용할 수 있는 프로모션입니다.

이와 같이 온라인에서 쓸 수 있는 프로모션 방법 6가지를 소개합니다.

▼ 온라인 프로모션 방법 6가지

| ① 쿠폰 | ② 환불 | ③ 샘플링 | ④ 할인 | ⑤ 보상판매 | ⑥ 유통스탬프 |

온라인 프로모션 1 | 쿠폰

가격 하락 없이 단기적으로 매출을 늘리기 위한 전략으로 많이 사용됩니다. 쿠폰을 통해 소비자의 시선을 집중시키고 그로 인해 판매량을 높이는 방법입니다. 물론 이 전략을 너무 많이 쓰면 쿠폰이 없는 경우에는 절대 사지 않는 부작용이 따르기도 하기 때문에 시의적절하게 쓰는 것이 중요합니다.

기업은행의 환율우대 쿠폰

◆ 객단가 : 고객 1인당 평균 매입액으로, 일정 기간의 판매금액을 그 기간의 고객수로 나눈 값

온라인 프로모션 2 | 환불

소비자가 제품에 확신을 갖지 못하는 경우 일단 써보고 불만족스러우면 무조건 환불을 받아주는 것입니다. 진짜 제품이 괜찮은데 소비자가 아직 제품을 믿지 못할 때 많이 쓰는 전략입니다.

그런데 실제로는 제품이 그다지 좋지 않은데도 이런 전략을 쓰는 경우가 많습니다. 블랙컨슈머도 종종 있기는 하지만, 생각보다 많은 사람들이 제품에 엄청나게 만족하지는 않아도 차마 환불하지는 않는다는 것을 생각하고 진행하는 것입니다. 가끔은 이 환불 프로모션 때문에 아주 큰 손해를 입기도 합니다. 그러니 시행하기 전에 내가 판매하는 상품에 대해서 소비자가 어떻게 반응할지 검토해야 할 것입니다.

환불 프로모션

온라인 프로모션 3 | 샘플링

이것 역시 환불 전략과 비슷합니다. 실제 제품은 괜찮은데 아직 소비자들이 믿지 못하는 경우 샘플을 무료로 배포해서 소비자의 신뢰를 확보하는 방법입니다. 가끔 강남역 같은 곳에 가면 각종 제품을 무료로 나눠주는 것을 많이 보았을 것입니다. 그런 것들이 샘플링의

화장품 샘플

1만명 샘플링 이벤트

한 사례입니다. 또한 화장품을 구매할 때 샘플을 증정하는 것도 샘플링입니다.

그런데 온라인은 오프라인과 조금 다릅니다. 배송비가 들기 때문에 쉽사리 샘플링을 하기가 어렵습니다. 가끔 배송비는 소비자 부담으로 두고 샘플링을 하는 경우가 있는데, 배송비 때문에 쉽게 샘플링을 진행하기 어렵다 보니 생기는 고육지책일 것입니다.

이런 경우도 있습니다. 예를 들어 시트지를 구매하려고 할 때 모니터에서 본 시트지의 색상과 실제 색상이 다를 수 있기 때문에 소비자는 구매를 꺼리게 됩니다. 그래서 실제로 제품을 보고 구매할 수 있도록 샘플을 보내주는 샘플링을 하기도 합니다. 이런 샘플링 프로모션은 제품에 대한 확신이 있거나, 실제 소비자들이 제품을 눈으로 확인하기를 원하는 경우에 많이 진행합니다.

온라인 프로모션 4 | 할인

실제로 가격을 깎아주는 세일도 이 할인 프로모션의 한 범주입니다. 백화점 같은 곳이 이런 방식을 많이 씁니다. 그런데 꼼수를 써서 착시효과만 주기도 합니다. 대표적으로 의류 브랜드가 그렇습니다. 백화점에 가면 분명 신상이라고 이야기하는데, 나오자마자 할인을 합니다. 가격을 높게 책정하고 나서 마치 할인을 해주는 것처럼 하는 것입니다. 실제로

백화점의 세일 안내판

가격인하 프로모션

는 원래 가격으로 판매하는 거지요. 물론 이런 꼼수를 너무 많이 쓰게 되면 사람들이 원래 가격을 믿지 않기 때문에 결국 이런 마케팅 방법은 오랫동안 쓰면 효과가 없어집니다.

온라인 프로모션 5 | 보상판매

보상판매란 기존 제품을 가져오면 새 제품을 싸게 파는 프로모션입니다. 기존 제품에 타사 제품을 포함하는 경우도 있습니다.

온라인에서도 마찬가지입니다. 보상판매 조건으로 새 제품을 싸게 파는 거지요. 우선 구매한 제품을 보내주고 나면 기존 제품을 택배를 통해서 반납하는 방식입니다. 예를 들어 재생토너의 경우 다 쓴 토너를 반납하기로 하고 조금 저렴하게 판매를 합니다. 그런 다음 다 쓴 토너는 택배를

보상판매 프로모션

통해서 회수하고요. 참고로, 재생토너는 다 쓴 카트리지를 수거해 부품을 교체하고 청소 작업을 한 후 토너를 다시 충전해서 판매하는 제품을 말합니다.

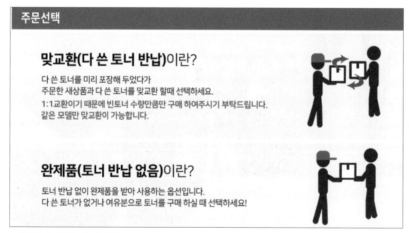

보상판매와 비슷한 맞교환판매

온라인 프로모션6 | 유통스탬프

스탬프쿠폰 증정 프로모션

백화점은 방문횟수에 따라서 각종 사은품, 예를 들어 각티슈를 제공합니다. 이 방식은 방문이 늘어날수록 어찌되었든 간에 판매가 늘어나기 때문에 쓰는 전략입니다. 이런 것이 온라인에서도 많이 쓰입니다. 종합몰들의 사례를 보면, 출석부에 도장 찍으면 할인쿠폰을 제공합니다. 이 역시 백화점과 마찬가지로 쇼핑몰에 자주 방문할수록 구매할 확률이 높아지기 때문에 쓰는 방법입니다.

지금까지 설명한 6가지 방법을 잘 사용하기만 해도 꽤 많은 매출을 올릴 수 있습니다. 주의할 점은, 정확한 목표 설정 없이 진행하면 매출이 올라갈 수는 있지만 수익은 오히려 줄어들 수도 있다는 것입니다. 내 상황에서 어떻게 적용하면 좋을지 생각하고 기획하세요.

온라인 마케팅을 잘하는 회사의 기준

다음 중 어떤 회사가 온라인 마케팅을 잘하는 회사일까요?

① 온라인 광고를 잘하는 회사
② 바이럴 마케팅, SNS 마케팅, 상위노출을 잘하는 회사
③ 온라인으로 인해 매출이 증대된 회사

정답은 ③이겠죠. 온라인 덕분에 오프라인이 잘되는 경우도 있을 것이고, 오프라인 매출에 온라인이 추가되는 경우도 있을 것이고, 온라인만 하고 있지만 잘되는 경우도 있을

것입니다. 온라인에서 무엇을 하는 것이 중요한 게 아니라 그 일련의 행동이 결국 내 매출을 올려주는 것이 중요합니다.

① 온라인 광고를 잘하는 회사

대기업이니까 돈 많아서 광고를 하는 것 아니냐고 하는데, 대기업도 매출을 올리기 위해서 광고를 하는 것입니다. 돈이 남아서 하는 것이 아닙니다. 온라인 광고를 많이 한다고 해서 반드시 매출이 많이 오르는 것도 아닙니다. 제대로 하지 않으면, 투여한 광고비 대비 실적이 나오지 않습니다.

그리고 대기업이 아니라도 월 1~2억원씩 온라인 광고를 하는 회사들이 있습니다. 예를 들어 중대형 여행사는 월 1억원 이상 키워드 광고를 하는 곳이 많습니다. 하지만 안타깝게도 수익이 나는 회사와 그렇지 않은 회사가 있습니다. 똑같은 키워드 광고를 했지만 키워드를 어떻게 썼는지에 따라서, 또는 상품에 따라서 매출이 나오지 않는 회사가 생각보다 많습니다.

② 바이럴 마케팅, SNS 마케팅, 상위노출을 잘하는 회사

"바이럴 마케팅 잘하면 물건 팔리나요?"

"SNS 마케팅 잘하면 물건 팔리나요?"

"상위노출 잘하면 물건 팔리나요?"

이런 질문에 대한 제 생각은 이렇습니다. 팔릴 수도 있지만, 아주 많은 경우 그렇지 않다고. 많은 사람들이 이렇게 말하는 것을 보았습니다.

"팔로우만 늘리면 될 것 같은데, 팔로우 숫자 빨리 늘릴 수 있는 방법이 뭔가요?"

"카페 회원수만 늘리면 어떻게 될 것 같은데, 회원수가 늘지 않네요. 어떻게 하면 카페 회원수를 늘릴 수 있나요?"

이런 분들을 보면 십중팔구 기껏 팔로우 늘렸는데, 또는 카페 회원 엄청 늘렸는데 그럼에도 불구하고 판매가 되지 않는다는 사실을 뒤늦게 깨닫게 됩니다. 그런 다음 어떻게 해야 하는지 또다시 정답을 찾으러 다닙니다.

쇼핑몰도 마찬가지입니다. 어떻게 하면 스마트스토어 상위노출을 할 수 있는지 비법을 찾으러 다니는 분들 많이 봤습니다. 10분이면 어떻게 하면 되는지 가르쳐드릴 수 있습니다. 하지만 그것만으로는 절대 물건이 잘 팔리지 않습니다. 마케팅의 기본은 4P인데, 상위노출이 된다고 해도 나머지 요건이 충족되지 않으면 팔리지 않기 때문입니다.

③ 온라인으로 인해 매출이 증대된 회사

어떻게 하면 온라인으로 매출을 증대시킬 수 있을까요? 제가 하고 싶은 말은, 공부하지 않으면 어떤 광고대행사와 일한다고 해도, 어떤 바이럴 마케팅회사에 일을 맡긴다고 해도 생각만큼 매출이 나오지 않는다는 것입니다. 키워드 광고대행사는 키워드 광고를 잘 운영하는 곳이지, 내 상품의 매출을 높여주는 곳이 아닙니다. 바이럴 마케팅회사는 바이럴 마케팅을 잘하는 곳이지, 내 상품의 매출을 높여주는 곳이 아닙니다.

혹시라도 이 말이 와닿지 않으면 그럼 한번 해보면 됩니다. 키워드 광고대행사하고 한번 일해보세요. 키워드 광고 잘한다는 회사하고 광고 한번 해보면 압니다. 그 잘한다는 대행사하고 같이 일해도 별로 차이가 없다는 것을. 바이럴 마케팅회사하고 한번 일해보세요. 체험단도 운영하고, 파워블로거 대상으로 내 상품 리뷰 쓰게 해보세요. 해보면 압니다. 그 바이럴 마케팅 잘하는 회사하고 일해도 생각만큼 매출이 나오지 않는다는 것을.

이렇게 이야기했는데도 꼭 돈을 쓰고 나서야 이해하는 분들이 있습니다. 해보고 나서 항상 이런 이야기를 합니다.

"말씀하신 것처럼 생각만큼 잘 안되네요."

내가 물건 잘 파는 방법을 모르면, 어떤 마케팅을 하는 회사도 나를 도와줄 수 없습니다. 어떻게 해야 내 물건을 잘 팔 수 있는지 4P로 연구해보세요.

결국 온라인 마케팅의 성공비결은 4P

알고 지내는 사업하는 후배한테서 전화가 왔습니다. 광고대행사에서 광고비 대비 효율 높은 광고가 있다고 하는데 광고대행사가 제안한 마케팅을 해야 할지 말아야 할지를 물어보더군요. 해당 사항에 답변해주려면 살펴봐야 하는 것이 많기는 하지만, 후배의 경우는 제가 이미 어느 정도 상황을 알고 있기 때문에 하지 말라고 했습니다.

제가 후배를 말린 가장 큰 이유는 Product(제품) 전략이 잘못되어 매출이 나오지 않은 것이기 때문입니다. 지금까지 투여한 비용과 시간이 아깝다고 생각하다 보니 잘못된 것을 고치기보다는 가장 손쉬운 광고를 통해 모든 것을 해결하려는 상황이었습니다. 후배는 제 충고에도 결국 해당 광고를 진행했고, 역시나 효과가 나타나지 않았다는 결론을 전해주었습니다.

키워드, SNS, 바이럴 마케팅보다 중요한 건 4P

온라인에서 할 수 있는 마케팅 방법은 많습니다. 키워드 광고를 비롯해 SNS 마케팅, 바이럴 마케팅 (카페, 블로그, 지식iN 등), 배너 광고, 언론홍보 등등 아주 많은 방법이 있습니다. 하지만 모든 방법을 할 필요는 없습니다. 내가 처해 있는 상황에 따라서 어떤 방식이 효율적인 마케팅 방법인지 생각해보고 진행해야 합니다.

그런데 그런 고려 없이 무작정 요즘 대세가 인스타그램 마케팅이라고 하니 내 상황은 생각하지 않고 무작정 인스타그램을 하려고 합니다. 이렇게 해서는 효과를 내기가 어렵습니다. 또한 광고 홍보만으로 잘되는 것은 어렵습니다. 앞서도 이야기했지만 마케팅은 4P로 구성되어 있습니다. 그런데 각종 마케팅 방식이라고 이야기하는 것은 4P 중 프로모션, 그중에서도 일부에 지나지 않습니다 이 4가지가 적절하게 섞이지 않으면 상품이 팔리지 않는데 그런 것은 고려하지 않고 무작정 진행합니다.

다음 박스의 내용은 여러분을 현혹하는 대행사들의 판매 방식입니다. 다음 내용만 듣고 해당 마케팅 활동을 진행한다면, 아주아주 운이 좋은 경우에나 목표를 달성할 수 있을 것입니다.

- A 키워드 광고대행사 : CPC* 금액을 낮추기 위해서 세부 키워드를 중심으로 진행합니다.
- B 바이럴 마케팅대행사 : 저희는 월 100만원에 블로그 글 100개 포스팅해드려요.
- C 배너 광고판매사 : 이 광고상품은 네이버 배너 광고 대비 광고비가 ~~만큼 쌉니다.

참고로, 똑같은 방식으로 온라인 마케팅을 진행해도 성공하는 사람이 있고 실패하는 사람이 있습니다.

"경쟁사와 똑같이 키워드 광고를 진행했는데, 경쟁사는 잘되는데 나는 잘 안됩니다."

"경쟁사와 똑같이 블로그 마케팅을 진행했는데, 경쟁사는 잘되는데 나는 잘 안됩니다."

경쟁사는 운이 좋아서 잘된 것이 아닙니다. 4P를 기반으로 정확하게 사업이 설계되었기 때문에 잘되는 것입니다.

◆ CPC(Cost Per Click) : 인터넷 이용자가 배너를 1회 클릭할 때마다 지불해야 하는 홍보 비용

온라인 마케팅
어떻게 해야 할까?
선택과 집중!

수많은 온라인 플랫폼, 종류별로 모두 해야 할까?

돈 들이지 않고, 또는 저렴한 비용으로 진행하는 마케팅 방법으로 예전에는 지식iN 마케팅, 싸이월드 마케팅, 블로그 마케팅에 대한 이야기가 많았고, 카카오스토리 마케팅을 거쳐서 요즘에는 유튜브, 인스타그램, 페이스북 등 각종 SNS를 이용한 마케팅 방법들이 많이 나오고 있습니다.

인스타그램   페이스북   유튜브   네이버 블로그

우리 회사는 어떤 마케팅을 해야 할까요? 모든 것을 다 하겠다고 하는 분을 종종 봅니다. 모든 것을 다 하는 것이 좋을까요? 다 하면 좋을 수도 있겠지만, 규모가 작은 업체라면 모든 것을 다 하기는 어렵습니다. 돈을 들이지 않는다는 것은 그만큼 인력을 써야 한다는

말이니까요. 한정된 인력으로 효율을 높이려고 한다면 여러 가지를 하는 것보다 하나를 하더라도 제대로 하는 것이 중요합니다. 이것이 바로 '선택과 집중'입니다. 모든 것을 다 할 수 없다면 그중 나에게 가장 적합한 하나, 혹은 몇 가지를 골라서 그것에 집중해 역량을 키우면 됩니다.

참고로, 이제는 이미 유명한 회사가 된 모 영어업체가 있습니다. 지금은 배너 광고도 하고, 키워드 광고도 하고, 언론홍보도 하고 있지만 지금의 모습이 있기 전까지는 카페 마케팅 하나를 중심으로 해서 회사를 키웠습니다. 마케팅 도구 하나를 잘 이용해서 원하는 만큼 매출을 올리고 나니 이제 돈도 있고 해서 다양한 마케팅 방식을 구사하는 것이지, 처음부터 모든 것을 다 한 건 아닙니다. 이 글을 읽는 분들도 많은 것을 하기보다는 나한테 적합한 방식을 찾아서 하나만 하더라도 제대로 잘하는 것이 중요합니다.

4P가 기본! 마케팅에 현혹되지 말자

잠깐 짚어둘 것은, 쇼핑몰은 이런 마케팅(바이럴 마케팅, SNS 마케팅, 블로그 마케팅, 카페 마케팅 등)을 전혀 하지 않는 경우가 더 많다는 것입니다. 상위노출 또는 키워드 광고 정도만 해도 충분하기 때문입니다. 일부 업체들이 바이럴을 통해 잘된 것이지 대다수 업체는 이런 종류의 마케팅을 하지 않고도 충분히 잘하고 있으니, 이런 것들에 너무 현혹되지 말고 온라인을 잘 모르는 분이라면 굳이 여기에 목을 맬 필요는 없습니다.

이런 마케팅에 목을 매는 분들을 보면 특징이 있습니다. 처음에는 이런 것들에 관심이 없었는데 막상 쇼핑몰을 시작하니 잘 안됩니다. 그러다 무슨 비법이 없나 해서 인터넷 서핑하다 보면 누군가 이런 SNS 마케팅 방법을 써서 잘되었다고 이야기하니 여기에 현혹되는 것이지요. 제일 중요한 것은 4P입니다. 이것이 충족되지 못하면 결국 성공하지 못합니다.

온라인 마케팅 방법 총정리

온라인에서는 어떤 마케팅 방법이 있을까요? 광의의 마케팅(= 4P)이 아니라 협의의 마케팅(= 프로모션) 중에서 어떤 방법들이 있는지 한번 살펴보겠습니다.

① 키워드 광고

홈페이지, 쇼핑몰을 운영하는 분들이 제일 많이 하는 방법입니다. 포털사이트에 특정 검색어를 검색했을 때 나오는 화면에 내 홈페이지, 내 쇼핑몰을 노출시키는 방식입니다. 네이버에 하는 경우가 제일 많고, 다음과 구글 등에서도 키워드 광고를 통해 마케팅 활동을 할 수 있습니다.

키워드 광고로 상위노출된 사례

이 방법의 장점은 편하다는 것입니다. 광고를 한번 세팅해두면 별다른 시간을 들일 필요 없이 안정적으로 내 쇼핑몰, 내 홈페이지로 접근할 수 있는 관문을 만들 수 있기 때문에 가장 효율적인 방법이라고도 이야기합니다. 하지만 단점은 비용이 많이 들어간다는 것입니다. 쇼핑몰, 홈페이지가 효율적으로 설계되어 있지 않다면 키워드 광고를 해도 생각만큼 투자 대비 효과가 나타나지 않을 수도 있습니다.

② 블로그 마케팅

내 블로그를 만들어서 블로그에 내 상품, 서비스를 홍보하는 방식입니다. 어떻게 하면 상위노출을 할 수 있는지 물어보는 분들이 많은데, 분명 상위노출도 중요하지만 상위노출만큼 중요한 것은 내가 판매하는 상품이나 서비스가 잘 팔리게 설계되어 있어야 한다는 것입니다.

블로그 마케팅은 온라인에서 키워드 광고와 더불어 가장 많이 사용하는 방법입니다. 참고로, 내 블로그를 만들어서 할 수도 있지만 파워블로거 또는 체험단 등을 통해 내 블로그가 아닌 소비자의 블로그를 이용해서 판매를 유도할 수도 있습니다.

③ 카페 마케팅

카페를 만들어서 하는 방법으로, 블로그 마케팅과 비슷합니다. 내 카페 만들어서 내 상품, 내 서비스를 홍보하는 방법입니다. 블로그 마케팅보다는 조금 더 난이도가 높습니다. 하루에 생성되는 카페의 개수는 대략 7,000개 정도 됩니다. 하지만 이 중 성공하는 카페는 많지 않습니다. 커뮤니티 마케팅을 잘할 수 있는 분이 아니라면 카페보다는 블로그를 추천합니다.

가끔 카페 매매를 하는 경우를 봅니다. 나쁘지 않습니다. 몇 가지 주의할 점이 있기는 하지만, 이미 회원이 있는 곳을 구매해서 마케팅을 진행하는 것은 나쁘지 않습니다. 하지만 카페를 운영하는 방법을 정확하게 모른다면 이 또한 성공하기가 어렵습니다.

더 중요한 것은, 일반적인 쇼핑몰을 하는 분이라면 굳이 카페 마케팅을 권하지 않는다는 것입니다. 다음에 소개하는 '각종 커뮤니티에 글쓰기'만으로도 충분하기 때문입니다. 만약 카페 마케팅에 관심이 있는 분이라면 처음부터 카페를 운영하기보다는 각종 커뮤니티에 글쓰기부터 해서 잘할 수 있다는 확신이 서면 그 이후에 해도 늦지 않을 것입니다.

④ 각종 커뮤니티에 글쓰기

카페 마케팅은 직접 카페도 만들고 관리도 해야 해서 어렵습니다. 이보다 훨씬 쉽게 접근할 방법이 있습니다. 유명 카페 등에 글을 쓰는 것입니다. 또는 문의하는 회원들한테 쪽지를 보내고 답글을 쓰는 방법이 있습니다.

저 역시 카페(엑스브레인의 홈페이지 & 쇼핑몰 연구소, cafe.naver.com/ktcfob = www.xbrain.co.kr)를 운영합니다. 그런데 이곳에 홍보성 글은 전혀 없습니다. 디자인하는 사람이 자기한테 디자인을 의뢰하도록 하기 위해서, 사진을 찍는 사람이 자기한테 사진을 맡기도록 하기 위해서, 또는 상품 공급업자가 판매자들을 대상으로 자기 물건을 팔기 위해서 등의 목적으로 각종 카페에서 활동하는 것을 볼 수 있는데, 제 카페에서는 이런 활동을 금하고 있기 때문입니다. 홍보 활동을 하는 회원은 강퇴(강제퇴장)를 합니다.

제 카페에서는 이런 것들을 금하고 있지만 그렇지 않은 카페도 많습니다. 그래서 이런 틈새를 이용해서 마케팅 활동을 하면 수익을 내는 것도 어렵지 않습니다.

⑤ 지식iN 마케팅

지금은 많이 하지 않습니다만, 네이버 지식iN에 질문 올리고 답변 올리는 식으로 마케팅을 진행하는 경우가 많습니다. 지식iN만 잘해서 쇼핑몰 월매출 1억원 이상 만든 분도 보았습니다. 대학생 대출 관련 질문에 답변만 잘해도, 또는 다음 사진의 사례처럼 네임카드 등을 이용해서 영업활동을 하면 매출을 올릴 수 있습니다.

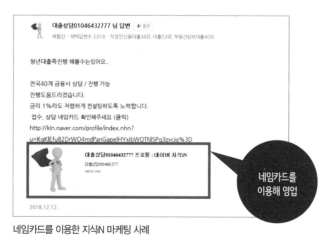

네임카드를 이용한 지식iN 마케팅 사례

⑥ 네이버에 등록하기

웹사이트를 운영하든, 지역을 기반으로 오프라인 업체를 운영하든 네이버 검색결과에 노출되도록 등록할 수 있습니다. 예를 들어 펜션을 운영한다면 네이버 하단에 있는 '지역업체 등록'을 클릭하고 본인의 펜션을 등록하면 네이버 플레이스 또는 지도 서비스에 내 가게를 노출시킬 수 있습니다. 소비자들이 네이버에서 검색하는 경우가 많으니, 특히 오프라인 매장이 있는 분이라면 꼭 네이버에 등록하기를 권합니다.

네이버에서 지역업체 등록하기

네이버 지도, 네이버 플레이스에 노출하기

⑦ 언론홍보

일반적인 언론홍보는 회사에 홍보팀을 두고(혹은 홍보대행사를 두고) 언론에 내 상품, 서비스, 회사를 기사화하는 방식입니다. 하지만 이런 방식은 소규모 업체라면 불가능할 것입니다. 홍보팀을 두는 것도, 홍보대행사를 쓰는 것도 모두 비용이 많이 들어가니까요.

그래서 소규모 업체들은 돈을 주고 하는 언론홍보 방법을 씁니다. 언론홍보라고 말했지만 실제로는 광고상품입니다. 기사 써서 넘기면 신문사의 데스크가 확인하고 큰 문제가 없으면 신문에 게재해줍니다. 가끔 기사를 보면 기자의 이름이 없는 경우가 있습니다. 기사 1건당 얼마씩 돈을 내고 진행하는 언론홍보 방법이죠.

⑧ 각종 순위·정보·모음 사이트(앱)에 등록

'지그재그'라는 앱이 있습니다. 이 앱은 각종 여성의류 쇼핑몰의 상품을 모아서 판매하는 마켓플레이스입니다. 직접 상품을 판매하는 것이 아니라 단순히 모아서 판매하고 있음에도 불구하고 연간 5천억 가까운 거래가 일어나고 있습니다. 이런 앱에 등록하는 것도 마케팅 활동 중 하나입니다.

참고로, 이런 앱 모음 사이트는 옷만 있는 것이 아니라 화장품도 있고, 식품도 있습니다. 내가 판매하는 카테고리에 있는 사이트, 또는 앱 등을 눈여겨봐두었다가 진행 여부를 결정하면 됩니다.

여성의류 모음 앱 '지그재그'

화장품 모음 앱 '화해'

⑨ 제휴 마케팅

배너 광고는 얼마가 판매되든 매체사에서 정한 광고비를 내야 합니다. 반면 제휴 마케팅은 실제 판매된 금액에 대해 수수료를 지급하는 방식입니다. 내 홈페이지의 광고배너 등을 매체사에 게재하고 실제 판매된 금액에 대해서만 수수료를 지급하는 방식이죠. G마켓, 옥션, 11번가가 이런 방식을 썼고, 지금도 상용하고 있습니다. 하지만 소규모 업체는 이 부분까지는 신경쓰지 않아도 될 듯합니다.

이 외에도 다양한 방법이 참 많습니다만 대다수 업체는 이 9가지 중 하나만 잘해서 충분히 많은 돈을 벌고 있습니다. 그러니 모든 것을 다 하려고 하기보다는 내가 필요한 것이 무엇인지 생각해보고 진행하는 것이 좋습니다.

제가 만약 **소규모 자본과 소규모 인력으로 쇼핑몰을 시작한다면** 저는 각종 마케팅 방식중에서 ①번 **'키워드 광고'**를 선택할 것입니다. 그리고 ⑧번 **'각종 순위 · 정보 · 모음 사이트(앱) 등에 등록하기'**, 그리고 ④번 **'각종 커뮤니티에 글쓰기'** 순서로 진행할 것입니다. 돈이 들어가지 않는 방식은 결국 돈 대신 몸을 쓰는 것인데, 소규모 인력으로는 쇼핑몰 운영하는 데에도 많은 시간이 소요되므로 위와 같은 마케팅 방식을 전부 다 구현하는 것은 어렵기 때문입니다.

SNS 마케팅을 해야 하는 이유

온라인에서 할 수 있는 모든 마케팅 방법을 소개하면서 이야기하지 않은 것이 있습니다. SNS 마케팅입니다. 지금은 잘 안 하지만 카카오스토리 마케팅이 있었고, 요즘 가장 핫한 것을 이야기하자면 인스타그램 마케팅, 유튜브 마케팅, 페이스북 마케팅 등이 있습니다. 그 외에 밴드 마케팅도 있습니다.

각종 SNS 마케팅이 대세라고들 하는데, SNS 마케팅을 해야 할까요? 한다면 어디가 좋을까요? 이것을 판단할 만한 기준이 되도록 이야기를 하나 하겠습니다. 이것만 잘 적용해도 나한테는 어떤 SNS 마케팅이 적합한지 판단할 수 있을 것입니다.

천안에 놀러 갔습니다. 점심시간이 가까워져서 어디에서 밥을 먹을까 하다가 네이버 앱에서 '천안 맛집'이라고 검색을 해봤습니다. 여러분도 이렇게 검색해본 적이 있나요? 맞습니다. 아주 많은 사람들이 이렇게 검색을 통해 어떤 식당에서 밥을 먹을지 결정합니다.

그래서 만약 제가 음식점을 운영하고 있다면 무조건 네이버에서 검색했을 때 블로그가 되었든, 플레이스가 되었든 우리 음식점이 네이버 검색결과 1페이지에 노출되도록 할 것입니다.

첫 번째로 내 블로그를 통해서 홍보할 수 있습니다. 두 번째는 내가 직접 블로그를 하지 않더라도 파워블로거를 이용해서 내 음식점 정보를 노출하게 할 수 있습니다. 세 번째, 네이버의 플레이스 영역에 노출되도록 네이버 지역업체에 등록할 수 있습니다.

마찬가지입니다. 옷을 살 때 인스타그램에서 사본 적 있죠? 본인은 산 적이 없더라도 주변에서 인스타그램에서 옷을 구매하는 사람을 많이 봤을 것입니다. 그리고 인스타그램에서 본 것 때문에 해당 쇼핑몰에 방문한 적도 있을 것입니다. 이게 인스타그램을 해야 하는 이유입니다.

SNS 종류별 특징
― 인스타그램, 카카오스토리, 밴드, 페이스북

① 인스타그램 : 20대 여성 타깃

인스타그램은 다른 SNS와 비교해서 20대 여성의 사용률이 매우 높습니다. 이미지 콘텐츠를 중심으로 하기 때문에 다른 매체보다 이미지의 중요성이 높습니다. 이런 미디어의 특성상 트렌드에 민감한 패션, 액세서리 등의 상품에 특히 유용합니다. 만약 20대 여성을 타깃으로 패션상품을 판매한다면 가장 적합한 SNS 툴입니다.

② 카카오스토리 : 3040 주부 타깃

카카오스토리는 주 사용자가 30, 40대 그중에서도 가정주부들이 가장 많이 이용하는 SNS입니다. 그래서 요리, 육아 등 가정주부들이 원하는 상품에 유용합니다. 오픈마켓이나

타 플랫폼 대비 수수료가 비싼 것이 단점이기는 하지만, 제가 만약 식품을 판매한다면 카카오스토리를 직접 만들어서 하지는 않는다 하더라도 대형 카카오스토리 계정을 운영하는 분들을 통해 판매하는 것을 고려해볼 것입니다.

③ 밴드 : 4050 타깃

밴드는 다른 SNS 대비 폐쇄성이 제일 높습니다. 10대부터 50대까지 두루 사용한다고 하지만, 그중에서도 40~50대가 가장 많이 사용합니다. 폐쇄성을 이용해 공동구매 이벤트 등이 잘되는데(예를 들어 낚시 관련 밴드), 직접 밴드를 운영하지 않는다 하더라도 대형 밴드의 운영자를 통해 내 상품을 판매할 수 있을 것입니다.

④ 페이스북 : 대중적 매체

페이스북은 SNS 중에서 가장 많은 사용자들이 있고 텍스트, 이미지, 동영상 등 업로드하는 콘텐츠에 제한이 없기 때문에 가장 많은 마케팅 툴로 사용되고 있습니다. 물론 요즘에는 너무 많은 곳들이 페이스북을 마케팅 툴로 사용하다 보니 효율은 예전에 비해 많이 떨어진 상태입니다. 가끔 달랑 페이지 하나 만들어놓고 성과를 기대하는 경우도 있는데, 실제 이렇게 해서 성과가 나오는 곳은 거의 없습니다. 왜냐하면 SNS의 핵심은 소비자와 소통하는 것이기 때문입니다.

네이버 키워드 광고는 효과적이지 않다?

네이버 광고의 효율을 많이들 이야기합니다. 광고비는 비싼데 효과적이지 않다는 거지요. 그런데 누구는 그 비싼 키워드 광고의 효과를 보기도 하고, 누구는 효과를 보지 못하기도 합니다. '원피스'를 검색해서 사례를 찾아봤습니다.

파워링크로 검색된 사이트들을 클릭했더니 나오는 페이지는 다음과 같았습니다. 원피스를 검색했는데 패딩이 나옵니다.

원피스를 검색했는데 로드숍 패션이 나옵니다.

원피스를 검색했는데 쇼핑몰의 첫 페이지가 나옵니다. 가방도 보이고, 코트도 보이네요.

물론 이렇게 해도 잘 팔리는 곳도 있습니다. 특히 이름값이 있는 업체라면 말이죠. 하지만 처음 시작하는 곳이라면, 또는 아직 이름값이 높지 않은 곳이라면 해당 키워드와 잘 맞도록 랜딩페이지만 잘 설정해도 광고의 효율이 훨씬 높아질 것입니다. 랜딩페이지는 30장에서 자세히 다룹니다.

매출액 좌우하는
네이버 상위노출
- 블로그, 스마트스토어

온라인 마케팅은 결국 선택과 집중이라고 했습니다. 그중 네이버 블로그와 스마트스토어를 운영하려는 분들, 혹은 이미 운영하고 있는 분들이 가장 궁금해할 '상위노출'에 대해 설명하겠습니다.

전문성 있는 블로그가 상위노출이 된다

네이버 상위노출은 어떻게 하면 될까요? 네이버 상위노출 방법은 항상 똑같은 것이 아니라 네이버의 상황에 따라 조금씩 달라집니다.

블로그 잘하는 방법은 글 열심히 쓰고, 이왕이면 전문성 있는 블로그를 만들면 됩니다. 예전에는 여행 관련된 글 쓰다가 영화 보고 온 것도 쓰다가, 가구점 방문한 것에 대해 글을 써도 큰 어려움 없이 상위노출이 되었습니다. 또 이왕이면 사람들이 스크랩 많이 해가고, 댓글도 많고, 공감도 많다면 더 쉽게 상위노출이 되었습니다.

하지만 블로그 관련 업체들이 이런 것을 이용해 상업적인 행동을 많이 하다 보니 네이버가 이런 것들을 제어하기 위해 상위노출에 많은 변화를 주었습니다. 가장 큰 변화는 이

분야 저 분야 다 글을 쓰는 블로거보다는 전문성 있는 블로그에게 상위노출을 쉽게 해주는 정책입니다.

예를 들어 똑같은 글을 쓴다 하더라도 A라는 블로그는 화장품 관련 글을 중심으로 포스팅을 하고, B라는 블로그는 화장품, 여행, 의류에 대해 포스팅을 한다면 A라는 블로그를 우대하는 정책입니다.

네이버의 상위노출 정책

블로그 상위노출, 꾸준한 활동이 답!

방금 전문성 있는 블로그가 상위노출이 된다고 했습니다. 하지만 네이버의 상황에 따라 이 정책도 언젠가 바뀔 수 있습니다. 그래서 변하지 않는 것을 말씀드리려고 합니다.

각종 인터넷 커뮤니티를 보면 상위노출에 대한 비법들이 넘쳐납니다. 상위노출이 되려면 ID가 최적화되어야 한다는 내용들이 많이 나옵니다.

"최적화된 ID 어떻게 만드나요?"

"최적화된 ID 구매할 수 있을까요?"

ID 최적화라는 내용은 네이버에는 없는 개념입니다. 이런 것들을 팔아먹으려고 하는 업체들이 만들어낸 용어에 불과합니다.

그럼 질문을 하나 하겠습니다. 만약 여러분이 네이버 검색팀의 팀장이라면 똑같은 기사 내용이 올라왔을 때 중앙일보에서 쓴 기사를 상위에 노출해주겠습니까, 아니면 새로 생긴 신문사에서 쓴 기사를 상위에 노출해주겠습니까? 혹은 한겨레신문에서 쓴 기사를 상위에 노출해주겠습니까, 아니면 새로 생긴 신문사에서 쓴 기사를 상위에 노출해주겠습니까?

◦ 중앙일보 기사 vs 신설 신문사 기사
◦ 한겨레신문 기사 vs 신설 신문사 기사

제가 팀장이라면 중앙일보 또는 한겨레신문에서 쓴 기사를 상위노출해주겠습니다. 앞으로 계속 지속될지 안될지 모르는 신설 신문사보다는 이미 오랫동안 활동한 업체를 상위 노출해줄 것입니다.

블로그도 마찬가지입니다. 처음 글을 쓴 사람이 있고 파워블로거가 있다면 당연히 파워블로거를 우대하는 정책을 쓸 것입니다. 파워블로거는 중앙일보이고 한겨레신문이라고 이야기한다면 처음 글을 쓴 블로거는 신설 신문사가 되겠지요.

매출은 결국 상위노출이 아닌 설득력에 달렸다

어떻게 하면 상위노출이 될까요? 만약 블로그로 상위노출을 원한다면 몇 달 정도 글을 열심히 쓰면 됩니다. 짧게는 1~2달 길게는 2~3달이면 충분합니다. 이게 각종 온라인 커뮤니티에서 이야기하는 ID 최적화입니다. 1~2달, 2~3달이 아깝다고요? 그래서 최적화된 ID 만들어주는 곳을 찾아간다고요?

그 기간 동안 글 쓰는 연습을 해야 합니다. 아무리 상위노출이 되어도 소비자를 설득하지 못하면 절대 물건이 팔리지 않습니다. 그 1~2달, 2~3달이 여러분의 글쓰는 능력을 배양

하는 기간입니다. 이렇게만 해도 상위노출하고 물건 파는 데 아무런 지장이 없습니다.

소비자를 설득하는 가장 쉬운 방법은 소비자가 공감하게 하고 소통하고 공유하는 것입니다. 예를 들어 귤을 판매하는 농장의 주인이라면 농사짓는 하루하루의 일기를 잘 쓰기만 해도 소비자들은 이 농장의 주인은 믿을 수 있고 품질도 좋을 거라고 생각하게 됩니다. 그러면 가격이 다소 비싸도 그 판매자한테 구매하는 경우가 많습니다.

예전에 제주도에서 농장하는 분이 찾아왔는데, 이분께 굳이 쇼핑몰 하지 말고 블로그에 하루하루 일기만 써보라고 말씀을 드렸습니다. 결과는 블로그 하나만 이용해서 본인이 생산하는 제품을 전부 다 팔 수 있었습니다.

스마트스토어 상위노출 4가지만 알면 끝 — 판매량, 상품평, 상품명, 필드값

어떻게 하면 네이버 스마트스토어에 상위노출이 될까요? 앞에 이야기한 블로그와 마찬가지입니다. 네이버 스마트스토어 상위노출 방법 역시 항상 똑같은 것이 아니라 네이버의 상황에 따라 조금씩 달라집니다. 그럼에도 불구하고 앞으로도 변할 수 없는 몇 가지 공통 요소가 있습니다. 첫째 판매량, 둘째 상품평, 셋째 상품명, 넷째 필드값입니다.

▼ 스마트스토어 상위노출 4요소

다시 질문해보겠습니다. 여러분이 네이버 쇼핑팀의 팀장이라면 판매량이 많은 상품과 적은 상품, 상품평이 좋은 상품과 고객 불만이 많은 상품, 상품에 딱 맞는 이름을 가진 상품과 꼼수 이름으로 낚는 상품, 필드값을 열심히 입력한 상품과 대강 입력한 상품 중 어디를

상위노출해주겠습니까?

- 판매량이 많은 상품 vs 판매량이 적은 상품
- 상품평이 좋은 상품 vs 고객의 불만이 많은 상품   } 상위노출 불변의 원칙은?
- 상품과 매칭이 잘되는 상품명 vs 꼼수로 만든 상품명
- 필드값을 정확하게 입력한 상품 vs 필드값을 대강 입력한 상품

이 4가지는 앞으로도 변하지 않을 4가지입니다.

그런데 네이버의 상황에 따라서 변동될 수 있는 부분도 있습니다. 신규성입니다. 어쩌면 이런 이야기를 들어봤을지도 모르겠습니다.

"신규계정을 만들고 상품을 등록하면 상위노출에 유리하다."

맞습니다. 현재는 그렇습니다. 아직까지는 스마트스토어가 경쟁사 G마켓, 11번가, 옥션보다 후발업체다 보니 선도업체보다 상품을 등록한 판매자가 적습니다. 그래서 새로운 판매자가 계속 들어왔으면 하는 것이 네이버의 바람일 것이고, 그 사람들을 우대해주다 보니 신규계정을 가지고 처음 상품등록을 하면 쉽게 상위노출이 되도록 설계되어 있습니다. 하지만 시간이 지나면 이런 부분은 점차 약화될 것입니다. 왜냐하면 네이버의 상황이 바뀌기 때문입니다.

하나 더 말씀드리면, 이렇게 상위노출을 해도 상품이 판매되지 않으면 며칠 지나지 않아서 또다시 뒤로 밀립니다. 결과적으로 어떻게 물건을 팔아야 하는지를 정확하게 모른다면 잠시 상위노출이 되었다 하더라도 결국은 뒤로 밀리게 됩니다. 상위노출이 중요하지 않다는 것이 아니라, 그것만으로는 절대 성공할 수 없다는 점을 명심하세요.

블로그 마케팅을 잘하려면 글쓰기 능력이 답!

앞에서 블로그 상위노출보다 중요한 것은 설득력, 즉 글쓰기 능력이라고 말했습니다. 이번에는 왜 글을 잘 써야 하는지 좀더 구체적으로 알아보고, 글을 쓰기 위한 각종 정보들은 어디서 얻는지 알아보겠습니다.

블로그 마케팅의 기본은 글쓰기 능력

"인스타그램 해서 돈 많이 벌었다는데……."

"블로그 마케팅 해서 돈 많이 벌었다는데……."

"요즘은 유튜브가 대세라는데……."

"페이스북이 광고 효과가 좋다는데……."

"트위터도 하면 더 효과적이지 않을까?"

남들이 다 한다고 하니 이것까지 하면 잘되지 않을까 생각하고 따라하는 분들이 많습니다. 학생 때를 되돌아보면 공부 잘하려고 비법이란 비법은 다 따라해보지 않았나요? 동시에 그 모든 것을 다 할 수 있었나요? 그리고 다 따라했다고 해서 그만큼 성과가 높게 나오던가요?

　온라인 마케팅도 마찬가지입니다. 내 능력에 맞추어서 잘할 수 있는 것에 집중하는 것이 정답입니다. 이왕이면 내가 제일 잘 아는 것을 하는 것이 유리하겠지요. 규모도 적고 예산도 많지 않고 인력도 없는데 이것저것 다 해서 성공한 경우를 저는 본 적이 없습니다. 하나를 해도 잘하는 게 중요합니다. 한 말씀 더, 블로그 마케팅의 기본은 글쓰기입니다. 상위 노출 잘하면 뭐하나요? 사고 싶은 생각이 들지 않는데 말이죠.

　잘못된 글의 예시입니다. 이분이 만약 단순히 칡의 효능을 이야기하고 싶어서 글을 썼다면 이렇게 써도 됩니다. 하지만 칡을 팔려고 한다면 이렇게 해서는 팔리지 않습니다. 사람들은 약의 설명서를 읽지 않습니다. 이 글은 약의 설명서 같은 느낌입니다.

반면 위 사례처럼 본인이 칡을 캐서 운반하는 모습을 보여주고, 거기에 효능을 이야기하는 글이 있습니다. 소비자들은 전자보다는 후자의 상품을 구매할 가능성이 높습니다.

블로그 콘텐츠 작성을 위한 정보수집 방법

블로그를 처음 만들어보는 분들이 가장 어려워하는 것이, 어떤 주제를 생각해서 콘텐츠를 작성하고 싶은데 정확한 내용을 모른다는 것입니다. 정확하게 내용만 알아도 어떻게든 글을 쓸 수 있는데 말이죠.

콘텐츠를 어떻게 작성해야 하는지 말씀드리겠습니다. 콘텐츠를 작성하기 위해서는 다양한 정보와 지식을 알고 있어야 합니다. 하지만 모든 분들이 이렇게 박학다식하지는 않을 것입니다. 그래서 콘텐츠를 작성하다 보면 내가 미처 모르고 있던 지식을 찾아볼 수밖에 없고, 좀더 좋은 콘텐츠를 작성하기 위해 전문적인 정보나 자료를 찾을 수밖에 없습니다.

그래서 블로그를 구축하기 전에 정보를 수집할 수 있는 루트를 구축해놓아야 합니다. 그럼 어디서 정보를 쉽게 찾을 수 있을까요?

① 뉴스 활용하기

언론기사는 현재 주요 이슈에 대해 가장 빨리 파악할 수 있는 방법 중 하나입니다. 현재 이슈가 되고 있는 뉴스를 접목하는 방법으로 콘텐츠를 작성할 수 있습니다. 또한 뉴스에 나온 것 중 내 블로그와 관련 있는 기사들을 나의 관점으로 해석해서 포스팅하는 것도 좋은 방법입니다.

② 네이버 지식iN 활용하기

네이버 지식iN은 가장 손쉽게 콘텐츠의 소재와 주제를 발굴할 수 있는 곳입니다. 지식iN 서비스의 목적은 사람들이 궁금해하는 것에 답변해주며 서로 지식을 나누는 것입니다. 따라서 자신의 업종과 관련되어 있는 주제에 대해 사람들이 어떤 점을 궁금해하는지 손쉽게 알 수 있고, 아래에 달린 답변을 보고 자신이 모르고 있던 정보를 수집할 수 있습니다.

네이버 지식iN에 질문 올리고 답변 받기

③ 네이버 지식백과 활용하기

네이버에 보면 지식백과라는 검색결과가 있습니다. 예를 들어 내가 명품 브랜드의 역사에 대해 포스팅을 하려고 합니다. 역사를 찾아보려면 참으로 많은 웹사이트를 검색해야만 합니다. 하지만 네이버 지식백과에서 해당 브랜드로 검색하면 역사에서부터 다양한 내용을 아주 쉽게 볼 수 있습니다. 이렇게 지식백과를 이용해 콘텐츠를 작성할 수 있습니다.

네이버 지식백과에서 정보 찾아보기

④ 위키피디아 백과사전 활용하기

네이버 지식백과와 마찬가지로 위키피디아 백과사전(위키백과)을 이용해 콘텐츠의 내용을 작성할 수 있습니다. 참고로, 위키피디아는 전 세계 1등 백과사전인 브리태니커 백과사전을 5년 만에 추월한 웹 2.0◆ 방식의 오픈사전(수많은 네티즌의 참여로 콘텐츠를 만든 사전)입니다.

위키피디아 백과사전(위키백과)

◆　웹 2.0 : 개방적인 웹 환경을 기반으로 네티즌이 적극적으로 참여해서 다양한 콘텐츠를 만들어내고 이를 공유하는 것

블로그 방문자수가 매출과 비례하는 것은 아니다

쇼핑몰 운영자들 중에 많은 분들이 광고비를 절약하기 위해, 또는 다른 이유로 블로그 등을 이용해 마케팅 활동을 하고 있습니다. 바이럴 마케팅이라고 하는데, 정확하게 얘기하면 바이럴은 아니죠. 블로그 마케팅이라고 해야 할 것입니다.

그런데 블로그를 운영하는 쇼핑몰 운영자들이 착각하는 경우를 많이 봤습니다. 블로그의 평가 기준 중 제일 중요한 것 중 하나가 방문자수이다 보니, 방문자를 늘리기 위해 참 많은 시도를 합니다. 또는 상위노출을 시도한다는 명목으로 서로 이웃을 맺고, 서로 댓글을 써주고, 서로 답방을 가기도 하죠. 그런데 이런 것들은 주객이 전도된 상황입니다.

블로그를 운영하는 가장 큰 목적은 내 쇼핑몰 또는 내 홈페이지에서 팔고 있는 상품이나 서비스의 매출을 증대하기 위함입니다. 그런데 실제 마케팅 효과와 무관한 사람들을 늘리는 것에만 많이 치중하더군요. 방문자를 늘리기 위해 낚시성 글들을 쓰는 것보다, 하루에 100명만 방문해도 좋으니 실제 그 사람들이 구매로 연결되는 것이 더 중요합니다.

다음은 작년에 저에게 상담을 청한 모 업체의 이야기입니다.

8년여 동안 ○○제작 분야에 종사했고, 이를 기반으로 고객층을 분석하고 매출목표를 세워 쇼핑몰을 창업했습니다. 마케팅은 홈페이지 제작에서부터 시작해 검색 광고를 진행했습니다.

남들이 보면 시작한 지 얼마 안되어서 월매출 1억원을 돌파했다고 하니 대단하다고들 하지만 상품구매비 5,000만원, 광고비 3,500~4,500만원, 기타 비용(사무실, 포장 등)을 빼고 나면 몇백 가져가는 달도 있지만 마이너스인 달이 더 많았습니다.

그래서 바이럴 대행해주는 회사의 말을 듣고 광고비 500만원을 줄여서 그걸로 블로그 마케팅을 진행했습니다. 브랜드 블로그 월 500만원씩 주고 6개월을 진행했더니 하루 방문자 500~3,000명씩 오더군요.

그런데 도무지 매출에는 반영이 되지를 않습니다. 키워드 광고를 빼고 그 비용으로 블로그 마케팅을 진행했는데 블로그를 통한 매출이 없다 보니 총매출은 줄었습니다. 어떻게 해야 하죠?

왜 이런 결과가 나왔을까요? 바이럴(블로그)에 대한 이해 없이 대행사에서 말하는 것을 그대로 했기 때문입니다. 브랜드 블로그는 다른 방향으로 만들 수도 있지만 일반적으로는 소비자와 브랜드가 커뮤니케이션을 하면서 내(브랜드/회사)가 알리려고 하는 내용을 소비자에게 알리고, 반대로 소비자가 우리(브랜드/회사)에게 하는 이야기를 듣는 통로입니다.

그런데 이름값이 떨어지는 경우에는 아무리 브랜드에서 이야기를 해도 소비자가 전혀 보지 않게 됩니다. 위의 사례는 블로그 방문자를 늘리기 위해 이슈성 키워드만 써서 억지로 방문자를 늘리는 전략을 썼기 때문에 실패하게 된 것입니다.

LG전자나 삼성전자는 브랜드 블로그가 아니라 블로거를 통해 자사 제품을 홍보하는 경우들이 있습니다. 왜일까요? 내(브랜드) 블로그에서 아무리 내 상품이 좋다고 홍보해도 믿어주지 않다 보니 회사가 아닌 제3자를 통해 이 제품이 좋다는 것을 알리려고 하는 것입니다. 즉 다른 블로거를 이용하는 거지요. 물론 비용에 어려움이 없다면 파워블로거를, 그렇지 않다면 일반 블로거를 이용해서 홍보하게 됩니다.

그런데 위 업체는 그런 생각 없이 남의 블로그에 내 상품 홍보가 들어가는 것보다 차라리 내 블로그로 운영하면 좋지 않을까 하는 생각만으로 진행하다가 실패하게 된 것입니다. 만약 제가 이 업체 담당자라면 브랜드 블로그를 하기 전에 파워블로거 또는 일반 블로거 등을 이용해서 우리 제품의 장점을 소비자들에게 어필할 것입니다. 항상 하는 말이지만, 방문객이 늘어나는 것이 중요한 게 아니라 실제 판매로 이어지는 것이 중요합니다.

바이럴 마케팅업체를 써도 될까?

저는 현재는 엑스브레인이라는 필명으로 카페를 운영하고 있지만 예전에는 라빈이라는 필명을 사용했습니다. 그 당시 이것저것 물어보는 분들이 있었는데 그중 사례 하나를 소개합니다.

> 라빈님, 새해 복 많이 받으세요^^
> 제가 지금 블로그 작업 중인데 라빈님 카페에서 많은 걸 배우고 있습니다. 감사합니다^^
> 헌데 궁금한 게 있어서 이렇게 쪽지를 보내게 되었어요.
> 라빈님이 알려주신 대로 블로그 작업을 하려고 했더니 내용 만드는 게 만만치 않네요. 너무 많은 시간이 소요돼서 블로그를 노출시켜주는 업체에 대행을 알아보니 100건에 5만 원이라고 하네요. 이런 대행업체를 써도 괜찮을지 모르겠어요. 매일 3건씩 작업한다는 게 말이 쉽지, 이것저것 확인하고 작성하고 하는 데 걸리는 시간이 그닥 비용 대비 효과적이지 않은 것 같아서요ㅠㅠ
> 혹시 잘하는 대행업체를 알고 계신가요? 아니면 시간을 절약하며 블로그 상위노출을 할 수 있는 또 다른 방법이 있는지 답글 좀 부탁드릴게요^^

이 내용을 정리해보면 이렇습니다.

- 블로그 마케팅을 하려니 콘텐츠를 만들기 어렵고, 시간이 오래 걸려 쉽지 않다
- 블로그 마케팅 전문업체를 써서 하는 것은 어떨까?
- 블로그 상위노출을 위해서 어떻게 해야 하나?

이 내용은 블로그 마케팅을 하겠다고 하는 분들 대다수가 물어보는 내용입니다. 이에 대한 답변은 다음과 같습니다.

① 블로그 마케팅을 하려니 콘텐츠를 만들기 어렵고, 시간이 오래 걸려 쉽지 않다 ·········

바이럴 마케팅은 돈 대신 인력을 쓰는 것입니다. 당연히 할 게 많습니다. 글을 쓰기 위해서는 여러 가지 정보도 찾아봐야 하고, 그 정보에 맞추어서 글을 써야 합니다. 똑같은 내용이라 하더라도 어떻게 글을 쓰는지에 따라 판매량에서 차이가 나기 때문에 글도 잘 써야 합니다. 그래서 ID 최적화하는 시점까지 글 쓰는 것을 연습하라고 말씀드린 거고요. 일반적으로 블로그 마케팅은 광고비를 아끼기 위해 쓰는 방식이라고 얘기하는데, 광고비 절약이 그냥 되는 것이 아니라 인력이 필요합니다. 돈 대신 인력, 이것을 망각하면 안됩니다.

② 블로그 마케팅 전문업체를 써서 하는 것은 어떨까? ·········

저는 20년 가까이 많은 업체를 보았고, 많은 사례를 보았습니다. 그런데 핵심은 결국 변하지 않더군요. 블로그 마케팅업체는 땅 파서 장사하는 곳이 아닙니다. 어떻게든 수익을 내야 하는 곳입니다. 제가 본 업체 중에 블로그 포스팅 1건에 2,000원 하는 곳까지 봤습니다. 최저임금이 대략 1시간에 8,000원입니다. 1건에 2,000원인 콘텐츠, 얼마나 좋은 글일까요?

비싸게 하는 곳도 마찬가지입니다. 내가 정확하게 알지 못하면 절대 잘될 수 없습니다. 블로그 마케팅업체를 쓰지 말라는 말이 아닙니다. 블로그 마케팅을 하려고 한다면 몇 달 정도는 내 블로그에 글을 써보고 어떻게 글을 써야 성과가 나오는지 스스로 이해한 이후에 업체를 이용해야지 제대로 성과를 낼 수 있습니다.

③ 블로그 상위노출을 위해서 어떻게 해야 하나? ·········

블로그 상위노출에 대해 많은 말들을 하는데. 혹시 블로그 교육하는 곳에 가본 적이 있나요? 거기서 하라는 대로 해봤나요? 그렇게 하니까 상위노출이 되었나요? 상위노출을 하는 방법은 어렵지 않지만 아마 99%는 글 쓰는 것에서 막혔을 것입니다.

결국 블로그의 핵심은 글쓰기입니다. 질문한 분은 저에게 시간을 절약하면서 상위노출도 할 수 있는 방법을 물어봤지만, 그런 방법은 없습니다. 그러니 요행을 바라기보다는 그 시간에 글을 쓰는 것이 상위노출과 판매에 훨씬 더 도움이 될 것입니다.

이렇게 할 자신이 없으면 블로그 마케팅 하지 마세요. 괜히 시간낭비하지 말고 과감하게 포기하세요. 이미 이야기했듯이, 꼭 블로그 마케팅 하지 않아도 경쟁사 분석을 기반으로 아이템 잘 정하고, 상세페이지 잘 만들어서 오픈마켓에서만 팔아도 1달에 1,000만원 정도 버는 것은 그다지 어렵지 않습니다. 사서 고생하지 말라는 말입니다.

인스타그램, 페이스북 마케팅에는
좋은 아이템과 콘텐츠가 답!

블로그 마케팅에서 결국 중요한 것은 글쓰기 능력이라고 여러 차례 말했지만 그럼에도 불구하고 상위노출에만 연연하는 분들이 많습니다. 다시 한 번 말하지만, 아무리 상위노출이 되어도 구매로 이어지지 않는다면 그 블로그는 속 빈 강정이나 다름없습니다. 구매의 키워드는 결국 설득력입니다. 그렇다면 요즘 가장 활발한 매체인 인스타그램과 페이스북 마케팅은 어떻게 해야 설득력을 얻을 수 있는지 알아보겠습니다.

인스타그램, 페이스북에서 구매하는 사람들의 심리를 파악하라

만약 제가 음식점을 운영한다면 이 음식점을 사람들에게 노출하기 위해 블로그 운영, 파워블로거 섭외, 네이버 지역업체 등록 등의 방법을 쓸 것입니다. 마찬가지입니다. 인스타그램 마케팅이 어떻고, 페이스북 마케팅이 어떻고 이야기하지만 사실 같은 기준으로 판단해보면 쉽습니다.

천안에 놀러갔을 때 천안 맛집을 검색하는 것은 아주 많은 분들이 하는 행동 패턴 중 하나입니다. 맛집은 인스타그램에서도 잘됩니다. 홍대 앞에서 친구를 기다리다가 심심해서 인스타그램에서 홍대 커피숍, 홍대 맛집이라는 키워드로 검색하는 사람들이 많습니다. 블로그만 보는 것이 아니라 인스타그램에서 찾는 사람들이 많으니 인스타그램 마케팅은 하는 것이 좋습니다.

하지만 인스타그램을 보면서, 페이스북을 보면서 상품을 구매한 기억이 있기는 하지만, 네이버 검색보다 효율적이지는 않습니다. 우연히 봤는데 예뻐서 샀다, 우연히 봤는데 좋아 보여서 샀다. 이게 페이스북, 인스타그램에서 구매하는 이유입니다.

타깃을 공략할 사진과 글로 무장하라

그럼 여성의류를 판다면 어떻게 해야 할까요? 주변에서 인스타그램에서 옷을 구매하는 경우를 가끔 봅니다. 하지만 인스타그램보다는 쇼핑몰에서 구매하는 경우가 더 많습니다. 이게 인스타그램을 해야 하는 이유이기도 하고, 하지 말아야 하는 이유이기도 합니다.

인스타그램에서 구매하는 사람들을 타깃으로 한다면 해야 합니다. 하지만 인스타그램 하면 잘된다고 하니 무작정 뛰어드는 것은 적절하지 않습니다. 인스타그램은 충분히 좋은 툴입니다. 분명히 인스타그램으로 옷 잘 파는 분들 많이 봤습니다. 하지만 핵심은 예뻐 보이는 모습과 그에 따른 글 내용입니다. 예뻐 보이지 않으면 쉽게 성공하기 어렵습니다.

인스타그램을 통해 화장품을 판매하는 사례

인스타그램을 통해 옷을 판매하는 사례

> 20대 여성이 타깃이라면 인스타그램 이용

타깃층에 어필할 수 있는 사진과 거기에 소비자를 설득하는 메시지, 이런 것들이 모여서 판매량이 늘어나게 됩니다. 분명히 페이스북으로 옷 잘 파는 분들 많이 봤습니다. 하지만 인스타그램보다는 적은 것 같습니다. 만약 제가 여성의류를 판다면 페이스북을 할까 인스타그램을 할까 고민하지 않고 무조건 인스타그램에서 할 것입니다.

좋은 콘텐츠가 매출을 부른다

페이스북을 잘하고 인스타그램을 잘하려면 절대적으로 필요한 것은 잘 만들어진 콘텐츠입니다. 운 좋게 팔로우를 늘리기는 했지만 콘텐츠가 좋지 않으면 절대 물건을 잘 팔기 어렵습니다. 또한 팔로우는 많더라도 내가 쓴 콘텐츠를 보지 않기 때문에 결국은 물건이 팔리지 않습니다. 콘텐츠만 좋으면 팔로우는 금방 늘 수 있습니다.

좋은 콘텐츠란 결국 소비자가 보고 싶어하고, 좋아하는 콘텐츠입니다. 소비자가 보고 싶어하는 것, 좋아하는 것을 가지고 콘텐츠를 만들면 됩니다. 만약 소비자가 보고 싶어하는 것, 좋아하는 것이 무엇인지 모른다면 해당 분야에서 잘하는 사람들이 어떻게 만들었는지 유심히 살펴본다면 많은 도움이 될 것입니다.

만약 식품을 팔고 있다면 유튜브에 먹방 하는 VJ를 찾아가보세요. 그리고 내가 판매하는 상품을 광고해달라고 해보세요. 물론 돈 받습니다. 구독자 숫자 등에 따라 다르지만, 좀

300만명의 구독자가 있는 먹방 유튜버 '밴쯔'

된다고 하는 VJ를 찾아가면 200만원 이상 받습니다. 그런데 팔립니다. 생각보다 많이 팔립니다. 구독자가 많고 보는 사람이 많다는 것은 소비자가 원하는 콘텐츠를 잘 생산했다는 말입니다. 그래서 사람들이 방송을 지속적으로 보는 것이지요. 물건 잘 파는 제일 좋은 방법. 인스타그램이 되었든 페이스북이 되었든 유튜브가 되었든, 핵심은 콘텐츠입니다.

쇼핑몰이 안되다 보니 혹시 인스타그램을 하면 잘되지 않을까, 혹시 페이스북을 하면 잘되지 않을까, 혹시 유튜브를 하면 잘되지 않을까 생각해서 무작정 인스타그램 마케팅을 배우고 페이스북 마케팅을 배우는 분들을 많이 봤습니다. 온라인 초보라면 굳이 인스타그램 안 해도 됩니다. 굳이 페이스북 안 해도 됩니다. 쇼핑몰만 해서도 어렵지 않게 성공할 수 있기 때문입니다.

쇼핑몰을 방문하는 목적은 상품을 구매하기 위해서입니다. 반면 사람들이 SNS를 하는 이유는 재미(= Entertainment) 때문입니다. 그런데 구매하러 온 사람에게도 물건을 팔지 못하는데, 재미를 찾아온 사람에게 물건을 더 쉽게 팔 수 있다는 말은 어불성설입니다.

자꾸 방문해서 보고 싶은 콘텐츠, 보면 볼수록 빠져드는 콘텐츠(= 재미있는 콘텐츠)를 기반으로 해서 상품을 판매해야지 성공할 수 있습니다. 단순히 돈을 들이지 않기 위해서, 또는 지금 쇼핑몰이 안돼서 한다면 큰 효율을 기대하기 어렵습니다.

그래서 쇼핑몰 초보라면, 또는 SNS에 능숙하지 않다면 SNS를 통해서 마케팅하는 것에 저는 부정적입니다. 하지만 자꾸 방문해서 보고 싶은 콘텐츠, 보면 볼수록 빠져드는 콘텐츠를 만들 수 있다면 SNS는 충분히 가치 있는 매체가 될 것입니다.

광고를 꼭 해야 할까?

잘 팔리는 쇼핑몰의 핵심 ─ 니즈에 맞는 아이템, 설득력, 가격, 광고

"광고는 꼭 해야 하나요?"

"광고비는 얼마가 적당한가요?"

"광고 안 하고 잘하는 방법은 없나요?"

"어떤 광고를 해야 잘될까요?"

쇼핑몰을 하는 분들이 가장 많이 하는 질문을 몇 개 나열해보았습니다. 제가 처음에 다닌 회사는 연매출 20조가 넘는 회사였습니다. 너무 치열한 업종이라 1년에 광고, 마케팅 비용만으로 수천억이 넘는 돈을 사용했죠.

마케팅 예산이 많으면 좋을 거라고 생각하는 분들이 많지만, 그렇지 않습니다. 웬만한 매체를 다 집행해도 그 돈을 다 쓰기가 쉽지 않다 보니, 덕분에 매일매일 야근은 기본입니다. 제일 큰 문제는 광고한다고 해서 꼭 팔리는 것이 아니기 때문에 압박감이 참 심합니다. 물론 저는 광고부에서 TV 담당이 아니라 온라인 담당이다 보니 4대 매체 대비 예산이 많지는 않았습니다. 그래도 온라인은 매체비가 TV 광고에 비해 저렴하다 보니 그 돈마저도 다 쓰려면 만만치 않았습니다. 덕분에 안 해본 게 별로 없습니다. 키워드 광고, 체험단, 배너 광고, 카페 마케팅, 블로그 마케팅 등 하도 돈을 많이 쓰다 보니 해당 업종의 허와 실을 알게 되었습니다.

광고는 필요한 경우도 있고, 필요없는 경우도 있습니다. 많이 쓰면 많이 쓸수록 매출이 오르는 경우도 있고, 광고를 하나 안 하나 별 차이가 없을 수도 있습니다. 왜냐하면 마케팅은 4P로 구성되어 있는데 단순히 광고 하나만으로 모든 것을 해결할 수는 없기 때문입니다. 잘 팔리는 쇼핑몰의 핵심은 소비자의 니즈에 맞는 아이템, 해당 아이템을 구매하도록 설득하는 능력, 가격, 광고입니다. 그리고 이러한 요소들이 톱니바퀴처럼 잘 물려 돌아갈 수 있도록 설계되어 있어야 합니다.

▼ 잘 팔리는 쇼핑몰의 핵심 4가지

① 니즈에 맞는 아이템	② 설득력	③ 가격	④ 광고

연예인 협찬, 할까 말까?

연예인 협찬을 해보고 싶은 분들 많을 텐데요. 과연 효과가 있을까 생각을 많이 합니다. 자체 브랜드를 강화하는 게 목적이라면 충분히 해볼 만하다고 생각되는데요. 아직은 시기상조인 것 같아서 저는 차후로 미뤄두려고 합니다.

내가 가진 상품을 공짜로 주고 사진 한 컷 찍는데 돈까지 지불해야 하니 참 뭐하네요. 요즘은 연예인도 벼슬이라는 생각이 듭니다.

아, 혹시 진행하실 분들, 가격은 대략 개그맨은 50만원 정도, 주조연급 배우 150~200만원 정도라네요. 물론 자세한 내용은 더 상담해봐야 하겠지만, 이것만도 만만치 않은 금액입니다.

예전에 제가 운영하던 카페에서 회원 한 분이 연예인 협찬 관련해 올린 글입니다. 연예인 협찬을 하면 매출이 늘어난다고들 하는데, 과연 매출이 늘어날까 하는 내용입니다.

그에 대한 댓글 중 중요 내용을 보면 이렇습니다.

> ↳ 제가 알기로 〈슈퍼맨이 돌아왔다〉 이휘재씨, 추성훈씨 등에게 협찬 가격, 방송 노출 PPL 가격이 제품당 1,000만원선으로 알고 있습니다. 주변 사장님께서 거기 노출해서 대박을 보셨거든요.
> ↳ 주말 예능에 노출되는 PPL은 엄청난 광고 효과를 보기 때문에 가격이 상당히 비싸죠. 제가 쓴 글은 사진 한 컷 찍어주는 비용이라고 봐야죠.
> ↳ 네, 맞는 말씀입니다. 현재 공장을 불철주야 돌려도 공급이 소비를 못 따라갈 정도라고 하니까요. 한참 부러워지는 중입니다.

PPL을 1,000만원을 주고 했더니 공장을 불철주야로 돌려도 공급이 소비를 못 따라갈 정도라는 내용이군요. 이런 댓글을 보고 나면 많은 분들이 연예인에게 협찬하면 대박이 날 것이라는 착각을 합니다. 최소한 대박은 안 나도 손해를 보지는 않을 거라는 생각을 하는 분들이 많더군요. 그래서 저한테도 가끔 요청이 들어옵니다. 연예인 좀 소개시켜줘, 연예인 어떻게 좀 싸게 안될까 등등.

연예인 협찬

아무리 광고해도 제품이 좋지 않으면 무용지물

연예인 협찬을 하면 얼마나 효과가 있을까요? 마케팅을 오래 한 사람으로서 말하면, 효과는 효과가 있는 제품만 있다는 것입니다. 어떤 제품은 PPL에 소요되는 비용만큼도 매출이 올라가지 않고, 어떤 제품은 대박이 납니다. 다시 말해 신발이라고 해서 모든 신발이 잘되는 것이 아니라 될 만한 신발이 있고, 의류라고 해서 모든 의류가 잘되는 것이 아니라 될 만한 의류가 있습니다. 그래서 이를 구분할 수 있는 능력이 중요합니다.

항상 하는 말이지만 광고, 홍보 활동(연예인 협찬, 광고, 블로그 마케팅, 언론홍보, SNS 마케팅 등)도 중요하지만 될 만한 제품을 판매하는 것이 더 중요합니다. 제품만 잘되어 있으면, 홍보가 잘못되면 홍보를 바꾸면 되고 광고가 잘못되면 광고를 바꾸면 됩니다. 제품이 잘못되었다면 그 어떤 것을 해도 제품을 바꾸기 전까지는 해결방안이 없는 경우가 다반사입니다.

그런데 정작 판매자들은 제품이 잘못된 것은 인정하지 않고 홍보수단만 찾더군요. 기본(아이템을 보는 능력, 마케팅 능력)이 안되어 있으면 아무리 광고를 많이 해도, 아무리 홍보를 많이 해도, SNS 마케팅을 해도, 블로그 마케팅을 해도 생각만큼 매출이 나오지 않습니다. 제일 먼저 공부해야 할 것은 어떤 제품, 서비스를 판매해야 소비자들에게 먹힐지입니다. 만약 어떤 상품을 팔아야 할지 모르겠다면 〈첫째마당〉부터 다시 읽어보세요.

매출 급등 광고의 비밀은 포지셔닝

연예인 협찬과 관련해 사례를 하나 더 보여드리겠습니다. 일 때문에 토요일, 일요일에도 출근하는 날이 더 많기는 하지만 주말에 제가 집에 있는 날이면 식사는 항상 제 담당입니다. 저야 일만 열심히 하면 되지만 아내는 회사 끝나자마자 애들 둘을 책임져야 하니까요. 그래서 주말만이라도 아내의 손을 조금이나마 덜어주는 의미로 식사, 청소, 빨래를 제가 합니다.

그런데 식사를 담당하다 보니 주부의 마음을 알겠습니다. 저처럼 먹는 것을 좋아하는 사람조차도 밥해먹는 게 너무 귀찮습니다. 그래서 점심에는 식당에 가서 샤브샤브를 먹고

왔습니다. 문제는 저녁. 또 밖에 나가서 먹기도 뭐하고 해서 애들에게 미끼를 던졌습니다.
"라면 먹고 싶은 사람?" 애들 둘 다 좋아라 합니다 그래서 아내 눈치 안 보고 저녁 메뉴로
라면을 먹게 되었습니다. 그런데 집에서 라면을 찾아보니 진라면만 달랑 보이더군요. 진
라면은 제가 좋아하는 라면이 아닙니다.

엑스브레인 : 혹시 이 라면 말고 다른 라면은 없어?

아내 : 그것밖에 없을 텐데.

엑스브레인 : 어쩔 수 없지. 다음 번에는 이거 말고 다른 라면도 부탁해~

아내 : 알았어.

엑스브레인 : 그런데 이 라면, 요즘 광고에 많이 나오던데, 그래서 사온 거야? 유명 야구선수가 이 라면 광고
　　　　　모델이잖아.

아내 : 그래서 이걸 사온 건 아니고, 기존에 먹던 라면이 좀 질려서. 게다가 애들은 우리가 매일 먹는 신라면보
　　　다 이 라면을 더 좋아하던데?

이 글을 보는 분들께 묻습니다. 유명 광고 모델을 써서 광고를 하게 되면 얼마나 매출
이 올라갈까요? 유명 야구선수가 이 라면 광고를 했기 때문에 구매했을까요? 아마 유명 연
예인을 쓰지 않았어도 판매량에서 큰 차이는 안 날 것입니다. 제 아내가 이 라면을 산 이유
는 첫째 매일 먹던 라면이 지겨워서, 둘째 애들이 좋아하니까입니다.

물론 유명 연예인을 쓰면 조금이라도 매출이 올라가는 경향이 있는 것은 사실입니다.
그 팬들이 구매하는 경우가 꽤 있으니까요. 하지만 광고비, 모델료 등을 생각하면 큰 효과
가 없는 경우가 참 많습니다.

쇼핑몰, 홈페이지도 마찬가지입니다. 연예인 협찬, 드라마 PPL 등을 하는 경우가 많은데, 제품이 제대로 포지셔닝이 되어 있지 않다면 비용 대비 수익이 오히려 낮은 경우가 대다수입니다.

광고 하나 잘해서 연매출 1,000억원 − 시원스쿨 사례

시원스쿨이 시작한 지 몇 년 안되었을 때 제가 아는 분이 저한테 이런 이야기를 했습니다.

"내 후배 중에 이시원이라는 후배가 있는데, 이 친구가 시원스쿨이라는 온라인 영어교육 사이트를 만들었어. 이 사이트에서 연매출 1,000억원이 나온다네? 어떤 매체에 광고를 해야 시원스쿨처럼 매출이 나오는지 얘기 좀 해줘. 엑스브레인은 광고 많이 해봤으니, 어디에 광고를 하면 효과가 좋은지 알 거 아니야."

현재 영어 공부를 하는 분이 아니라면 시원스쿨을 모를 것입니다. 하지만 급성장하던 당시에 대형 영어교육업체조차도 회의에 들어가면 시원스쿨을 말할 정도로, 시원스쿨은 아무것도 없이 시작해서 급성장한 온라인 영어교육업체입니다.

당시 대형 영어교육업체에서는 시원스쿨을 이렇게 얘기했습니다.

"저 정도 콘텐츠를 가지고 저렇게 매출이 나오는 게 이해가 안 간다. 도대체 비법이 뭐지? 콘텐츠도 아주 허접한데."

시원스쿨 홈페이지

그래서 그분께 여쭤봤습니다.

엑스브레인 : 시원스쿨은 어디에 광고를 해서 연매출 1,000억원이 되었다고 하던가요?

지인 : 글쎄, 정확하게 말을 안 해주더라고. 본인의 노하우니 말 안 해주겠지. 하여튼 시원이가 마케팅(광고)에
천재야. 어떤 매체에 광고를 해야 대박이 터지는지 알고 광고를 했으니 말이야.

엑스브레인 : 광고가 대단해서 매출이 나오는 게 아니라 상품 전략(포지셔닝)을 잘해서 대박을 친 거예요.

지인 : 엑스브레인은 잘 모르나 보네?

엑스브레인 : 거기 네이버 키워드 광고도 조금밖에 안 하고, 언론사 사이트에 배너 광고만 했어요.

지인 : 그럴 리가 없어. 뭔가 광고 비법이 있으니까 그렇게 된 거지.

여러분께 묻습니다. 시원스쿨의 이시원씨는 광고의 천재라서 대박이 났을까요? 시원스쿨은 남들이 다 하는 키워드 광고보다는 대다수 분들이 효과가 없다고 생각하는 배너 광고를 주력으로 했습니다. 그것도 비용이 많이 들어가는 포털사이트보다는 비용이 저렴한 언론사 사이트에 집중했습니다. 물론 지금은 돈을 많이 벌어서 오프라인에서도 광고를 많이 합니다.

시원스쿨은 돈이 많아서 성공한 것이 아니라, 소비지의 니즈를 정확하게 파악하고 정확하게 포지셔닝을 했기 때문에 성공한 것이죠. 참고로, 시원스쿨이 충족시킨 소비자의 니즈는 대단한 것이 아닙니다. 대다수 사람들이 중학교부터 대학교까지 10년을 공부했지만, 실제 외국인을 만나면 말 한마디 못하는 경우가 많은데, 시원스쿨은 '배우면 바로 말할 수 있는 영어'로 포지셔닝했기 때문에 성공한 것이지요. 다시 말하면 제품이 너무 좋아서 대박이 난 것이 아니라 소비자의 니즈를 충족시켰기 때문에 성공한 것입니다.

혹시라도 아이템 하나 잘 만나서 부자가 되었다, 광고 하나 잘해서 부자가 되었다, SNS 마케팅 하나 잘해서 부자가 되었다, 이런 얘기를 믿는다면 실패하는 지름길입니다. 다시 한 번 말씀드리지만 마케팅은 소비자의 니즈에 맞는 상품을 정확한 방향으로 마케팅하는 것이 중요합니다.

키워드 광고대행사를 쓸까 말까 고민하는 사장님들께 던지는 돌직구

키워드 광고를 비롯한 광고대행사 선정에 대해 고민하는 분들이 많습니다. 어떤 대행사를 써야 매출이 오를까? 이 말에 저는 돌직구를 한번 날려보겠습니다.

① 키워드 광고대행사 선정만 잘하면 된다고 생각하는 사장님들께 ·············

좋은 키워드 광고대행사를 선정하려고 하는 광고주들의 마음은 '키워드 광고대행사 선정 잘하면 매출이 올라가겠지'입니다. 맞나요? 자, 지금부터 예를 들어보겠습니다. 음식점이 있습니다. 그런데 음식점의 음식 맛이 영 아닙니다. 맛은 영 아닌데 전단지(홍보) 잘하는 대행사 1곳 잘 선정하면 매출이 올라갈까요? 온라인도 마찬가지입니다. 최소한 갖출 것은 갖추었을 때 대행사가 의미가 있는 것이지, 기본이 안되어 있으면 아무리 잘하는 광고대행사도 무용지물입니다.

② 키워드 광고대행사가 모든 마케팅을 해줄 거라고 생각하는 사장님들께 ·············

'최소한 갖출 것은 갖춘 것 같은데, 생각만큼 잘 안 팔린다. 어떤 대행사를 써야 매출이 오를까?' 고민하는 분들은 키워드 광고대행사는 전문가니까 대행사, 담당자 하나 잘 만나면 잘될 거라고 생각합니다. 안타깝게도 키워드 광고대행사에는 마케팅 전문가가 없습니다. 키워드 광고에는 전문가일지 몰라도 전체적인 마케팅을 아는 사람은 별로 없습니다. 앞에서도 이야기했지만, 마케팅은 달랑 뭐 하나 잘해서 되는 것이 아니라 몇 가지가 톱니바퀴처럼 잘 맞물려 있어야만 매출이 나옵니다.

③ 키워드 광고대행사가 내가 들인 돈만큼 일해줄 거라고 생각하는 사장님들께 ·············

'우리가 1달에 키워드 광고로만 300만원을 쓰는데' 하는 생각으로 키워드 광고대행사의 직원을 대하는 경우가 있습니다. 다시 말해 광고주 입장에서는 '내가 300만원을 쓰는데 키워드 광고대행사의 담당자, 너는 300만원어치 일한 거 맞아?' 하고 생각하는 거지요. 여러분이 낸 돈 300만원에서 85% 이상은 네이버가 가져갑니다. 키워드 광고대행사가 가져가는 돈이 아닙니다. 즉, 여러분이 낸 돈의 15% 미만(45만원 미만)이 키워드 광고대행사의 수익입니다. 45만원 번 키워드 광고대행사, 얼마만큼 광고주에게 시간을 투여할까요?

그래서 대행사 믿지 말고, 전체적인 마케팅을 본인이 할 줄 모르면 안된다고 말씀드린 것입니다.

광고를 하기로 결정했다면
이것만은 점검하자

호구 방지 1 | 광고 집행시 알아야 하는 용어

온라인에서 광고를 집행하려고 하면 익숙하지 않은 용어들을 많이 듣습니다. 꼭 알아야 하는 용어 몇 가지만 말씀드리겠습니다. 광고를 집행하려면 최소한 이런 내용 정도는 꼭 알고 있어야 합니다.

① 광고의 과금 방식 : CPM, CPC, CPA, CPS

∘ CPM(Cost Per Mille) : 1,000번 노출당 단가. 배너 광고에서 주로 사용

∘ CPC(Cost Per Click) : 클릭당 단가. 키워드 광고에서 주로 사용

∘ CPA(Cost Per Action) : 액션(회원가입)당 단가. 제휴 마케팅에서 주로 사용

∘ CPS(Cost Per Sales) : 판매당 비용. 제휴 마케팅에서 주로 사용

구분	설명	사용 매체
CPM	1,000번 노출당 단가	배너 광고
CPC	클릭당 단가	키워드 광고
CPA	액션(회원가입)당 단가	제휴 마케팅
CPS	판매당 비용	제휴 마케팅

CPM 1,000원이라고 하면 1,000번 노출에 1,000원의 비용이 들고, 1번 노출에 1원이 든다는 말입니다. CPC 500원이라고 하면 1번의 클릭에 500원을 받는다는 말입니다. CPA 2,000원이라고 하면 회원가입 1명 시키는 데 2,000원의 비용이라는 말입니다. CPS 5%라고 하면 판매금액의 5%를 광고비로 지불한다는 말입니다.

② 키워드 광고 : 조회수, 노출수, 클릭수, CTR

- 조회수 : 사용자가 해당 검색엔진에서 특정 기간 동안 얼마만큼 검색했는지
- 노출수 : 내 광고가 몇 번 노출되었는지
- 클릭수 : 내 광고를 클릭한 횟수
- CTR(Click Through Rate) : 클릭률. 노출 대비 몇 %가 내 광고를 클릭했는지

  (CTR) = (클릭수) ÷ (노출수) × 100

호구 방지 2 | 이런 곳에는 절대 광고하지 말자

쇼핑몰, 홈페이지 오픈하고 나면 전화들이 참 많이 옵니다. 전화번호는 어떻게 알았는지 귀신같이 광고하라고 전화가 옵니다. 여기서 질문 하나 하겠습니다.

다음 중 어떤 광고 상품을 선택해야 할까요?

① 1개월 광고하는 데 3만원입니다

② A신문사에 게재되는 광고입니다

③ 50만원이면 500만명한테 광고를 보여줄 수 있습니다

④ 1명 유입시키는 데 30원이면 됩니다

정답은 없습니다. **정답은 구매전환율이 높은, 즉 방문자 대비 많은 사람들이 내 상품, 서비스를 구매하는 광고입니다.** 원칙은 뻔한데 광고대행사에서 오는 전화를 받고 나면 마음이 흔들립니다. 이 광고 하면 매출이 오르지 않을까? 그리고 실제 집행한 이후에는 항상 속았다고 생각하죠.

결론! TM◆들이 전화해서 권유하는 광고는 절대 하지 마세요. 실력 좋은 광고회사라면 찾는 사람들이 많아 직접 TM을 써가며 영업하지 않기 때문입니다. 실력 없는 광고회사에 투자해 돈 잃고 시간 잃는 일은 하지 않아야겠죠?

그런데 ①~④의 광고 상품이 왜 문제가 될까요?

① → 무조건 싸다고 효율적인 것이 아닙니다.

② → 타깃층과 매칭이 되는지 생각해봐야 합니다. 또한 광고 게재 위치도 중요합니다. 광고 위치에 따라서 효율이 달라지기 때문입니다.

③ → 광고 용어 중 CPM을 이야기했습니다. 1,000번 노출당 가격인데, 만약 500만번을 보여주는데 50만원이라면 싼 가격 맞습니다. 문제는 노출 위치입니다. 클릭이 잘 일어나지 않는 위치, 또는 스크롤을 한참 내려야만 하는 위치에 광고가 있다면 노출은 될지언정 실제로 이 광고를 보는 사람은 별로 없을 것입니다.

④ → 꼼수로 방문자만 늘리는 경우가 대다수입니다. 예를 들면 익스플로러를 켰는데, 또는 웹서핑하다 보면 내가 아무런 액션을 한 것이 없는데 전혀 모르는 사이트가 열리는 경우가 있습니다. 보통 이런 상품들이 유입당 비용을 이야기합니다.

◆　TM(Telemarketer, 텔레마케터) : 전화를 통해 구매자에게 상품 홍보와 판매활동을 하는 사람

광고로 매출 높이기 1 | 랜딩페이지 기획을 제대로 하자

랜딩페이지◆를 이야기하기 이전에 대다수 쇼핑몰, 홈페이지 운영자들이 제일 많은 노력을 기울이는 것이 상위노출입니다. 블로그에서 상위에 노출시키고, 키워드 광고에서 1등하려고 노력하고. 그런데 상위노출보다 더 중요한 것이 있습니다. 랜딩페이지입니다. 랜딩은 '착륙'이라는 뜻입니다.

랜딩페이지가 중요한 가장 큰 이유는, 이 랜딩페이지 하나 보고 구매할지 안 할지 바로 결정하기 때문입니다. 즉 키워드 광고를 클릭해 내 쇼핑몰 내 어떤 페이지로 착륙시킬 것인지가 성공의 중요한 요소 중 하나라는 말입니다.

예를 들겠습니다. 몇 년 전에 제 아들이 초등학교에 입학했습니다. 책상은 벌써 사주었고, 집에 의자가 많다고 생각해서 쓰라고 했더니 너무 높다고 하더군요. 그래서 아들 키에 맞는 의자가 필요해 '초등학생 의자'라는 키워드로 네이버에서 검색을 했습니다. 광고가 나왔고 그중 제일 위에 있는 광고부터 차례대로 클릭했더니 다음과 같은 랜딩페이지들이 나왔습니다.

A랜딩페이지

B랜딩페이지

C랜딩페이지

여러분이라면 어느 사이트에서 구매하겠습니까? 나머지 조건이 다 똑같다고 하면 아마도 A에서 구매할 확률이 제일 높을 것입니다. 왜일까요? 소비자는 초등학생 어린이 의

◆ 랜딩페이지(Landing Page) : 검색엔진, 광고 등을 경유해 접속하는 유저가 최초로 보게 되는 웹페이지

자를 구매하려고 들어왔는데 B, C의 경우 어른 의자를 보여주다 보니 이탈을 하게 됩니다. 그래서 랜딩페이지 연결을 잘해야 한다고 말씀드린 것입니다.

광고를 클릭하고 들어온 소비자의 50% 이상은 달랑 페이지 하나 보고 사이트를 나갑니다. 그러다 보니 광고비가 비싼 것을 탓하기 이전에 랜딩페이지를 통해 효율을 최적화하는 것이 중요합니다. 이것이 랜딩페이지를 잘 만들어야 하는 이유이기도 하고요.

광고로 매출 높이기 2 | 상세페이지 기획을 제대로 하자

저는 오랫동안 광고를 했습니다. 물론 마케팅을 더 오래 했고, 거기에 부가적으로 광고를 진행했습니다. 그런데 광고를 집행해야 하는 업체들을 만나면 하나같이 하는 말이 키워드 광고가 좋으냐 배너 광고가 좋으냐, 신문이라면 조선·중앙·동아·한겨레 중에 어디가 좋으냐입니다. 하지만 진짜 광고를 하는 사람들은 어떤 메시지를 소비자한테 전달할지를 고민하고, 그다음 이 메시지를 쉽게 전파할 수 있는 매체를 찾습니다.

이런 차이로 인해 똑같은 매체에 광고를 해도 누구는 광고비 이상의 수익을 뽑아내고, 누구는 광고가 돈 먹는 하마가 됩니다. 메시지 전략을 제대로 짜지 못했기 때문에 매출이 안 나오는 건데 매체 탓만 합니다. 참고로, 매체마다 부르는 용어가 다릅니다. 광고에서는 메시지라고 하고, 쇼핑몰에서는 상세페이지라고 하죠. 그리고 블로그에서는 콘텐츠라고 합니다.

광고의 메시지(쇼핑몰의 상세페이지)를 바라보는 시선에 대해 이렇게들 생각합니다.

"광고 아이디어를 짜봐라, 좋은 아이디어가 있어야 좋은 광고가 나온다."

광고의 아이디어는 새롭게 만들어지는 것이 아니라 기존에 있는 것들을 다시 조합해 새로운 것을 만들어내는 과정입니다. 즉 기억의 재배열 과정입니다.

상세페이지도 마찬가지입니다. 아이디어를 내서 어떻게 하면 소비자를 설득할 것인지가 아니라 기존에 있는 것들을 재조합해 새로운 모양으로 재탄생시키는 과정입니다. 이런 관점에서 상세페이지를 어떻게 만들어야 하는지 〈둘째마당〉에서 설명했습니다. 기억이 나지 않는다면 〈둘째마당〉을 다시 읽어주세요.

▼ 광고 결정 전 꼭 체크해봐야 하는 것들

장	키워드	점검사항	설명
29 **광고를 꼭** **해야 할까?**	니즈에 맞는 아이템	소비자가 원하는 상품인가?	아무리 광고해도 수요가 없다면 팔리지 않는다
	설득력	소비자가 사고 싶다는 생각이 들게 설득했나?	제품을 사게 하는 결정적인 요인이 설득력이다. 왜 내 제품을 구매해야 하는지 잘 보여주어야 한다
	가격	소비자가 합당하다고 생각하는 가격인가?	글이 너무 좋아서 사려고 봤더니 가격이 터무니없다면 구매전환이 이루어지지 않는다
	광고	어떤 마케팅 툴을 쓸 것인가?	TV, 블로그, 인스타그램, 라디오 등 내 상품에 잘 맞는 마케팅 툴을 선택해야 한다
30 **광고를** **하기로** **결정했다면** **이것만은** **점검하자**	광고 관련 용어	광고 집행시 알아야 하는 용어들은 습득했나	물론 기간제로 돈을 받는 경우도 있지만 온라인에서 제일 많은 방식은 CPC다. CPC는 꼭 기억하자
	광고 매체 선정	오픈마켓, 네이버, SNS 등 광고를 진행할 매체를 결정했나?	오픈마켓에서 광고하려면 오픈마켓 광고 파트에 있는 글을 읽어보자. 네이버에서 광고하려면 네이버 비즈니스, 광고에서 한 번쯤 살펴보자
	랜딩페이지	키워드별로 정확하게 랜딩페이지가 설정되어 있나?	랜딩페이지 설정만 잘해도 매출이 바뀐다. 무조건 메인화면으로 연결하는 것은 금물이다
	상세페이지	소비자가 구매하고 싶게 설계가 되었나?	기억나지 않는다면 〈둘째마당〉을 참고하자

▼ 나의 광고 전략 체크리스트

장	키워드	점검사항	체크
29 **광고를** **꼭 해야 할까?**	니즈에 맞는 아이템	소비자가 원하는 상품인가?	☐
	설득력	소비자가 사고 싶다는 생각이 들게 설득했나?	☐
	가격	소비자가 합당하다고 생각하는 가격인가?	☐
	광고	어떤 마케팅 툴을 쓸 것인가?	☐
30 **광고를 하기로** **결정했다면** **이것만은** **점검하자**	광고 관련 용어	광고 집행시 알아야 하는 용어들은 습득했나?	☐
	광고 매체 선정	오픈마켓, 네이버, SNS 등 광고를 진행할 매체를 결정했나?	☐
	랜딩페이지	키워드별로 정확하게 랜딩페이지가 설정되어 있나?	☐
	상세페이지	소비자가 구매하고 싶게 설계가 되었나?	☐

광고대행사가 말하는 현명한 광고 집행 방법

얼마 전에 광고 관련해서 협의할 것이 있어서 온라인 광고대행사에 있는 친구하고 통화했습니다. 아직 일을 잘 모르는 경력 적은 친구가 아니라 광고 전반을 아는 15년 이상의 경력자입니다. 주력 광고주는 대형 기업들이고 소형 회사는 안 합니다. 그리고 TM 돌려서 영업하는 회사하고는 질적으로 차이가 많은 회사입니다. 잘하다 보니 대형 기업들이 알아서 들어오는 구조이고요. 판매실적을 중시하는 대형 오픈마켓, 대형 쇼핑몰 등도 이 회사에서 많이 진행하는 것으로 알고 있습니다. 친구와 한 통화 내용 중 일부를 말씀드립니다.

엑스브레인 : 너희 회사는 키워드 관리를 어떤 식으로 하니?

친구 : 뻔히 알면서 뭘 물어?

엑스브레인 : 혹시 내가 생각한 것을 넘는 뭔가가 있는지 해서.

친구 : 실적 안 나오면 실적 잘 나올 수 있게 해주고, 불만사항 있으면 불만사항 개선해주고.

엑스브레인 : 그러니까 키워드 세팅, 순위 조정, 랜딩페이지 조언하는 거 말고 또 있냐고.

친구 : 그렇게 말하면 뭐가 있겠어. 그게 다지.

엑스브레인 : 혹시 랜딩페이지나 상세페이지를 너희가 제작하는 경우도 있니?

친구 : 랜딩페이지, 상세페이지는 안 해. 광고주들이 랜딩페이지, 상세페이지를 우습게 보거든. 거기다가 우리가 제작했다가 실적이라도 안 나오면 전부 우리 책임이 될 텐데 할 수가 없지. 또 우리 회사가 잘한다고 해도, 우리 회사 직원들 중 그런 것 아는 애들 하나도 없어.

엑스브레인 : 그런데 키워드 조정하고 순위 배치하는 것은 너희가 잘할 수 있겠지만 랜딩페이지, 상세페이지 변경 없이 판매실적을 개선하는 것은 한계가 있지 않나?

친구 : 맞는 말이지만, 우리도 어쩔 수 없어. 상세페이지, 랜딩페이지에 대한 광고주 인식의 한계가 제일 크고, 그런 것까지 할 수 있는 사람을 채용하는 것 자체가 불가능해. 그래서 우리뿐만 아니라 키워드 광고하는 곳은 전부 다 랜딩페이지, 상세페이지는 안 해.

엑스브레인 : 알았다.

친구 : 될 곳은 말 안 해도 스스로 어느 정도 해. 거기에 키워드 관리를 잘하면 더 잘되는 거고. 안될 곳은 아무리 말해도 안되지. 바이럴도 마찬가지이고. 안되는 곳은 키워드 세팅이 잘못되었다, 세부키워드가 좋다는데 이것 가지고 되겠냐, 관리가 이게 뭐냐 얘기하면서 결국은 다른 대행사로 이관해. 그런데 그런 업체 보면 어디 대행사에서 하든 몇 달 지나면 또 불만을 가지고 옮겨가. 그러다 결국은 키워드 말고 TM들이 전화하는 것에 속아서 이상한 광고 진행하고 계속 효율 좋

은 광고만 찾으러 다니다가 망하지. 너도 뻔히 알잖아.

엑스브레인 : 그렇긴 하지. 알았다, 고맙다.

호구가 되지 않으려면 내가 잘 알아야 한다

이 통화 내용을 보면 이미 쇼핑몰을 해본 분이라면 느끼는 게 많아야 합니다. 가끔 인터넷에 보면 솔루션이 어떻고, 세부키워드를 어떻게 해야 하고, ROI*가 어떻고, 실적 분석은 어떻고 말하는 분들이 많더군요. 이 말이 잘못된 것은 아니지만, 피상적인 단어가 아니라 정말로 잘되려면 어떻게 바꿔야 하는지 정확하게 물어보세요. 아마 대답할 수 있는 곳이 단 1곳도 없을 것입니다. 랜딩페이지를 바꾼다면 정확하게 어떻게 바꾸고 왜 그렇게 해야 하는지, 상세페이지를 바꾼다면 어떻게 바꾸어야 하는지, 상품의 구성은 어떻게 바꾸어야 잘 팔리는지 아무도 대답을 못할 것입니다. 그래서 스스로 잘 알지 못하면 성공하기가 어려운 것입니다.

◆　　ROI(Return On Investment) : 투자수익률. 가장 널리 사용되는 경영성과 측정 기준 중 하나로, 기업의 순이익을 투자액으로 나누어 구한다.

마케팅 전략,
이것만은 점검하자

성공한 쇼핑몰의 공통점을 아이템부터 기획력, 마케팅까지 모두 알아보았습니다. 마지막으로 마케팅이란 무엇인지, 또 그 방법은 무엇이 있었고, 주의할 점은 어떤 것인지 마무리 삼아 정리하고, 나의 마케팅 전략을 점검해보겠습니다.

마케팅의 시작은 아이템, 내 아이템의 전문가는 나

우리가 일반적으로 생각하는 마케팅이란 프로모션으로, 이것은 마케팅을 이루고 있는 4P인 제품(Product), 가격(Price), 유통(Place), 프로모션(Promotion) 중 한 부분이었습니다.

튼튼하고 오래가는 사업을 만들기 위해 4P 분석을 실제 사례에 적용하는 연습을 해보았고, 이를 통해 내 사업의 4P도 분석할 수 있었습니다. 마케팅 분석이 제대로 되었다면 이제는 어떤 프로모션으로 내 아이템과 내 사업을 노출해 판매를 촉진할 수 있는지 그 방법도 알아보았죠.

하지만 결국 내가 물건을 잘 파는 방법을 알지 못하면 어떤 마케팅업체도 내 쇼핑몰의 매출을 올려줄 수 없다는 것을 기억해야 합니다. 또한 처음부터 모든 마케팅 매체를 이용하려고 하는 것보다는 선택과 집중을 통해 내가 잘할 수 있는 매체를 골라 효율적으로 마케팅을 하는 것이 중요하다는 것을 배웠고, 이를 위해 매체별 마케팅 중요 포인트를 짚어보았습니다.

다시 한 번 강조하지만 마케팅의 성공 여부는 시장성 있는 아이템에서 출발합니다. 아무리 많은 마케팅을 하더라도 내 아이템이 팔리지 않는다면 돈만 낭비하는 일이 될 것입니다. 그리고 내 아이템의 전문가는 사장인 나여야 합니다. 광고 전문가, 마케팅 전문가는 광고와 마케팅 분야의 전문가이지 내 아이템의 전문가가 아닙니다. 따라서 전문가들을 효율적으로 활용하기 위해서는 내가 먼저 내 아이템과 콘셉트에 대해 명확하게 알고 있어야 합니다.

어떤가요? 그동안 공부한 것들이 머릿속에 좀 정리가 되나요? 광고는 바로 앞 장에서 점검해보았으니 이번 장에서는 광고를 제외한 마케팅에 대해 점검해보겠습니다.

▼ 마케팅 시작 전 꼭 체크해봐야 하는 것들

장	키워드	점검사항	설명
23 마케팅 기본기, 이것만은 꼭! – 4P	제품	소비자가 원하는 제품인가?	소비자가 원하는 제품을 어떻게 만들 것인지 혹은 어떻게 팔 것인지를 고민해야 한다
	가격	소비자가 합당하다고 생각하는 가격인가?	경쟁사와 비교해 적정한 가격을 책정해야 한다
	유통	해당 상품과 매칭이 되는 판매채널인가?	어떤 장소에서 팔 것이며, 어떤 곳을 통해 유통할 것인지 정해야 한다
	프로모션	소비자의 이목을 끌 수 있는 프로모션인가?	어떤 매체를 이용해 소비자에게 내 상품, 내 쇼핑몰의 무엇을 어떻게 알릴 계획인가?

장	키워드	점검사항	설명
24 월매출 5억원 돌파! 온라인 프로모션 방법 6가지	쿠폰 환불 샘플링	프로모션을 해야 하는 확실한 목적이 있는가?	여기 있는 방법을 무조건 다 해야 하는 것은 아니다. 나의 상황에 맞추어 사용할 수 있는 방법이 있는지 생각해보자
	할인 보상판매 유통스탬프	프로모션이 수익에 손실을 입히지는 않겠는가?	
25 온라인 마케팅 어떻게 해야 할까? 선택과 집중!	온라인 마케팅 방법	키워드 광고를 한다면 키워드별 랜딩페이지는 적합한지 생각해봤나?	초보라면 모든 마케팅 방법을 섭렵하는 것보다 선택과 집중이 중요하다는 것, 잊지 말자. 처음에는 키워드 광고 또는 스마트스토어 상위노출만 해도 충분하다
		블로그, 카페 등에 글을 쓴다면 어떤 내용으로 쓸지 생각해봤나?	
		광고에 돈이 든다면 내 상품과 매칭이 잘 되는지, 비용은 적절한지 비교해봤나?	
	SNS별 특징	내가 홍보 목적으로 사용하려는 SNS의 이용 연령층과 내 상품의 타깃이 일치하는가?	
26 매출액 좌우하는 네이버 상위노출, – 블로그, 스마트스토어	판매량 상품평 상품명 필드값	4가지 요소에 모두 적합한 상품인가?	초기에는 신규성으로 인해 상위노출이 쉽다. 하지만 결국 판매가 되지 않으면 상위노출은 되지 않는다. 이 4가지 요소에 맞추어서 진행하면 된다
27 블로그 마케팅을 잘하려면 글쓰기 능력이 답!	글쓰기 능력	소비자가 공감할 수 있는 콘텐츠를 작성했는가?	인터넷에 정보는 많다. 이 정보를 이용해 나만의 글로 바꾸는 연습을 해야 한다
28 인스타그램, 페이스북 마케팅에는 좋은 아이템과 콘텐츠가 답!	좋은 콘텐츠	소비자가 보고 싶어하는, 좋아하는 콘텐츠로 작성했는가?	어떤 방향으로 운영할지 생각한 이후에 각각의 콘텐츠 (사진 + 글 등)를 어떻게 할지 생각해보자

▼ 나의 마케팅 전략 체크리스트

장	키워드	점검사항	체크
23 **마케팅 기본기,** **이것만은 꼭!** **– 4P**	제품	소비자가 원하는 제품인가?	☐
	가격	소비자가 합당하다고 생각하는 가격인가?	☐
	유통	해당 상품과 매칭이 되는 판매채널인가?	☐
	프로모션	소비자의 이목을 끌 수 있는 프로모션인가?	☐
24 **월매출 5억원 돌파!** **온라인 프로모션** **방법 6가지**	쿠폰	프로모션을 해야 하는 확실한 목적이 있는가?	☐
	환불		
	샘플링		
	할인	프로모션이 수익에 손실을 입히지는 않겠는가?	☐
	보상판매		
	유통스탬프		
25 **온라인 마케팅** **어떻게 해야 할까?** **선택과 집중!**	온라인 마케팅 방법	키워드 광고를 한다면 키워드별 랜딩페이지는 적합한지 생각해봤나?	☐
		블로그, 카페 등에 글을 쓴다면 어떤 내용으로 쓸지 생각해봤나?	☐
		광고에 돈이 든다면 내 상품과 매칭이 잘 되는지, 비용은 적절한지 비교해봤나?	☐
	SNS별 특징	내가 홍보 목적으로 사용하려는 SNS의 이용 연령층과 내 상품의 타깃이 일치하는가?	☐
26 **매출액 좌우하는** **네이버 상위노출,** **– 블로그,** **스마트스토어**	판매량	4가지 요소에 모두 적합한 상품인가?	☐
	상품평		
	상품명		
	필드값		

장	키워드	점검사항	체크
27 블로그 마케팅을 잘하려면 글쓰기 능력이 답!	글쓰기 능력	소비자가 공감할 수 있는 콘텐츠를 작성했는가?	☐
28 인스타그램, 페이스북 마케팅에는 좋은 아이템과 콘텐츠가 답!	좋은 콘텐츠	소비자가 보고 싶어하는, 좋아하는 콘텐츠로 작성했는가?	☐

월매출 500만원에서 순수익 2,000만원 달성! 비법은 마케팅 전략

자동차용품을 파는 강사장님은 아기를 키우는 워킹맘으로, 잘나가던 쇼핑몰 매출이 몇 달 전부터 급락해 다급하게 저를 찾아왔습니다.

강사장님 : 1달 매출이 500만원도 안 나오네요. 이대로는 접을 수밖에 없어요. 무조건 지금 당장 팔아야 해요.

엑스브레인 : 지금까지 어떻게 판매하셨나요?

강사장님 : 대행해주는 곳이 있어서 믿고 맡기고 있어요. 예전에는 이 정도는 아니었는데…….

엑스브레인 : 어디 한번 살펴볼까요? 예전에는 얼마나 나왔나요?

강사장님 : 예전에는 1달에 1,000만원 조금 넘게 나왔어요.

강사장님의 자동차용품점

마케팅, 사장이 직접 관리하니 성공!

결론부터 얘기하면 월 500만원 매출이 2,000만원으로 껑충 뛰더니 1억원을 달성했습니다. 어떻게 이곳의 매출을 늘렸을까요? 사실 딱 한 포인트, 바로 바이럴 마케팅이었습니다.

강사장님은 이미 업체를 써서 하고 있었지요. 하지만 저는 강사장님이 직접 경쟁사 분석을 하게 유도하고 소비자에게 어떻게 어필할지 고민하자고 설득했습니다.

조금 더 자세히 이야기해보면, 기존에 마케팅을 대행해주는 회사는 바이럴 마케팅을 통해 매출을 증대하고자 했습니다. 그런데 바이럴 마케팅 방법이 강사장님의 쇼핑몰을 알리는 것에 중심을 두고 있었다면, 엑스브레인의 해법은 쇼핑몰보다는 상품을 가지고 바이럴 마케팅을 하는 것이었습니다. 그리고 이전과 효과를 비교해보기 위해 바이럴 마케팅업체에 따로 일을 주지 않았지요.

결과는 성공적이었습니다. 쇼핑몰을 알리는 것에 중점을 둔 바이럴 마케팅보다 상품에 중점을 둔 바이럴 마케팅을 진행했더니 오히려 매출이 훨씬 많이 오르는 것이었습니다. 예전처럼 바이럴 마케팅업체를 써서 마케팅했다면 생각만큼 매출이 뛰지 않았을 거예요.

운영자 스스로 경쟁사와 나의 차이점을 통해 어떤 것이 강점인지 분석해 마케팅 전략을 세우고 그에 맞는 전술로 바이럴 마케팅을 적용해야 했는데, 예전에는 이 과정이 생략되었습니다.

그렇다고 운영자가 계속 바이럴 마케팅을 관리할 필요는 없습니다. 마케팅 전략과 큰 방향을 잡았다면 나머지는 업체에 맡겨도 됩니다. 하지만 모든 걸 외부에 맡기면 매출 급등은 힘듭니다.

누구에게 무엇을 어떻게 알리는지가 마케팅

경험해보니 마케팅은 '한 포인트'입니다. 바로 이 한 포인트만 잘해도 충분히 잘될 수 있습니다. 저는 강사장님을 만날 때 중요한 질문을 던졌습니다.

'누구에게,' '어떤 메시지'를, '어떤 방식'으로 알리려고 하나요?

처음에 강사장님은 제대로 답하지 못했습니다. 하지만 〈준비마당〉에서 살펴본 순서대로 마케팅 전략을 세우기 위해 경쟁사를 분석하고 자신의 쇼핑몰 강점을 찾아 어필하는 지점을 찾았습니다.(〈준비마당〉 02장 참고) 그런 다음 자신이 파는 '제품'을 정확한 '대상자'에게, '강점'을 이용해서 '바이럴' 방식으로 알렸습니다. 그 결과가 월매출 1억원이었습니다.

잘나가던 쇼핑몰이 고꾸라진다면 원점으로 돌아가 마케팅 전략과 전술을 점검해보세요. 그리고 스스로 객관화하면서 개선점을 찾아보세요. 객관화가 힘들다면 로그분석을 이용해보세요.

다음은 엑스브레인의 쇼핑몰 & 홈페이지 연구소(cafe.naver.com/ktcfob)에 강사장님이 남긴 내용입니다.

아무리 해도 팔리지 않던 제 상품이 드디어 팔리기 시작했어요!
10월달 11번가, 스토어팜, 자사몰의 매출이고요, 나머지 오픈마켓까지 더하면 매출 1억원이 조금 넘어요. 사무실, 인건비, 이것저것 제외하고 나서 순수익이 2,000만원 조금 넘네요.
제 인생에서 1달에 2,000만원 넘게 버는 날이 올 줄은 정말 몰랐네요.ㅋㅋㅋㅋ

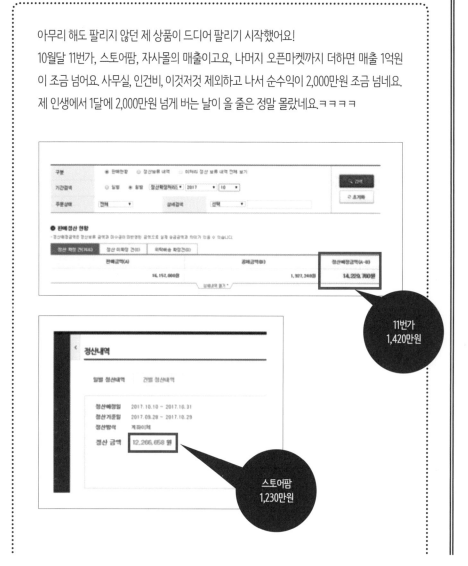

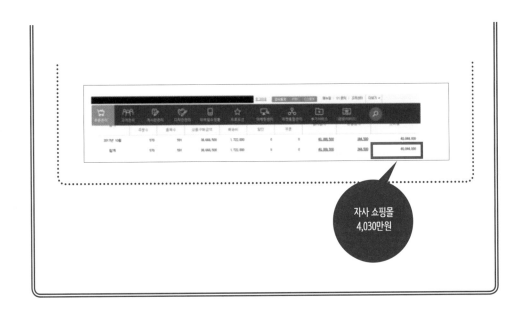

자사 쇼핑몰
4,030만원

여러분은
누구에게 어떤 메시지를
어떤 방식으로 알리려고
하나요?

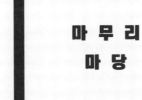

마 무 리
마 당

2주 완성

쇼핑몰
실전 창업

엑 스 브 레 인 쇼 핑 몰 성 공 법

|1일차|
판매 아이템 선정하기

경험이 없어도 성공할 수 있는 이유는 객관적인 시각

쇼핑몰 창업에서 제일 먼저 해야 하는 것이 판매 아이템 선정입니다. 그 어떤 것도 아이템이 정해지지 않으면 진행할 수가 없기 때문입니다. 〈준비마당〉에서 이런 이야기를 했습니다. 해당 업종에 오랫동안 근무한 분들이 창업해서 성공한 것과, 해당 업종과 무관한 일을 하던 분들이 창업해서 성공한 것, 두 그룹 간의 성공 확률이 차이가 크지 않다고 말했습니다.

- 만약 내가 의류회사에서 디자이너로 일했다면?
- 만약 내가 쇼핑몰 모델로 일했다면?
- 만약 내가 의류회사에서 MD로 일했다면?

의류 관련 쇼핑몰을 창업한다면 해당 업종에서 경험이 있기 때문에 더 쉽게 성공해야 하는데, 전혀 그렇지 않습니다. 실패하는 이유를 살펴보면, 현재 내 상황이 기존에 다닌 회사의 상황과 전혀 다름에도 불구하고 기존 회사의 상황에 맞추어서 쇼핑몰을 준비하기 때문입니다. 기존 회사에서 잘 팔리는 상품을 사입하고 기존 회사에서 파는 방식으로 팔았기 때문에 대다수가 실패하는 경험을 하게 됩니다. 반대로 해당 업종에 대한 경험이 없어도 성공할 수 있었던 이유는 해당 아이템에 대한 객관적인 시각을 확보할 수 있었기 때문입니다.

아이템 선정이 성공의 핵심!

아이템을 정할 때 해당 업종에서 일해본 경험이 있다면 해당 업종을 해도 됩니다. 오프라인에서 현재 사업을 하고 있다면 그것을 온라인으로 옮겨와도 됩니다. 하지만 기존과 똑같이가 아니라, 경쟁사 분석을 통해서 객관적인 시각으로 누구를 타깃으로 팔지 생각하고 시작해야 합니다.

▼ 아이템 선정

스스로
작성해보세요

나는 어떤 상품을 팔 것인가?	구체적인 아이템
경쟁은 치열하지만 많이 팔리는 상품	
경쟁자가 적은 블루오션의 상품	
매니아층을 공략한 상품	
비싸도 잘 팔리는 상품	
오프라인을 온라인으로 바꾼 상품	
남을 위해 구매하는 상품	
각종 아이디어 상품	
특정 대상층을 공략한 상품	
희소성이 있는 상품	

생각이 안 나면 〈첫째마당〉을 확인해주세요.

| 2일차 |
경쟁사 분석하기

4P로 경쟁사 분석하기

쇼핑몰 창업하는 분들이 가장 많이 실수하는 부분입니다. 어떤 아이템을 해야겠다는 생각이 들면 앞뒤 가리지 않고 아주 빠른 속도로 진행을 합니다. 사실 온라인 창업이나 오프라인 창업이나 마찬가지입니다. 경쟁사 분석을 기반으로 진행해야 합니다. 마케팅은 4P 라고 이야기했습니다.

① Product(제품)

경쟁사는 어떤 제품(Product)을 판매하는지 살펴보고, 그에 따라서 나는 어떤 상품을 판매할지를 생각해봐야 합니다. 만약 여성의류 쇼핑몰을 생각하고 있다면, 경쟁사들이 판매하고 있는 상품군과 어떻게 차별화할지를 생각해야 합니다. 〈첫째마당〉에서 예시로 여자 대학생을 대상으로 한 캐주얼 의류를 말씀드렸습니다.

출처 : Graychic

출처 : 66걸즈

② Price(가격)

경쟁사는 어떤 가격대의 상품을 중심으로 판매하는지를 살펴보고 나는 어느 정도 가격대의 상품을 팔지 생각해봐야 합니다. 예를 들어 경쟁사들이 저가시장을 중심으로 의류를 판매하고 있다면 나는 고가시장으로 들어갈 것인지, 중가시장의 상품군을 기반으로 판매할지 등을 결정해야 합니다. 또한 나는 얼마에 팔 것인지도 고민해야 합니다. 똑같은 상품이라 하더라도 비싸게 팔려면 그만큼 잘 설득을 해야 할 것이고요.

③ Place(유통)

경쟁사들이 저가상품을 중심으로 오픈마켓에서 판매하고 있다면 나는 중가 또는 고가상품을 중심으로 내 쇼핑몰에서 팔지, 홈쇼핑 계열의 GS Shop, CJ몰, 롯데I몰 등에서 팔지, 무신사 같은 스트릿패션을 중심으로 자리매김한 숍에서 팔지를 고민해야 합니다. 소셜커머스 역시 마찬가지입니다. 내 상품이 소셜커머스에 적합한 상품인지를 생각해서 판단해야 합니다.

출처 : GS Shop

출처 : 무신사

④ Promotion(프로모션)

프로모션 안에는 여러 가지가 있다고 이야기했습니다. 광고, 홍보도 프로모션의 영역이고, 광고를 위한 제작물을 만드는 것도 같은 영역입니다. 그중 광고, 홍보, 마케팅을 위한 제작물은 소비자를 어떻게 설득할 것인지의 문제입니다. 항상 하는 말이지만, 똑같은 상품도 어떻게 설득하는지에 따라서 소비자는 구매를 할 수도 있고 아닐 수도 있기 때문입니다.

위 4가지 요소를 고려해서 어떤 쇼핑몰을 할지, 또는 어떤 상품을 팔지 고민해야 합니다.

지피지기 백전백승! 경쟁사 분석은 필수!

꼭 그렇게까지 해야 할까요? 네, 해야 합니다. 포화시장이기 때문입니다. 포화시장이라는 이야기는 경쟁이 치열하다는 말입니다. 그래서 치열한 경쟁을 뚫고 나가기 위해 전략을 세워야 한다고 얘기하는 것입니다. 경쟁사 분석을 하지 않고 시작하는 쇼핑몰은 대다수가 망합니다. 포화시장만 아니라면 맛없는 음식점도, 실력 없고 친절하지 않은 의사도 먹고살

만큼은 법니다. 하지만 포화시장에서는 맛있는 음식점도, 실력 있는 의사도 망할 수 있습니다. 쇼핑몰만 그런 것이 아니라 모든 업종이 다 그렇습니다. 그러니 꼭 생각해봐야 합니다.

▼ 경쟁사 분석표

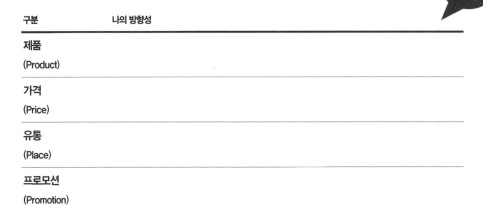

스스로 작성해보세요

구분	경쟁사 분석		
	A사	B사	C사
제품 (Product)			
가격 (Price)			
유통 (Place)			
프로모션 (Promotion)			

위의 경쟁사 분석을 기반으로 나는 어떤 영역에서 싸울지를 고민해야 합니다.

스스로 작성해보세요

▼ 나의 방향성 정하기

구분	나의 방향성
제품 (Product)	
가격 (Price)	
유통 (Place)	
프로모션 (Promotion)	

생각이 안 나면 〈셋째마당〉을 확인해주세요.

| 3일차 |
판매 아이템 사입하기

판매 아이템, 어디에서 구매해야 할까?

어떤 쇼핑몰을 만들고 어떤 상품을 판매할지 결정이 되었다면, 그 상품이 있는 곳은 어디인지를 파악해야 합니다. 제품은 구하기 쉬운 것도 있고 그렇지 않은 것도 있습니다. 쉽다고 생각해서 시작하는 의류시장, 사실 생각 없이(경쟁사 분석을 하지 않고) 시작하면 더 어렵습니다. 오히려 어렵다고 생각하는 제품이 더 쉬운 경우도 많고요.

예를 들어 의류를 판매하려고 한다면 동대문 도매상가, 액세서리는 남대문 도매상가 이런 식으로 구매할 수 있는 곳들이 있습니다. 그런데 그것만으로는 부족합니다. 경쟁사 분석을 기반으로 어떤 상품을 판매할지 고민하고, 그 결과를 토대로 내가 원하는 상품이 어디에 있는지 찾아봐야 합니다.

의류 중에서도 고가의 의류를 판매하려고 한다면, 저가의 의류를 판매하려고 한다면, 이런 스타일을 판매하려고 한다면, 또는 저런 스타일을 판매하려고 한다면 무조건 동대문이 아니라 그중에서도 어디인지를 찾아야 합니다. 판매하는 상가가 다를 수도 있고, 똑같은 상가 안에서도 나뉘어 있을 수도 있습니다. 예를 들면 누존은 디자인과 원단의 수준이 높고, 지방 오프라인 매장 판매용 제품이 많으며, 구두는 고가의 수제화가 주종이죠.

동대문이 아니라 중국에서 가져와서 판매할 수도 있습니다. 그런데 굳이 중국 안 가도 알리바바 등에서 찾아도 됩니다. 이렇게 알리바바에서 클릭 몇 번으로 수입해서 판매하는 분들 역시 잘되는 분들이 많으니까요. 제품을 사입하는 제일 쉬운 방법은 경쟁사 분석을 기반으로 발품만 열심히 팔면, 또는 검색만 열심히 해도 어느 정도 다 알아볼 수 있습니다. 지금은 온라인에서 연매출액 100억원 이상 되는 분들도 다 이렇게 시작했습니다.

생산업체 vs 도매업체

제조사에서 제품을 가져왔을 때의 장점과 단점, 도매상을 통해 제품을 가져왔을 때의 장점과 단점에 대해서 설명했습니다. 상황에 맞추어서 제조업체와 일할지, 도매상과 일할지 생각해보면 됩니다.

▼ 사입처별 장단점

구분	나는 어떤 업체에서 구매하는 것이 유리한가?	
	장점	단점
생산업체	• 도매보다 저렴하게 공급받을 수 있다 • 구매량이 커지면 독점공급을 받을 수 있다 • 본인의 브랜드명으로 생산할 수 있으며, 제품 하자에 따른 A/S도 가능하다	• 상품군이 한정되어 있다 • 쇼핑몰의 콘셉트에 따라 1~2곳의 생산업체만으로는 운영이 안될 수도 있다 • 1회 구매에 들어가는 비용이 높다
도매업체	• 거리상 접근이 용이하다 • 다양한 상품군을 확보할 수 있다 • 소자본으로 사입이 가능하다	• 생산업체 대비 매입단가가 비싼 경우가 많다 • 공급이 불안정할 수 있다 • A/S가 불가능하다

생각이 안 나면 〈첫째마당〉을 확인해주세요.

4일차
사업계획서 작성하기

사업계획서란 4P를 기준으로 작성하는 문서

회사 다닐 때는 열심히 사업계획을 세우는데 막상 자기 일을 시작하면 이 부분을 간과하는 경우가 많습니다. 사업계획은 돈을 벌 수 있는 아이디어를 실행 가능한 구체적인 계획으로 발전시키는 과정입니다. 사업을 추진하는 데 문제점과 제약 요소 등을 고려해서 어떻게 진행할지 전체를 도식화해봐야 합니다.

거창하게 사업계획이라고 말하지 않아도 1일차에 아이템 정하고, 2일차에 경쟁사 분석하고, 3일차에 물건 사입하는 부분을 문서화하는 작업이 바로 사업계획서 작성입니다. 머릿속에서만 생각하다 보면 생각보다 정리가 안되는 경우도 많고, 또는 본인은 정리가 되었다고 생각하지만 막상 정확하게 정리 안된 부분이 있을 수 있기 때문에 문서를 통해 본인의 생각을 정리하는 거지요. 이때 꼭 생각해야 하는 것이 결국 4P입니다.

쇼핑몰 창업 후 6개월은 '성공'이 아니라 '생존'을 위한 기간입니다. 인터넷 쇼핑몰은 론칭 전에 무엇을 어떻게 준비했는지, 얼마만큼 실행했는지에 따라 승패가 결정됩니다. 모든 사업이 그렇듯, 쇼핑몰 역시 준비하고 노력한 만큼 결과가 나오는 시장입니다. 창업

후 6개월간 꾸준한 성장을 위해 쉬지 않고 노력한다면 충분히 좋은 성과를 기대해도 될 것입니다.

사업계획서는 구체적일수록 좋다

그런데 사업계획을 세우는 이유는 무엇일까요? 회사의 사업계획서와 내가 만든 사업계획서는 다를 수 있습니다. 회사의 사업계획서를 이야기해봅시다. 회사 다닐 때는 마케팅부서의 경우 대다수가 목표매출을 가지고 만듭니다. 1/4분기에는 전년하고 비슷하게, 2/4분기쯤 가면 좀 올라가고, 보통 4/4분기에 엄청나게 매출을 높여놓죠.

그럼 개발부서는 어떻게 사업계획을 짤까요? 2가지 포인트가 있는데, 하나는 지금 제품을 더 좋게 만드는 부분이고, 또 하나는 트렌드에 맞춰서 신제품을 생산하는 것입니다. 그리고 정성적인 부분만 쓸 수 없으니 정량적인 부분을 집어넣습니다. 1/4분기에는 신제품 1개, 4/4분기에는 신제품 3개를 목표로 한다 등.

직원들이 이렇게 써놓은 것을 가지고, 또는 부서별로 만들어놓은 것을 가지고 임원에게 보고하면 이것들을 합쳐서 임원은 사장에게 보고합니다. 그런데 임원이 사장에게 보고하는 내용은 직원들이 쓴 것과 전혀 다른 경우가 많습니다. 첫째는 그렇게 보고해봐야 깨질 것이 분명하기 때문에, 둘째는 그렇게 쓴 것을 가지고 사업화하면 십중팔구는 망하기 때문입니다. 왜냐하면 직원들은 대다수 사업계획을 짜라고 하면 이래서 안되고, 저래서 안되고, 그래서 매출을 올리기 어려운 상황임을 어필합니다. 또는 형식적으로 분량만 늘려놓습니다. 어떻게 해서든 매출을 올려야 직원들 인건비도 올려주고 새로운 준비를 할 수 있을 텐데 말입니다. 그래서 임원은 이것을 어떻게 해야 실제 매출이 올라가고 원활하게 개발될지를 사업세획서에 써놓습니다.

제일 중심은, **전략적으로 어떤 제품**(Product)**을 얼마의 가격**(Price)**으로 어떤 유통망**(Place)**을 통해 광고와 홍보**(Promotion)**는 어떻게 해서 매출을 달성하고 수익을 달성할 것인지를 재구성하는 것**입니다. 그런 다음 이 사업계획서를 기반으로 직원들에게 업무를 시키면 됩니다.

대기업이 아니라도 마찬가지입니다. 소기업이라고 하더라도, 이제는 직원들이 쓰는 피상적인 사업계획이 아닌, 어떻게 목표하는 것을 이룰지를 생각하는 사업계획서를 만드는 것이 중요합니다.

사업계획서 단계별로 직접 작성해보자

사업계획서를 어떻게 짤지 조금 더 이야기해보면, 1단계는 앞에서도 이야기한 경쟁사 분석입니다. 경쟁사 분석을 하는 가장 큰 이유는 포화시장이기 때문입니다. 경쟁이 없다면 군이 분석이 필요없겠지만, 경쟁이 치열하다 보니 그 안에서 살아남으려면 경쟁사들이 어떻게 하고 있는지를 알아야 합니다.

▼ 〈1단계〉 경쟁사 분석

스스로
작성해보세요

구분	경쟁사 분석		
	A사	B사	C사
제품 (Product)			
가격 (Price)			
유통 (Place)			
프로모션 (Promotion)			

경쟁사 분석을 기반으로 나는 어떤 전략으로 할지 생각해보는 것이 2단계입니다.

▼ 〈2단계〉 나의 방향성 정하기

스스로
작성해보세요

구분	나의 방향성

제품
(Product)

가격
(Price)

유통
(Place)

프로모션
(Promotion)

1, 2단계를 했다고 한번에 모든 것을 이룰 수는 없습니다. 그래서 단계별로 시간별로 이것을 실행하기 위해서 구체적으로 어떤 일을 해야 할지 미리 예측해보고 실행방안을 계획해야 합니다. 이것이 3단계입니다.

3단계를 좀더 설명해보겠습니다.

- **제품** : 1/4분기, 2/4분기, 3/4분기, 4/4분기에는 어떻게 제품 전략을 가져갈지, 몇 종류를 판매할지 등 정성적인 부분과 정량적인 부분을 모두 고려해 계획을 세웁니다.

- **유통** : 마찬가지입니다. 1/4분기에는 자사몰에 론칭했다면 2/4 분기에는 오픈마켓 중 어디에 입점할지, 3/4 분기에는 어떻게 할지 등의 계획을 세웁니다.

- **매출, 수익 목표** : 역시 분기별로 세워야 합니다. 그런데 수치보다 더 중요한 것은 그 목표를 달성하기 위해서 어떤 일련의 활동을 해야 하는지 계획을 세우는 것입니다. 제품적인 전략도 있을 것이고, 광고적인 전략도 있을 것이고, 소비자를 대상으로 한 프로모션 전략도 있을 것이고, SNS 전략도 있을 수 있습니다. 이런 것들을 고려해서 어떤 작업을 해야 목표하는 것을 달성할 수 있을지를 계획합니다.

- **자원** : 아무리 좋은 계획도 노력만으로 되지 않습니다. 결국 인력이 되었든 비용이 되었든 자원이 필요합니다. 인력적인 부분, 비용적인 부분 등 얼마만큼의 자원이 투여되는지도 고려합니다. 당연히 광고를 한다고 하면 이에 따른 광고 비용을 계산해야 하고, 또한 이 비용으로 했을 때 해당 목표를 달성할 수 있을지도 고려해서 사업계획을 작성해야 할 것입니다.

  그런데 이런 경우도 있습니다. SNS 마케팅을 한다고 했을 때 내가 평소 업무에 사용하고 남는 시간만으로 이 부분을 직접 할 수 있다면 상관없지만, 그렇지 않을 경우에는 어떻게 할지를 고려해야 합니다. 인력을 추가로 채용해서 진행할지, 아니면 아르바이트를 고용해서 할지 등을 고려해서 여기서도 추가적인 비용이 들어간다면 이 부분 역시 계획을 잡아야 할 것입니다.

이렇게 하면 사업계획서는 완료됩니다. 하지만 여기가 끝이 아닙니다. 만약 목표를 초과달성했다면 또는 미달했다면 무엇 때문인지 원인을 찾고 그것을 어떻게 해결해야 사업목표를 달성할 수 있을지 생각해본 이후에 사업계획을 수정해야 합니다.

물론 쇼핑몰을 처음 하는 분이라면 사업계획을 세우는 게 쉽지 않을 것입니다. 아무런 경험이 없기 때문입니다. 하지만 경쟁사 분석을 하고 나의 방향을 정하는 1, 2단계는 할 수 있을 것입니다. 초보자는 여기까지만 해도 충분합니다. 그리고 이후에 진행하면서 감을 잡고 난 후 3단계까지 사업계획을 세우면 됩니다.

▼ 〈3단계〉 분기별 목표와 그에 따른 실행방안

스스로
작성해보세요

구분	1/4분기	2/4분기	3/4분기	4/4분기
제품 (Product)				
가격 (Price)				
유통 (Place)				
프로모션 (Promotion)				
매출, 수익 목표와 전략	매출			
	수익			
	전략			
필요한 자원				

5일차
쇼핑몰 이름과
도메인 정하기

1~4일차에 해야 하는 일들을 말씀드렸습니다. 그런데 제목은 이렇게 달았지만, 실제로는 하루에 끝낼 수 없는 작업들입니다. 제일 시간이 많이 걸리는 것이 4일차까지 해야 하는 일들입니다. 4일차까지 끝냈다면 그다음부터는 전체적으로 금방 끝낼 수 있는 작업들입니다.

이제 이야기할 것은 5일차 쇼핑몰 이름과 도메인 정하기입니다. 아이템 선정부터 사업계획서까지가 쇼핑몰 창업의 뼈대였다면, 쇼핑몰 이름과 도메인 정하기부터는 쇼핑몰에 살을 붙이고 옷을 입히는 과정이라고 할 수 있습니다. 기획이 살을 붙이는 과정이라면, 디자인은 옷을 입히는 과정입니다. 어떻게 작업하는지에 따라 각 쇼핑몰의 특성이 달라질 것이고, 그것이 차별화 요소가 될 것입니다.

쇼핑몰 이름과 도메인은 동일하게

1차적으로 쇼핑몰의 이름과 도메인은 일치시켜야 합니다. 예를 들어 '엑스브레인'이라고 브랜드를 정했으면 도메인은 www.xbrain.co.kr 또는 www.xbrain.com 또는 둘 다가 되어야 합니다. 브랜드와 도메인이 다르면 고객 입장에서는 혼동될 수 있으니까요.

도메인의 종류를 보면 co.kr도 있고 com도 있고 net, kr 등등 많은 종류가 있습니다. 이 중 어떤 것을 이용할까요? 가능하면 co.kr과 com을 쓰는 것이 좋습니다. 도메인회사에서는 kr도 좋고 net도 좋다고 하지만, 실제 소비자들이 제일 기억하기 좋은 도메인은 co.kr과 com이기 때문이죠.

가끔 '엑스브레인.kr', '엑스브레인.com'같이 한글 도메인을 쓰는 곳들도 있는데, 일반인들에게는 친숙하지 않기 때문에, 또는 한영키를 바꿔가면서 타이핑하는 것이 귀찮은 일일 수 있기 때문에 이런 선택을 하는 것은 바람직하지 않습니다.

참고로, 도메인 등록에 소요되는 시간을 물어보기도 하는데, 타인이 소유하고 있는 도메인을 이전하는 것이 아니라면 원하는 도메인이 있는지 찾아보고 결제하면 바로 등록이 됩니다. 도메인의 대략적인 가격과 엑스브레인의 추천 업체는 〈준비마당〉을 참고하세요.

엑스브레인의 홈페이지 & 쇼핑몰 연구소 카페 메인화면

그럼 쇼핑몰의 이름은 어떻게 정해야 할까요? 여러 가지 방법이 있지만, 다음 3가지 원칙에 맞추어서 쇼핑몰 이름을 정하면 훨씬 더 높은 효율을 발휘할 수 있을 것입니다.

쇼핑몰 네이밍 원칙 1 | 시장과 경쟁사를 분석하라

아이템을 정할 때부터 경쟁사 분석을 기반으로 진행했기 때문에 내 쇼핑몰, 내 숍을 어떻게 차별화할지 생각해봤을 것입니다. 이왕이면 이런 것들이 반영된 이름을 정하면 좋습니다. 쇼핑몰이 아니라 오픈마켓을 하게 되어도 마찬가지입니다. 차별화된 부분을 기반으로 내 숍의 이름을 정하세요.

출처 : 스타일난다

출처 : 임블리

쇼핑몰 네이밍 원칙 2 | 소비자를 분석하라

'쇼핑몰 이름 짓는데 소비자 분석까지 해야 하다니' 하고 생각할 수 있습니다. 하지만 대단한 것은 아니고, 타깃 연령층에 따라 공감할 수 있는 키워드를 생각하고 이름을 지으면 더 좋다는 이야기를 하고 싶습니다.

출처 : 조아맘

출처 : 마담4060

쇼핑몰 네이밍 원칙 3 | 상품의 특징으로 공략하라

시장, 경쟁사 분석에서도 이야기했지만 쇼핑몰 또는 내 숍의 이름을 정할 때, 이왕이면 상품의 특징이 들어가 있는 상호를 쓰면 훨씬 빠르게 소비자에게 어필할 수 있습니다.

출처 : 강아지대통령

출처 : 머털낚시

지금까지 이야기한 쇼핑몰 네이밍 원칙 3가지는 결국 사람들의 인식 속에 내 쇼핑몰을 각인시키기 위함이었습니다. 살아남기 위해서는 더 좋은 것이 아니라 남들과 다르고 새롭다는 인식을 심어주는 것이 훨씬 중요합니다. 어떻게 하면 남들과 다름을 설명할지, 가능하면 짧게(Short), 가능하면 직감적(Straight)으로, 가능하면 간결(Simple)하게 만드는 것이 좋습니다.

▼ 쇼핑몰 네이밍 체크리스트

구분	체크
차별화된 부분이 포함된 이름인가?	☐
타깃층을 공략한 이름인가?	☐
상품, 서비스의 특징이 포함된 이름인가?	☐
기억하기 쉬운가?	☐
거부감이 없는 이름인가?	☐
상호가 너무 길지는 않는가?	☐

오픈마켓만 하는 분들은 이번 장은 건너뛰세요. 오픈마켓이라면 이 시점에 어디서 시작할지, 즉 네이버 스마트스토어에서 할지 G마켓에서 할지 등만 결정하면 됩니다.

쇼핑몰 제작 방법에 따른 구분 — 완전독립형, 독립형, 임대형

〈준비마당〉에서 잠깐 언급한 쇼핑몰 솔루션에 대해 더 자세히 알아보겠습니다. 쇼핑몰 솔루션은 제작 방법에 따라 3가지로 구분할 수 있습니다. 완전독립형 솔루션, 독립형 솔루션, 임대형 솔루션입니다. 각각의 특징과 장단점을 알아보겠습니다.

① 완전독립형 쇼핑몰 솔루션

서버구축에서부터 디자인까지 모두 직접 설정하고 운영하는 방식입니다. 장점은 내가 원하는 모든 것을 다 할 수 있다는 것이고, 단점은 엄청난 제작비가 소요된다는 것입니다. 이런 식으로 쇼핑몰을 구축하는 경우 보통은 몇억원 이상의 구축비가 들어갑니다. 그런데 이처럼 완전독립형 솔루션을 사용하는 회사는 많지 않습니다. 대기업이라 하더라도 반드시 필요한 경우에만 사용합니다.

완전독립형 쇼핑몰이 필요한 경우는 여러 가지인데, 그중 하나는 오프라인 DB와 연동하기 위해서입니다. 롯데백화점, 롯데마트, 세븐일레븐 같은 롯데그룹 계열사에서는 고객의 충성도를 높이기 위해 구매금액의 일정 부분을 포인트로 적립해주고 있습니다. 그러면 오프라인에 적립되어 있는 포인트를 롯데닷컴 같은 온라인 쇼핑몰에서 사용할 수 있게 해주어야 합니다. 그래서 기존 오프라인의 고객 DB와 온라인의 고객 DB를 연동시키는 작업이 필요한 거지요. 이런 경우 현재 나와 있는 쇼핑몰 솔루션에 오프라인의 DB를 연동시키는 것이 불가능하기 때문에, 이 문제를 해결하기 위해서 자체적으로 쇼핑몰 솔루션을 개발할 수밖에 없습니다.

오프라인의 재고와 온라인의 재고를 정확하게 관리하기 위해서 완전독립형이 필요한 경우도 있습니다. 예를 들어 내가 오프라인 가게 100개를 가지고 있는 상태에서 온라인에서도 판매를 하려고 합니다. 오프라인 가게에서는 품절이라고 손님한테 직접 이야기하면 되지만, 온라인에서 어떤 매장에 얼마만큼 재고가 있는지를 파악하지 못하면 안되기 때문에 이런 경우 오프라인과 온라인의 연동 작업이 있어야 합니다. 이것 역시 현재 있는 쇼핑몰 솔루션으로는 해결되지 않기 때문에 새롭게 구축해야 합니다.

하지만 이렇게 하면 비용이 많이 들어가고 관리 요소도 많다 보니 대기업조차도 대부분 이렇게까지 하지 않습니다. 아마 이런 경험을 해본 적이 있을 것입니다. 백화점몰에서 구매했는데 하루이틀 지나고 나서야 해당 매장에는 재고가 없어서 다른 매장에서 물건 찾았으니 지금 보내준다고 하는 경우 말입니다. 백화점몰 역시 비용과 관리 요소가 많다는 단점 때문에 완전독립형을 구축하지 않은 것입니다.

그 외에 일반 쇼핑몰이 제공하지 않는 기능을 이용하기 위해 완전독립형을 제작하기도 합니다. G마켓, 옥션, 11번가 등의 오픈마켓 그리고 소셜커머스 등도 초기에는 그렇게 만들었습니다. 물론 지금은 이런 솔루션을 구매해서 사용할 수 있습니다. 그러니 엄청나게 자본금이 많지 않다면 이렇게까지 할 필요는 없습니다. 사실 자본금이 많다 하더라도 이렇게 할 필요는 거의 없고요. 괜히 이런 것에 욕심을 내봤자 매출을 올리는 데는 큰 의미가 없습니다.

| 옥션 | G마켓 | 11번가 | 티몬 | 위메프 |

② 독립형 쇼핑몰 솔루션

독립형 쇼핑몰 솔루션은 고도몰이 대표적인데, 고도몰은 임대형으로도 독립형으로도 가능합니다. 독립형 솔루션으로 구매하게 되면 초기에는 조금 비쌀 수 있지만 매월 나가는 비용이 절약된다는 장점이 있습니다. 하지만 고도몰 독립형을 쓰는 가장 큰 이유는 커스터마이징◆입니다. 기존 솔루션에 내가 원하는 기능이 없어서 완전독립형 쇼핑몰을 만들게 되면 비용이 너무 많이 들어가다 보니 기본적인 기능들을 제공하는 고도몰 독립형을 가지고 와서 내 상황에 필요한 기능만 추가로 개발하는 거지요. 하지만 수요가 많지 않아서인지 독립형 솔루션은 고도몰의 정책적인 이유로 2019년에 폐지되었습니다.

출처 : 고도몰

◆   커스터마이징(Customizing) : 이용자가 사용방법과 기호에 맞춰 하드웨어나 소프트웨어를 설정, 기능을 변경하는 것

③ 임대형 쇼핑몰 솔루션

월마다 얼마씩 내고 쇼핑몰을 운영할 수 있도록 만든 것이 임대형 솔루션입니다. 트렌드에 맞추어 마케팅 관련 기능을 포함해 상품등록, 회원관리, 주문관리 등을 손쉽게 사용할 수 있도록 해놨습니다. 대표적으로 메이크샵, 고도몰 등이 있습니다. 그중 어떤 것을 선택해야 하는지 고민들을 많이 하는데, 요즘은 수준이 비슷해져서 그냥 싼 것 골라도 무방합니다. 항상 하는 말이지만, 쇼핑몰 솔루션이 잘못되어서 물건을 못 파는 것이 아니라 쇼핑몰을 잘못 만들어서 물건을 못 파는 것이니까요.

그 외에 카페24에서 무료로 제공하는 쇼핑몰 솔루션이 있습니다. 기능이 너무 많다 보니 조금 복잡하지만 그렇다고 아주 어려운 것은 아닙니다. 무료인 카페24도 충분히 좋습니다. 특별한 기능이 필요하지 않은 일반적인 쇼핑몰이면 카페24로도 충분합니다.

출처 : 메이크샵

출처 : 카페24

▼ **쇼핑몰 솔루션별 가격과 특징**

구분		가격	특징
메이크샵		55,000원/월	1등 업체
고도몰	임대형	33,000원/월	메이크샵 대비 저렴한 가격이 장점
	독립형	550,000원	2019년 1월 이후 폐지
카페24		무료	호스팅을 기반으로 무료 정책

워드프레스로 쇼핑몰을 만든다고?

워드프레스가 한창 떴을 때 워드프레스로 쇼핑몰을 만들 수 있는지 물어보는 사람들이 많았습니다. 답을 하자면 워드프레스는 홈페이지를 만드는 툴입니다. 쇼핑몰을 만드는 솔루션이 아닙니다.

워드프레스

워드프레스의 기본 프로그램을 설치한 이후 각종 테마와 플러그인을 사용해 홈페이지를 만들 수 있습니다. 여기서 말하는 테마란 간략하게 말하면 스킨입니다. 이미 만들어놓은 테마(디자인 스킨)를 구매해서 사진 바꾸고 글 바꿔서 쉽게 사용할 수 있도록 한 거지요.

플러그인은 각종 기능을 모듈화해놓은 것을 말합니다. 예를 들어 내 홈페이지에 회원가입 기능이 필요하다면 회원가입 플러그인을 구매해서 내 홈페이지에 적용하면 됩니다. 회원가입 기능을 개발하지 않고도 해당 기능을 쓸 수 있게 해놓은 거지요. 그래서 우커머스(Woocommerce) 등의 플러그인을 이용하면 쇼핑몰처럼 상품을 판매할 수도 있다고 주장하는 사람들이 있습니다.

그런데 이미 이야기했지만, 워드프레스는 홈페이지 만드는 툴이지 쇼핑몰을 만드는 툴이 아니다 보니 기능에 한계가 있습니다. 홈페이지에 쇼핑몰 기능을 약간 넣은 정도라고 보면 됩니다.

다시 말해 쇼핑몰은 상품을 등록해야 하고, 판매된 것에 대해 배송을 위한 송장도 출력해야 하고, 어떤 것이 잘 팔리고 어떤 것이 잘 안 팔리는지 마케팅적인 부분도 챙겨봐야 합니다. 그런데 워드프레스는 쇼핑몰 전문 솔루션이 아니기 때문에 이런 기능들이 많이 부족합니다.

그래서 굳이 워드프레스로 쇼핑몰 만들 생각은 하지 말라고 이야기합니다. 그런데 각종 커뮤니티(네이버 카페 등)에 가면 마치 자기만 아는 비법이 있는 양 워드프레스로 쇼핑몰 만드는 방법을 장황하게 설명해놓은 것을 종종 목격합니다. 이런 글에 현혹되지 말기를 바랍니다.

결론을 말씀드리면, 이것저것 고민할 필요 없이 임대형 솔루션 중에서 싼 것, 또는 무료인 카페24 쓰는 것을 추천합니다. 또는 초보자라면 굳이 쇼핑몰 만들지 않고 오픈마켓에서만 판매해도 나쁘지 않습니다. 쓸데없이 쇼핑몰 솔루션 뭐가 좋은지 물어보고 다닐 필요 없습니다. 다 똑같습니다. 쇼핑몰 솔루션이 안 좋아서 상품을 못 파는 것이 아니라, 쇼핑몰을 잘못 기획했기 때문에 상품을 못 파는 것입니다.

7일차
쇼핑몰 메뉴 기획하기

쇼핑몰만! 오픈마켓은 PASS!

주력상품은 메뉴의 가장 왼쪽에 배치

〈둘째마당〉에서 이야기했듯이, 쇼핑몰 메뉴를 기획할 때 제일 중요한 부분은 경쟁사들이 어떻게 하고 있는지를 살펴보는 것입니다. 쇼핑몰의 메뉴만 보더라도 주력상품이 어떤 것인지 알 수 있기 때문입니다. 또한 해당 상품군의 가격대도 살펴보아야 합니다. 이런 것들이 합쳐져서 해당 쇼핑몰의 정체성이 나오기 때문입니다. 주력상품, 잘 팔리는 상품, 내가 가장 자신 있는 상품을 가장 먼저 눈에 띄는 곳에 배치하면 됩니다. 쇼핑몰에서 가장 눈에 띄는 곳은 메뉴의 가장 왼쪽입니다.

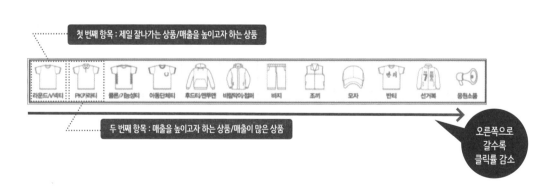

경쟁사는 메뉴를 왜 이렇게 구성했을까? - 난닝구 사례

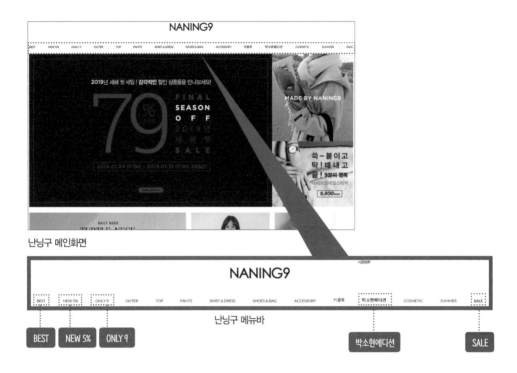

난닝구 메인화면

난닝구 메뉴바

난닝구의 메뉴바입니다. 제일 왼쪽은 Best로 되어 있습니다. 두 번째는 New 5%입니다. 세 번째는 Only 9이고, 죽 가다 보면 빨간색으로 박소현에디션, 마지막에 Sale이 있습니다. 왜 이렇게 구성했을까요?

① Best

제일 많이 팔리는 제품을 소비자한테 보여주고 싶기 때문이겠죠. 잘 팔리는 상품(Best 메뉴)만 잘 보여줘도 매출이 올라간다고 말씀드렸습니다.

② New 5%

신규제품은 5% 할인해준다는 것인데, 왜 이렇게 했을까요? 신상은 오히려 세일을 하면 안될 것 같은데 말이죠. 이렇게 하는 데는 다 이유가 있습니다. 쇼핑몰은 상품평이 없으면 잘 안 팔립니다. 그래서 아직 상품평이 없어서 잘 안 팔리는 신제품을 '5% 할인해줄 테니 빨리 사고 상품평 써주세요' 하고 이야기하는 셈입니다.

③ Only 9

아무리 큰 쇼핑몰이라 하더라도 그 많은 제품을 모두 자체 제작할 수는 없습니다. 그러다 보니 동대문에서 사입한 물건들을 같이 파는데, 그중에서도 이왕이면 본인이 만든 상품을 하나라도 더 팔고 싶을 것입니다. 이것이 반영된 메뉴가 Only 9입니다.

④ 박소현에디션, Sale

Best도 알려야 하고, 신상도 알려야 하고, 거기에 자체 제작 상품도 알려야 하고, 그런 상황에서 또 알리고 싶은 것이 있습니다. 박소현 에디션입니다. 박소현을 모델로 써서 만든 제품들이지요. 중요한 것은 메뉴 왼쪽에 쓰라고 했는데 3개가 Best, New 5%, Only 9로 다 찼습니다. 네 번째에 쓰는 것보다는 오른쪽으로 죽 밀고 빨간색 글씨를 써서 집중하게 만들었습니다. Sale 역시 마찬가지고요.

이제 경쟁사의 메뉴를 살펴보고 내 쇼핑몰은 어떻게 메뉴를 만들지 생각해보세요.

▼ 쇼핑몰 메뉴 체크리스트

구분	체크
경쟁사의 메뉴 구조는 확인했나?	☐
Best, Hot 등의 인기상품을 배치했나?	☐
주력상품을 메뉴 왼쪽에 배치했나?	☐
New, Sale처럼 소비자가 좋아하는 메뉴를 배치했나?	☐
이외에 제품 특성상 소비자에게 필요한 메뉴를 배치했나?	☐

생각이 안 나면 〈둘째마당〉을 확인해주세요.

쇼핑몰의 4가지 요소 – 이미지, 글씨, 게시판, 동영상

쇼핑몰은 4가지 요소로 구성되어 있습니다. 이미지, 글씨, 게시판, 동영상입니다. 이 4가지를 어떻게 구성하는지에 따라서 멋져 보이는 홈페이지가 되기도 하고, 그렇지 않은 홈페이지가 되기도 합니다.

▼ 쇼핑몰의 4가지 요소

① 이미지
쇼핑몰 메인페이지에는 보통 목록이미지를 많이 사용합니다.

출처 : 난닝구

② 글씨

글씨를 쓰는 영역은 많습니다. 예를 들어 목록이미지를 설명하는 영역 역시 글씨를 사용합니다. 제품을 설명할 때도 글씨로 설명합니다.

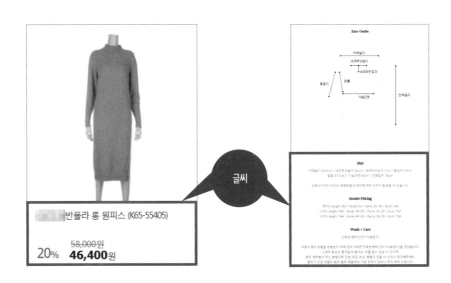

③ 게시판

QnA, FAQ 같은 게시판이 들어갑니다.

출처 : 난닝구

④ 동영상

단순 jpg 이미지만으로 임팩트를 주기 어려울 때는 동영상이나 gif 등 움직이는 이미지를 사용합니다. 여러 이미지 중 시선을 집중시키기 위해서 많이 쓰죠. 네이버는 광고 영역을 플래시로 많이 쓰고 있습니다. 반면 쇼핑몰은 플래시는 많이 쓰지 않지만 많은 상품 중에 조금 더 강조하기 위해서 gif 이미지를 많이 씁니다. gif 이미지는 움직이는 동영상 같은 느낌을 주기 때문입니다.

소규모 회사라면 솔루션업체를 쓰자

쇼핑몰은 위에서 설명한 여러 요소들의 결합에 의해서 꽤 잘 만든 쇼핑몰이 나오기도 하고, 그렇지 않은 쇼핑몰이 나오기도 합니다. 앞에서 이야기한 것 중 UI가 있습니다. 큰 회사는 본인만의 차별화된 UI를 만들 수 있겠지만, 소규모 회사라면 이런 것에 신경쓰는 것은 큰 의미가 없습니다. 이미 어느 정도 잘되어 있는 것들을 보면서 그 안에 어떤 상품을 채울지 생각하는 것이 더 중요합니다. 신상도 보여줘야 할 것이고, 인기상품도 보여줘야 할 것이고, 나만의 주력상품도 보여줘야 할 것입니다.

그래서 디자인적인 요소는 내가 선택한 솔루션의 이미 잘 만들어져 있는 페이지들을 보면서 고르면 충분합니다. 예를 들어 카페24를 써서 쇼핑몰을 만들 것이라면 카페24 디자인센터(d.cafe24.com)에 들어가서 나한테 제일 적합한 것을 고르면 됩니다. 메이크샵이라면 Playd4(www.playd4.com), 고도몰이라면 godo 디자인(design.godo.co.kr)에서 고르면 됩니다. 단, 요즘은 PC보다 모바일에서 구매율이 훨씬 높기 때문에 모바일에 더 치중해서 생각하는 것이 좋습니다.

메이크샵의 디자인 제작 페이지 Playd4.com의 PC 스킨

메이크샵의 디자인 제작 페이지 Playd4.com의 모바일 스킨

▼ 쇼핑몰 메인화면 체크리스트

구분		체크
PC 화면, 모바일 화면의 스킨을 선택했나?	메이크샵(www.playd4.com)	☐
	고도몰(design.godo.co.kr)	☐
	카페24(d.cafe24.com)	☐
상품의 특성을 목록이미지에서 정확하게 보여줬나?		☐
상품명, 스펙, 가격 등은 제대로 표시했나?		☐
QnA 게시판을 비롯해 자주 묻는 질문을 FAQ에 담았나?		☐
임팩트를 주기 위한 동영상, gif 등은 적절하게 배치했나?		☐

9일차
상세페이지
기획하기

〈둘째마당〉에서 언급한 쇼핑몰의 기획력 중 2가지가 끝났습니다. 이제 마지막으로 상세페이지만 기획하면 쇼핑몰 기획은 어느 정도 마무리된다고 할 수 있습니다. 앞에서도 언급했지만 쇼핑몰과 오픈마켓에 모두 적용되는 상세페이지는 소비자의 구매욕을 자극할 수 있어야 합니다. 그럼 마지막으로 상세페이지를 기획하러 갑시다.

상세페이지 기획은 디자이너가 아니라 내가 하는 것

상세페이지를 제작할 때 웹에이전시, 쇼핑몰 제작회사, 또는 웹디자이너에게 무작정 의뢰해서는 절대 매출이 나오는 상세페이지가 나올 수 없다고 말씀드렸습니다. 디자이너는 디자인에서 전문가이지 내 상품의 전문가가 아니기 때문입니다. 그럼 어떻게 할까요?

먼저 기획을 해야 합니다. 어떤 부분을 강조하고, 어떤 메시지를 쓸지 생각해야 합니다. 어떤 이야기를 할지 고민해야 합니다. 다음은 〈둘째마당〉에서 이미 말씀드린, 일반적인 상세페이지의 구성입니다.

▼ 상세페이지 기본 구성

① 메인타이틀	⋯⋯⋯	쇼핑몰의 간판, 이목 집중시키기
② 이벤트	⋯⋯⋯	관심 증폭시키기
③ 판매자의 물품요약	⋯⋯⋯	제품 스펙 소개하기
④ 상품 이미지	⋯⋯⋯	제품 어필하기
⑤ 상품설명, 상품정보	⋯⋯⋯	고객의 언어로 표현하기
⑥ 배송정보, 유의사항	⋯⋯⋯	고객이 알고 싶어하는 내용 기재하기

〈둘째마당〉에서 다 말씀드렸기 때문에 여기서 세세한 내용은 이야기하지 않겠습니다. 다음 표를 보면서 빠진 것이 있는지 살펴보고, 빠진 것이 있다면 채워넣으세요.

▼ 상세페이지 구성 체크리스트

구분		체크
메인타이틀	제품, 서비스 등 차별성에 대한 것을 정확하게 반영했나?	☐
이벤트	소비자의 이목을 끌 만한 이벤트인가?	☐
판매자의 물품요약	제품의 스펙을 비롯해 어떤 상품을 팔고 있는지 표현했나?	☐
상품 이미지	소비자가 구매하고 싶은 생각이 들게 이미지로 표현했나?	☐
상품설명, 상품정보	제품의 장점, 스펙 등 소비자에게 알려줄 부분들을 제대로 이야기했나?	☐
배송정보, 유의사항	배송정보뿐 아니라 교환, 환불을 비롯한 A/S에 대해서 써놨나?	☐

생각이 안 나면 〈둘째마당〉을 확인해주세요.

상세페이지의 핵심은 설득력

글은 몇 번이라도 수정하라고 말씀드리고 싶습니다. 쇼핑몰이라는 것이 사진만으로 모든 것이 해결되지 않는 경우가 많습니다. 그래서 설득을 위한 글을 상세페이지에 넣어야 하는데, 막상 써보면 원하는 글이 잘 안 나옵니다. 좀 힘들기는 하겠지만, 이때 포기하지 말고 다시 수정하고 다시 수정해서 소비자에게 어필할 수 있게 구성해야 합니다.

참고로, 오픈마켓에 들어가는 상세페이지에 따라 다르기는 하지만, 저 역시 며칠 동안 기획만 합니다. 적당히 말로 설명하면서 디자이너한테 부탁하는 것이 아니라 상세하게 하나부터 열까지 다 생각하고 기획해서 전달합니다. 그래야만 매출이 나오기 때문입니다. 당연히 글까지 써서 전달하고요.

상세페이지 기획에서는 글뿐 아니라 사진도 생각해야 합니다. 어떤 사진을 찍어야 할지 머릿속에 그리고 그것을 실제 촬영할 때 반영해야 합니다. 〈셋째마당〉에서 설득력이 중요하다고 몇 차례 언급했습니다. 상위노출, 블로그 마케팅, 광고 모두 결국엔 소비자가 내 상품을 사고 싶게 만들어야 하는 일입니다. 그것이 바로 설득력이고요.

그런 의미에서 상세페이지도 마찬가지입니다. 소비자가 내 상품의 상세페이지를 보고 구매하게 하려면 상품을 잘 나타낸 사진과 그 장점을 부각시켜주는 글이 만나야 합니다. 설득의 자세한 사항은 〈셋째마당〉에 설명해두었으니 여기서 막히는 분들은 다시 한 번 읽어보세요.

| 10일차 |
쇼핑몰 사진 촬영,
상세페이지 디자인 작업하기

9일차에 상세페이지를 어떻게 설득력 있게 구성할지 생각해보았습니다. 9일차가 문서 작업이었다면 10일차에는 실제로 상세페이지를 만드는 작업입니다. 상세페이지의 디자인, 사진 촬영은 내가 직접 할 수도 있고, 의뢰를 할 수도 있습니다. 자세한 내용은 〈둘째마당〉을 보세요.

사진은 제품의 특징을 한눈에 파악할 수 있게

9일차에 상세페이지를 기획할 때 예를 들어 이 제품의 무게가 가벼운 것이 장점이라고 이야기하려 한다면, 어떤 메시지를 써야 소비자에게 쉽게 어필되고 어떤 사진을 써야 한눈에 들어올지를 생각해야 합니다.

다음 쪽에 제시된 이미지는 'LG 노트북 '그램'의 광고 중 한 장면입니다. 이 광고에서 LG는 노트북의 가벼움을 이야기하기 위해서 980g이라는 글씨와 함께 손으로 가볍게 들고 있는 모습을 사진으로 형상화했습니다.

내 상품 역시 마찬가지입니다. 상세페이지에 들어가는 사진은 글과 더불어서 소비자가 쉽게 납득하고 한눈에 보았을 때 바로 이해할 수 있도록 여러 모로 생각해서 찍어야 합니다.

가벼움을 표현한 LG 노트북 '그램'

① 제일 먼저 내가 판매하려고 하는 상품을 어떻게 찍을지 기획하자

② 기획한 것을 기반으로 내가 직접 최대한 많이 찍어보자(내 사무실에서 찍을 수도, 셀프 스튜디오에서 찍을 수도 있다)

③ 그러고도 원하는 사진이 나오지 않으면 그때는 전문가한테 맡기자

상세페이지 디자이너는 디자인 능력만 판단

상세페이지 디자인 역시 마찬가지입니다. 기획에 맞추어서 디자인을 하면 됩니다. 만약 포토샵을 할 줄 안다면 직접 해도 상관없지만, 포토샵을 하지 못한다면 굳이 배워서 시작할 필요는 없습니다.

직접 하지 않고 업체를 통해서 제작한다면 꼭 포트폴리오를 보고 선택해야 합니다. 진짜로 이 사람이 내 상세페이지를 잘 만들어줄 수 있는지 판단해야 하기 때문입니다. 이때 주의할 점은 디자인 능력을 봐야지 사진이나 기획력을 봐서는 안된다는 것입니다. 해당 포트폴리오에서 사진을 빼고 봤을 때 디자인적인 요소들을 잘 갖추고 있는지, 가독성은 좋은지, 풍성하게 콘텐츠를 구성했는지 등을 보고 판단합니다.

방금 풍성한 콘텐츠 구성을 이야기했는데, 조금 설명을 해보면 이렇습니다. 가끔 보면 최소한의 사진과 글만으로 상세페이지를 만드는 경우가 있습니다. 유명 브랜드의 제품이라면 그렇게 해도 팔리겠지만, 그렇지 않다면 달랑 사진 몇 장으로 구성된 상세페이지는 소비자의 체류시간을 줄어들게 합니다. 당연히 판매량도 높아지기 어렵지요. 그래서 가능하면 어느 정도 체류시간이 나오게끔 다양한 사진과 글을 사용해 풍성한 콘텐츠를 올리는 것이 좋습니다.

그리고 포토샵을 하지 못한다 하더라도 간단한 글자 바꾸기 또는 이미지 교체하기 정도는 배워두는 것이 좋습니다. 이 정도만 해도 갑작스레 글자 몇 개, 사진 몇 개 바꿔야 하는 상황이 생기면 내가 처리할 수 있어서 편리하기 때문이죠.

〈준비마당〉에서 상세페이지를 저렴하게 만들고 싶다면 크몽(kmong.com)에서 디자이너의 포트폴리오를 보고 선택하면 된다고 했습니다. 비용은 20만원대입니다. 물론 반드시 크몽에서 하라는 말은 아닙니다. 어느 사이트든지 내 상품을 잘 보여줄 수 있는 디자인이면 됩니다.

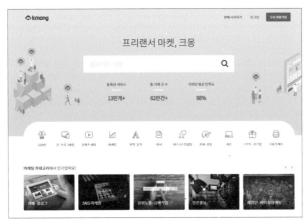

크몽 메인화면

디자이너가 실력이 없어서 상세페이지를 못 만드는 경우도 있지만 그보다는 상세페이지 기획을 잘못하다 보니 내가 원하는 수준이 나오지 않는 경우가 많습니다. 많은 사람들이 비싼 곳에 가면 잘해줄 거라고 생각합니다. 하지만 기획이 잘못되면 아무리 잘 만든 상세페이지라도 매출을 높이기 쉽지 않다는 것, 꼭 기억하세요.

▼ 사진 촬영, 상세페이지 디자인 체크리스트

구분		체크
사진	메인컷, 목록이미지에 어떤 사진을 담을지 생각해봤나?	☐
	내 제품의 어떤 부분을 부각시켜서 사진을 찍을지 생각해봤나?	☐
	상세페이지 설명에 필요한 사진들이 어떤 사진들인지 생각해봤나? 그리고 어떻게 찍을지도 생각해봤나?	☐
상세페이지	다양한 사진과 글을 사용해 체류시간을 높일 수 있는 풍성한 콘텐츠를 만들었나?	☐
	상세페이지에 쓸 사진과 글은 다 준비가 되었나?	☐
	사진과 글의 디자인이 어울려서 가독성이 좋은가?	☐
	소비자가 보기에 좋아 보인다는 생각이 드나?	☐
	내가 강조하고 부각하려고 하는 부분은 잘 표현되었나?	☐

11일차
사업자등록,
통신판매업 신고하기

10일차까지 쇼핑몰 제작에 대한 부분을 다 진행했다면 쇼핑몰의 살을 붙이는 작업과 옷을 입히는 작업이 모두 끝났습니다. 여러분이 원하는 모습대로 디자인되었나요? 그렇다면 이제는 출사표를 던지기 전 세부적인 작업을 할 차례입니다. 쇼핑몰이 완성되는 시점까지 준비해야 하는 것이 사업자등록 신청과 더불어서 통신판매업을 신고하는 것입니다. 그럼 본격적으로 사업자등록과 통신판매업 신고에 대해 알아보겠습니다.

사업자등록 − 세무서 or 국세청 홈택스

사업자등록은 사업을 시작했음을 정식으로 신고하는 일입니다. 사업을 시작한 날로부터 20일 이내에 사업장 관할 세무서에 구비서류를 갖춰 신청하면 됩니다.

사업자의 종류는 크게 개인사업자와 법인사업자로 구분됩니다. 법인사업자는 일반적으로 (주)엑스브레인처럼 주식회사의 형태를 말하고, 개인사업자는 별도의 설립등기 없이 개인사업자 등록만으로 사업을 진행할 수 있는 형태를 말합니다.

법인사업자등록증 개인사업자등록증

▼ 사업자등록에 필요한 구비서류

구분	개인사업자	법인사업자	장소
현장 등록	• 사업자등록신청서 1부 • 사업허가증 등록증 또는 　신고필증(허가를 받거나 　등록신고해야 하는 사업의 　경우) • 임대차계약서 사본 1부 　(사업장을 임차한 경우) • 대표자 신분증	• 신청서 • 법인 정관, 발기인회 의사록, 　이사회 의사록, 자본금 잔고 　증명서, 임원취임승낙서 • 대표이사 주민등록등본, 　인감증명, 인감, 신분증 • 법인인감카드 발급 신청서 • 임대차계약서 사본	• 개인사업자 : 세무서 • 법인사업자 : 법무사 통해 　법인등기 이후 세무서에서 　신청
인터넷 등록	위와 같음(파일로 업로드)	불가	국세청 홈택스 (www.hometax.go.kr)

　법인사업자는 설립등기를 해야 합니다. 개인이 직접 하기는 조금 어렵고, 법무사 등을 통해 법인설립등기를 해야 합니다. 자본금과 지역에 따라 다르기는 하지만 각종 인지세를 비롯해 법무사 비용을 합치면 자본금을 제외하고 대략 80만원 정도의 비용이 소요됩니다.

그에 비하면 개인사업자는 법인설립등기가 필요없기 때문에 등기에 필요한 비용이 들어가지 않습니다. 세무서에 가서 신고만 하면 또는 인터넷으로 신청하면 모든 것이 끝납니다. 준비할 사항은 회사 이름을 뭘로 할지만 정하면 됩니다.

① 개인사업자 vs 법인사업자

개인사업자와 법인사업자의 가장 큰 차이는, 개인사업자는 등록절차가 간편하고 비용이 들어가지 않는 반면 수익이 많이 생길 경우 법인사업자와 비교해 소득세에 대한 부담이 크다는 것입니다. 또한 개인사업자보다는 법인사업자가 대외신뢰도가 높습니다.

초기에 시작할 때 소규모로 최소한의 비용을 가지고 시작한다면 개인사업자를, 일정 자본금 이상의 큰 규모로 시작하려고 한다면 개인 또는 법인사업자를 선택하면 됩니다. 단, 개인사업자로 시작했다 하더라도 규모가 커지거나(연 20~30억원 이상 매출) 절세 등의 목적이 있다면 법인으로 전환하는 것이 좋습니다.

▼ 개인사업자와 법인사업자의 차이점

구분	개인사업자	법인사업자
등록절차	• 간편하다 • 비용이 소요되지 않는다	• 복잡하다 • 법인설립등기 비용(자본금 제외 대략 80만원)이 소요된다
소득세	부담이 크다	부담이 적다
대외신뢰도	법인사업자에 비해 낮다	개인사업자에 비해 높다

개인사업자는 간이과세자와 일반과세자로 나뉩니다. 간이과세자는 연매출이 4,800만원 미만인 경우를 말합니다. 여기서 주의할 점은 순익이 아니라 매출이 4,800만원이라는 것입니다. 1년에 집에 가져갈 수 있는 돈으로 4,800만원이 아니라 매출이 4,800만원이에요. 일반과세자는 연매출이 4,800만원 이상인 경우를 말합니다.

매출 4,800만원

← 간이과세자　　　일반과세자 →

② 간이과세자 vs 일반과세자

간이과세자와 일반과세자의 차이점에 대해 알아봅시다. 간이과세자의 가장 큰 장점이 자 단점은 세금계산서를 발행할 수 없다는 것입니다. 먼저 장점은 일반과세자나 법인사업자는 거래금액의 10%를 부가세로 내야 하는 반면 간이과세자는 '(매출액) × (업종별 부가가치율) × 10% - [공제세액(매입세액 × 업종 부가가치율)]'에 의해 세금을 내기 때문에 내야 하는 세금이 훨씬 적다는 것입니다.

단점은 법인사업자 등과 거래하기가 어렵습니다. 왜냐하면 법인사업자가 간이과세자와 거래하게 되면 법인사업자는 본인이 낸 부가세를 환급받지 못하기 때문에 결국 더 비싼 가격으로 제품을 산 것이 되기 때문입니다.

하지만 쇼핑몰만 한다고 하면 그런 것까지 따지는 경우가 많지는 않으니 크게 신경쓰지 않아도 됩니다. 그리고 간이과세자로 등록했다 하더라도 연간 매출액이 4,800만원을 넘게 되면 자동적으로 일반과세자로 전환됩니다.

▼ 간이과세자와 일반과세자의 장단점

구분	간이과세자	일반과세자
장점	• 부가세 부담이 적다 • 1년에 1회 세무 신고(익년 1.25)	• 부가세 부담이 크다 • 1년에 2회 세무 신고(7.25, 익년 1.25)
단점	세금계산서 발행 불가 → 부과세 환급 불가능 → 법인사업자와 거래가 어렵다	세금계산서 발행 가능 → 부가세 환급 가능 → 어떤 사업자든 거래가 자유롭다

결론! 쇼핑몰을 시작할 때 초기에 투여하는 비용(카메라, 조명, 컴퓨터 등 사업을 준비하는 데 투자한 비용)이 커서 부가가치세를 환급받고 시작하고 싶다면 일반과세자로 등록하고, 그렇지 않다면 우선은 간이과세자로 등록했다가 나중에 매출액이 증가하면 일반과세자로 전환하면 됩니다.

통신판매업 신고
— 사업장 소재지 관할 시군구청 지역경제과 or 정부24

온라인 쇼핑몰 사업자는 통신판매업 신고를 해야 합니다. 간이과세자는 법적으로 통신판매업 신고가 면제되기는 하는데, 오픈마켓(G마켓, 옥션, 11번가 등)의 경우 간이과세자라 하더라도 통신판매 신고번호를 요구하는 곳이 있기 때문에 되도록 통신판매업 신고를 하는 것이 좋습니다.

통신판매업신고증

신고하는 방법은 사업자등록증 사본 1부와 도장, 신분증 등을 가지고 각 사업장 소재지 관할 시군구청의 지역경제과를 찾아가서 통신판매업신고서 달라고 해서 작성하고 제출하면 됩니다. 또는 정부24(www.gov.kr) 사이트에서 신청해도 됩니다.

▼ 통신판매업 신고 접수 방법별 구분

구분	현장 접수	인터넷 접수
대상	통신판매를 하는 모든 사업자(일반 · 간이 · 면세)	
준비서류	• 신분증 • 사업자등록증 • 구매안전서비스 이용 확인증	• 신분증 • 사업자등록증 • 구매안전서비스 이용 확인증 • 공인인증서
장소	사업장 소재지 관할 시군구청 지역경제과	정부24(www.gov.kr)
비용	• 간이과세자 무료 • 개인사업자, 법인사업자는 지역별로 조금씩 다름(4~6만원)	

| 12일차 |
제품 포장과
택배사 계약하기

쇼핑몰도 거의 다 구축하고 사업자등록, 통신판매업 신고도 완료했다면 이제 마지막 단계로 제품의 포장과 택배 계약이 남았습니다.

좋은 상품평은 꼼꼼한 포장에서 나온다

쇼핑몰을 운영해본 사람이라면 잘 알겠지만 똑같은 상품, 더 저렴한 가격으로 상품을 팔아도 상품평이 없는 쇼핑몰은 판매가 잘 되지 않습니다. 또 상품평이 좋지 않으면 그런

택배 상자가 성한 곳이 없이 배송되었습니다. 옷 비닐이 거의 다 보이는 정도예요. 포장 자체가 너무 허술하네요. 신경 좀 쓰셔야겠어요.

상품은 잘 팔리기가 어렵습니다. 그런데 좋지 않은 상품평 중 아주 많은 경우가 포장 때문입니다.

포장에 대해서 엄청나게 만족할 정도는 아니라도 최소한 어떻게 포장해야 고객이 내가 보낸 제품에 만족하고 불만스럽게 생각하지 않을지 생각해봐야 합니다.

고객 입장에서 포장만 잘해도 만족도가 올라간다

판매자 입장이 아니라 구매자 입장에서 생각해봅시다. 만약 내가 구매자라면 이 정도 포장 상태로 받았을 때 어떤 기분이 들까? 포장과 상품 만족도에 대한 조사결과를 보면 처음 택배를 받았을 때 포장 상태에 만족하는 경우 결국 해당 상품에 대한 만족도가 50% 이상 높아진다고 합니다. 즉 상품이 아무리 좋아도 포장이 잘 안되어 있으면 50%는 불만을 느낀다는 말입니다.

예를 들어 대다수 구매자의 심리를 보면 5,000원짜리 반팔티셔츠를 구매했음에도 불구하고 1만원 이상 가치의 반팔티셔츠를 기대하게 됩니다. 그런데 실제로 7,000원 가치를 지닌 반팔티셔츠 상품을 받고는 불만을 나타내는 상품평을 쓰죠. 판매자 입장에서 보면, 7,000원짜리 제품을 5,000원에 사놓고 뭐 이리 불만이 많을까 생각하지만, 구매자 입장에서 보면 1만원짜리 상품을 특별히 5,000원에 싸게 파는 거라고 생각해 샀더니 생각보다 질이 안 좋다고 느끼는 것입니다. 이런 사람들이 남기는 상품평은 이렇습니다.

"싼 게 비지떡이네요. 조금 더 돈 주더라도 비싼 거 사는 게 좋겠네요."

그런데 이런 경우 싼 제품처럼 비닐팩에 대강 포장해서 보내는 것이 아니라 오프라인 매장에서 판매하듯이 자체 보증서도 1장 만들어 넣고 박스 안에 폴리백을 넣은 이중포장을 하는 성의를 보이면 상품평은 다음과 같이 바뀝니다.

"생각보다 꼼꼼한 포장에 놀랐어요. 이렇게 팔아도 남나요? 너무 감사합니다. 잘 입을게요."

고객 입장에서 생각하면 답이 보입니다. 아무리 제품이 좋고, 최선을 다하는 마음으로 쇼핑몰을 운영해도 포장 하나 때문에 매출이 잘 안 나오는 경우도 있으니 꼭 명심하세요.

택배사의 기본은 안정적인 서비스

제품을 포장했다면 택배를 통해 고객에게 보내야겠지요. 가끔 판매자 중에서 억울함을 토로하는 분들이 있습니다.

"저는 제품도 좋고 포장도 잘했는데, 택배사 때문에 욕을 먹고 있어요."

택배사 사정으로 배송이 늦어지고 오배송이 생기는 경우, 택배사가 잘못했다고 해도 결과적으로 판매자가 욕을 먹는 것이 현실입니다. 사정이 이렇다 보니 어떤 택배사를 선택하는 것이 좋은지 많이들 묻는데, 제일 좋은 곳은 우체국택배입니다. 어떤 상황에서도 안정적인 서비스를 해주니까요.

문제는 가격이 다른 택배사보다 비싸고, 판매수량이 일정 수준이 되지 않으면 수거해 가지 않는다는 것입니다. 그나마 다행인 것은 예전에 비해서 요즘은 어느 택배사든 서비스가 많이 안정화되어서 특별한 상황이 아니고는 큰 문제가 생기는 경우가 별로 없다는 것입니다.

그러니 처음 시작하는 분이라면 지역에 있는 택배사에 전부 전화해보고 그중 제일 조건이 좋은 곳과 계약하면 됩니다. 일반적으로 처음 시작할 때 택배의 가격은 2,500원입니다. 나중에 수량이 많아지면 조정이 가능합니다. 참고로, **서비스가 제일 좋은 곳은 우체국, 규모가 제일 큰 곳은 CJ대한통운**입니다.

우체국택배

CJ대한통운

13일차
쇼핑몰 론칭하기

1일차부터 12일차까지 끝냈다면 드디어 쇼핑몰 론칭만 남았습니다. 만약 제가 쇼핑몰을 한다면 제 쇼핑몰에 상품을 등록해야 할 것이고, 오픈마켓을 한다면 해당 오픈마켓에 회원가입을 하고 상품을 등록해야 할 것입니다. 이 부분은 1~2번만 해보면 어렵지 않습니다. 이게 론칭입니다.

내 쇼핑몰 방문을 유도하는 광고를 하자

이제 제일 중요한 부분, 즉 고객이 내 쇼핑몰에 방문하게 해야 합니다. 쇼핑몰이라면 기본적으로 키워드 광고를 진행해야 할 것이고, 오픈마켓이라면 어떤 키워드로 광고 또는 상위노출할지 생각해야 할 것입니다. 스마트스토어는 〈셋째마당〉에서 어떻게 상위노출을 할지 설명했습니다. 군이 광고하지 않아도 상위노출을 하는 데는 어려움이 없습니다. 하지만 스마트스토어를 제외하고는 기본적으로 광고를 해야 합니다. 광고를 하지 않고 상위노출을 하는 것이 불가능하기 때문입니다.

① G마켓, 옥션, G9 등에서 시작하려면

ESM플러스(www.esmplus.com)에 로그인하고 광고를 진행하면 됩니다.

ESM플러스 메인화면

위 사이트에 들어가서 메뉴를 살펴보면 광고비는 어떻게 되고, 어느 위치에 노출되고 등등 모든 내용이 다 나옵니다. 이 내용을 보면서 직접 따라해보면 쉽게 이해할 수 있습니다. 물론 효율적인 자리와 효율적이지 않은 자리가 있기는 하지만, 어쨌든 경험해보는 것이 중요합니다.

② 네이버 스마트스토어에서 시작하려면

굳이 광고하지 않아도 됩니다. 처음 시작한 분들에게는 비교적 상위노출이 쉽도록 우대해주고 있기 때문에, 〈셋째마당〉 26장에서 이야기한 상위노출 방법을 생각해서 진행하면 됩니다.

③ 오픈마켓이 아닌 독립된 쇼핑몰을 하려면

여러 가지 마케팅 방법이 있지만, 우선적으로 네이버의 키워드 광고를 살펴봐야 합니다. 무작정 광고대행사에 맡기기보다는 네이버 광고(searchad.naver.com)를 보면서 전체 메뉴를 살펴보고 해당 콘텐츠를 읽어본 다음 충분히 이해하는 것을 권합니다. 그리고 어느 정도 이해가 되었을 때 대행사에 맡길지 또는 직접 할지 결정하면 됩니다.

저는 한 번쯤은 직접 해보라고 말씀을 드리는데, 직접 하려고 하면 막히는 부분이 있을 수 있습니다. 이런 경우 네이버 키워드광고센터에 전화해서 물어보면 친절하게 알려주니 걱정하지 않아도 됩니다. 연락처는 해당 사이트에 있고요.

꼭 직접 할 필요는 없지만 그래도 직접 해보라고 하는 이유는, 내가 할 줄 알아야 대행사를 콘트롤하는 것도 쉽기 때문입니다. 자세한 사항은 〈셋째마당〉을 참고하세요.

네이버 광고 메인화면

▼ 사업별 광고 방법

구분	오픈마켓		쇼핑몰
	네이버 스마트스토어	네이버 외 오픈마켓	
광고	별도로 진행하지 않아도 무방	ESM플러스 (www.esmplus.com)	네이버 광고 (searchad.naver.com)

쇼핑몰의 방향성을 잡기 위한 로그분석을 하자

마지막으로 로그분석을 해야 합니다. 로그분석은 객관적인 태도를 유지할 수 있도록 도와줍니다. 로그분석한 결과를 기반으로 추후 마케팅 방향을 어떻게 할지 정할 수 있습니다. 로그분석은 〈둘째마당〉에 자세히 설명해두었으니 생각이 나지 않으면 다시 한 번 읽어보세요.

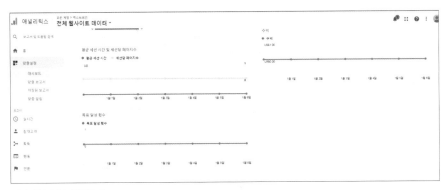

구글 애널리틱스 분석화면

쇼핑몰 론칭은 끝이 아닌 시작!

쇼핑몰을 다 만들어서 론칭했다고 끝나는 것이 아닙니다. 마케팅 전략에 맞추어 마케팅 전술을 실행하고, 이에 대한 효율을 체크해서 효율이 좋은 것은 더 좋게, 효율이 좋지 않은 부분은 개선, 또는 과감하게 정리해서 더 많은 효율이 날 수 있도록 하는 것이 쇼핑몰의 매출을 극대화할 수 있는 최선의 방법임을 말씀드립니다.

혹시라도 이 책만으로 부족한 부분은 제가 운영하는 카페(cafe.naver.com/ktcfob)에 쓴 글들을 찾아보면 조금 더 쉽게 성공에 다가갈 수 있지 않을까 생각합니다.

초보자도 쇼핑몰 운영 쉽게 할 수 있다

누구나 처음은 있다

쇼핑몰, 오픈마켓을 처음 시작하려고 하다 보면 이것저것 공부해야 하는 것들이 많은 것 같아서 부담을 느끼는 경우가 많습니다. 그런데 자동차 영업의 달인도, 유명한 식당의 주인도, 보험왕도, 잘나가는 쇼핑몰의 운영자 역시도 처음에는 초보였습니다. 누구에게나 초보의 시절은 있으니까요.

처음부터 모든 것을 알 필요는 없습니다 조금 부족해도 됩니다. 기본적인 것들만 알고 시작하다 보면 불과 몇 달 되지 않아서 곧잘 하게 됩니다. 제가 이 책을 쓴 이유는 제일 중요한 부분인 아이템과 마케팅을 간과하고 시작하게 되면 매몰비용의 함정♦에 빠져드는 경우가 많기 때문에 이런 부분을 실수하지 말라는 뜻에서였습니다. 이 책에서 말한 것들을 정확하게 파악하고 있다면 나머지 부분은 진행하면서 천천히 습득해도 어렵지 않습니다.

♦ 매몰비용의 함정 : 미래에 손해를 볼 것으로 예상되는데도 지금까지 들인 매몰비용이 아까워서 사업을 포기하지 못하고 계속하는 것

연매출 60억 원의 주인공은 바로 당신!

제가 〈준비마당〉에 쓴 글을 다시 한 번 읽어보겠습니다. 이 친구가 어떻게 해서 성공했는지 책의 내용과 결합해서 생각해보세요.

꽤 오래전 이야기입니다. 대학 다니던 때 친구가 찾아왔습니다. 대기업에서 열심히 일하는 줄만 알았는데 직장생활이 싫어서 그만두고 싶다더군요. 쇼핑몰 하나 차리고 싶은데 어떻게 하면 잘할 수 있는지 물어봅니다. 대박은 아니더라도 월급쟁이만큼만 벌 수 있으면 좋겠다고 하고요. 속으로 '월급쟁이만큼? 쉽지 않을 텐데……' 생각했지만 진심을 다해 친구의 고민을 해결해주고 싶었습니다. 상황을 정확하게 알아야 조언을 해줄 수 있기에 몇 가지 질문을 했습니다.

- **얼마** 가지고 시작하려고 하니?
- 생각해본 **아이템**이 있어?
- 네가 생각한 아이템의 **경쟁사 상황**은 파악해봤어?
- 쇼핑몰 구축하고 나서 너만의 **운영 방법**은 생각해봤어?

친구의 대답은 다음과 같았습니다.

"자금은 최대 3,000만 원까지 가능하고, 6개월 정도는 월급 안 가져가도 먹고살 수 있어. 아이템? 별로 생각해보지 않았는데, 지금 내가 제일 많이 보는 건 여성의류야. 아내를 보니까 수시로 온라인으로 옷을 사더라고. 그래서 아내랑 같이 여성의류 쇼핑몰을 해볼까 해. 경쟁사? 생각 안 해봤는데, 동대문 가서 잘 팔리는 상품들 가져다가 팔면 되지 않을까? 다른 사람들도 다 그렇게 시작한다고 하더라고. 그리고 쇼핑몰을 어떻게 만들고 운영할지는 생각해보지 않았지만, 일단 만들고 나서 광고하면 어느 정도는 팔리지 않을까? 내 생각이 잘못된 거야?"

저는 친구에게 이런 이야기를 해주었습니다.

"네가 말한 아이템은 생각보다 경쟁이 치열해. 그냥 쇼핑몰 만들고 광고 조금 한다고 해서 성공할 수 있는 시장이 아니야. 물론 광고를 하면 어느 정도 팔리겠지만, 실제로 손에 쥐는 돈은 얼마 안 될 거야. 정확한 마케팅 전략을 갖고 들어가지 않으면 쉽지 않지."

친구 : 그렇게 치열한 시장이면 아이템을 바꿔야 하는 걸까?

엑스브레인 : 치열하지 않은 아이템을 찾는 것도 쉽지는 않을 거야. 설사 블루오션을 찾았다 하더라도 어떻게 팔아야 하는지 정확하게 알지 못하면 조금 되는 듯하다가 경쟁자가 들어올 테고, 결국 강자에게 시장을 빼앗기게 될 거거든.

친구 : 그럼 어떻게 해야 돼?

엑스브레인 : 우선 경쟁사를 찾아서 분석을 시작해보자. 경쟁사들은 어떤 상품을 어떻게 팔고 있는지 를 알아야 너의 사업계획과 방향성을 정할 수 있어.

결국 친구는 3,000만원으로 시작해서 연매출 60억원의 쇼핑몰 사장님이 되었습니다.

얼마를 가지고 시작했는지는 중요하지 않습니다. 100만원으로 시작했든 1억원으로 시작했든 끝까지 살아남는 사람이 승자입니다. 물론 매출이 좋아야 살아남을 수 있겠죠.

이 책을 통해 무엇보다 중요한 것은 아이템 선정이고, 다른 것들은 부가적임을 잘 알게 되었을 것입니다. 아이템이 좋아야 기획력도 마케팅도 효과가 있는 법입니다. 시작이 반이라는 말 많이 들어보셨죠? 아이템을 고르는 것, 그것이 쇼핑몰 성공의 반입니다.

처음이라 모든 것이 낯설고 어렵게 느껴지겠지만 그럴 때일수록 자신을 믿고 자기 사업을 더 연구해보세요. 그럼 남의 이야기인 연매출 60억 신화의 주인공이 바로 여러분의 이야기가 되어 있을 것입니다.

· 용어 찾아보기 ·

· 〈표〉 찾아보기 ·

지금이라도 집을 사야 할까요?

170만 '부동산스터디' 강추!
'부동산아저씨'의 실전 재테크 솔루션

- 무주택자가 오히려 단기매매 타이밍에 집착한다?
- 부동산스터디 인기 칼럼니스트의 뼈아픈 조언들!
- 집 한 채로 100억 가까이 모은 자산가의 찐경험!

김병권(부동산아저씨) 지음 | 17,000원

나는 월급날, 주식을 산다!

네이버 인기 인플루언서 봉현이형 투자법
월 33만원 초우량주가
10년 후 부를 좌우한다!

- 재무제표 몰라도, 차트분석 안 해도 주식투자 할 수 있다?
- 사회초년생부터 네임드까지 열광한
  〈봉현이형 투자법〉 3단계 실천!
- 미국주식부터 연금저축펀드까지!

봉현이형 지음 | 17,000원

맘마미아 재테크 시리즈

맘마미아 월급재테크 실천법

맘마미아 지음 | 588쪽 | 18,000원

이 책대로 하면 당신도 월급쟁이 부자가 된다!

- 통장관리, 가계부 작성, 예적금, 펀드, 주식, 경매 총망라!
- 금테크, 환테크, P2P투자 등 재테크 최신 이슈 추가!

| 부록 | 금융상품 Top 3/연말정산/청약/전세살이/보험 수록

맘마미아 어린이 경제왕

맘마미아 지음 | 이금희 글그림 | 10,500원

만화로 쉽게! 평생 가는 용돈관리 실천법!
우리 아이 100세까지 돈 걱정 OUT!

- 60만 열광 〈맘마미아〉 시리즈 만화판!
- 게임처럼 재미있고 만화처럼 쉽다!
  → 200원 행복재테크, 21일 비밀달력, 500월 강제저축 등
- 초등 교과서 완벽 연계! → 초등 교과서 집필진 감수 참여

맘마미아 21일 부자습관 실천북

맘마미아 지음 | 220쪽 | 12,800원

독하게! 21일 후! 부자가 된다!

- 나에게 맞는 부자습관, 고르기만 하면 되는 실천법 등장!
- 습관을 몸에 붙이는 21일 실천 플래너 수록!
- 국내 최초 O2O 솔루션으로 전국 실천모임 진행!

맘마미아 가계부 (매년출간)

맘마미아 지음 | 12,000원

80만 회원 감동 실천! 대한민국 1등 국민가계부!

- 초간단 가계부! – 하루 5분 영수증 금액만 쓰면 끝!
- 절약효과 최고! – 손으로 적는 동안 낭비 반성!
- 저축액 자동 증가! – 푼돈목돈 모으는 10분 결산 코너

| 부록 | 영수증 모음 봉투/무지출 스티커/한눈에 보는 가계부